1+X 证书制度汽车专业领域配套教材

U0794193

汽车动力与驱动系统综合分析技术（初级）

实训指导手册

主　编 ◎ 付迎刚　　于　昊

副主编 ◎ 魏德全　　拉　琼　钱　俊

参　编 ◎ 次仁卓玛　刁清友　洛　次

小次仁顿珠　旦巴曲扎　南木加

主　审 ◎ 王　俊（林芝市职业技术学校）

西南交通大学出版社

·成　都·

图书在版编目（C I P）数据

汽车动力与驱动系统综合分析技术（初级）实训指导手册 / 付迎刚，于昊主编. --成都 ：西南交通大学出版社，2023.8

ISBN 978-7-5643-9194-2

Ⅰ. ①汽… Ⅱ. ①付… ②于… Ⅲ. ①汽车 - 动力系统 - 驱动机构 - 系统综合 - 综合分析 - 手册 Ⅳ. ①U463-62

中国国家版本馆 CIP 数据核字（2023）第 037728 号

Qiche Dongli yu Qudong Xitong Zonghe Fenxi Jishu（Chuji）Shixun Zhidao Shouce

汽车动力与驱动系统综合分析技术（初级）实训指导手册

主编 付迎刚 于 昊

责任编辑 李华宇
封面设计 何东琳设计工作室

出版发行 西南交通大学出版社
（四川省成都市金牛区二环路北一段 111 号
西南交通大学创新大厦 21 楼）
邮政编码 610031
营销部电话 028-87600564 028-87600533
网址 http://www.xnjdcbs.com
印刷 四川玖艺呈现印刷有限公司

成品尺寸 185 mm × 260 mm
印张 17.25
字数 395 千
版次 2023 年 8 月第 1 版
印次 2023 年 8 月第 1 次
书号 ISBN 978-7-5643-9194-2
定价 69.00 元

课件咨询电话：028-81435775
图书如有印装质量问题 本社负责退换
版权所有 盗版必究 举报电话：028-87600562

日喀则市职业技术学校
汽车运用与维修专业 1+X 证书制度试点项目
教材编写委员会

主　　　　任： 达娃卓玛

常务副主任： 张俊明

副　主　任： 于　昊　次仁多吉　张　东
拉　琼　赵　辉

成　　　　员： 平措达杰　刘跃军　罗桑扎西
旦木真　扎西旺堆　边巴旺堆
普布欧珠　巴桑多吉　旦增旺拉

前言

PREFACE

本书主要以实际车型为示例，根据企业典型工作任务与实际岗位的理论知识和技能知识需求，在汽车维护保养内容的基础上，结合汽车专业领域 1+X《汽车动力与驱动系统综合分析技术》初级模块职业技能等级证书标准，将汽车专业领域 1+X 考评内容融入教材中，实现书证融通。

本书主要包括动力系统检查与综合保养、自动变速器功能检查保养、传动与分动功能检查保养、动力与驱动功能检查保养 4 个项目，20 个工作任务。内容包含汽车发动机、汽车底盘、汽车电气系统的机械和电控部分的维护保养内容，本着实用、够用、适用的原则编写，以实操为主，并配有实操视频。

本书与《汽车动力与驱动系统综合分析技术（初级）》教材配合使用，其特色是采用“岗位对接式教学模式”，按“教→学→做→训→考→评”为一体的层次结构，将汽车运用与维修专业汽车维护保养重点内容和汽车专业领域 1+X 证书制度技术等级标准及汽车维修厂重点岗位技能进行整合，把企业真实生产岗位技能融入教材，实现书证融通，强化动手实践能力培养，让学生与企业零距离接轨。

本书由日喀则市职业技术学校付迎刚、于昊担任主编，日喀则市职业技术学校魏德全、拉琼、钱俊担任副主编，林芝市职业技术学校王俊担任主审。

本书在编写过程中得到了学校各位领导和专家的大力支持，得到了四川华夏博康教育科技有限公司和成都融畅易和科技有限公司的鼎力帮助，同时参考和借鉴了其他汽修专业书籍、资料，在此一并向他们表示感谢。

本书虽经编写人员多次讨论、修改，但限于编者水平，难免存在不足之处，恳请广大读者批评指正。

编　者

2022 年 9 月

目录
CONTENT

项目一 动力系统检查与综合保养

任务一 空气点火部件检查保养

空气点火部件检查保养

一、空气点火部件检查保养【工作页】

空气点火部件检查保养【工作页】			
班级		姓名	

一、填空题

1. 点火线圈一般由＿＿＿＿＿＿＿、＿＿＿＿＿＿＿、＿＿＿＿＿＿＿和等组成。

2. 火花塞的功用是把高压导线（火嘴线）送来的脉冲高压电放出，产生＿＿＿＿＿＿＿以点燃汽缸内的混合气体。

二、判断题

1. 空气滤清器由滤芯和壳体两部分组成。(　　)

2. 空气格表面吸附太多的杂质，容易造成堵塞，使发动机进气量不足，但不会影响发动机的运行。(　　)

三、识图题

在横线上写出图 1-1-1 中各零部件的名称。

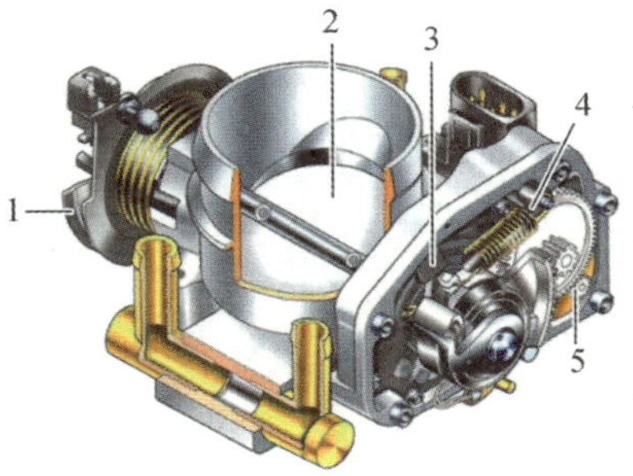

图 1-1-1　节气门控制部件

1. ＿＿＿＿＿＿＿ 2. ＿＿＿＿＿＿＿

3. ＿＿＿＿＿＿＿ 4. ＿＿＿＿＿＿＿

5. ＿＿＿＿＿＿＿

二、空气点火部件检查保养【操作手册】

操作步骤	操作细节	展示图	操作注意事项	使用工具
工具准备	所需工具：检查扭力扳手、中号棘轮扳手、小号棘轮扳手、转换头、中号 10 mm 六角套筒、小号 10 mm 六角套筒、14 mm 火花塞套筒、中号长接杆、中号短接杆、小号长接杆、平口螺丝刀、吹枪、鲤鱼钳、塞尺、毛刷、记号笔、节气门清洗剂	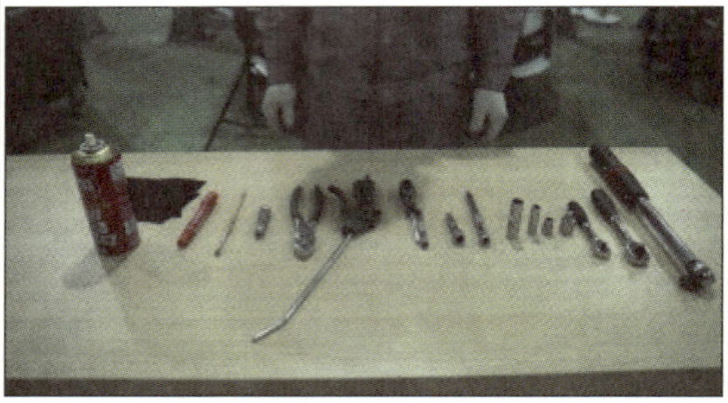		
空气滤清器拆装检查	摁下空气流量计插头锁扣，脱开插头	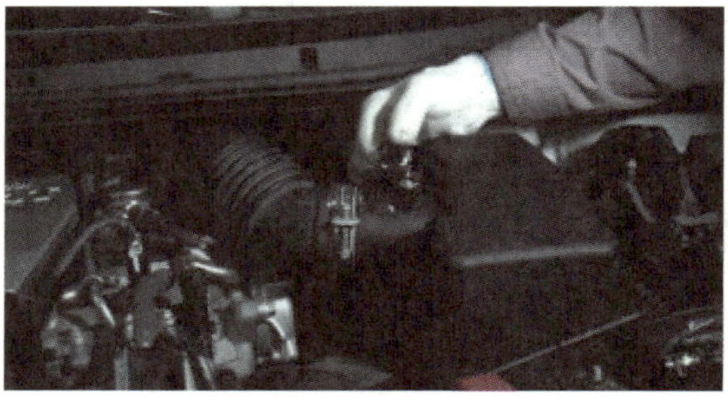	注意不要用力拖拽线束	
	拧松空气导管卡箍螺栓，脱开导管	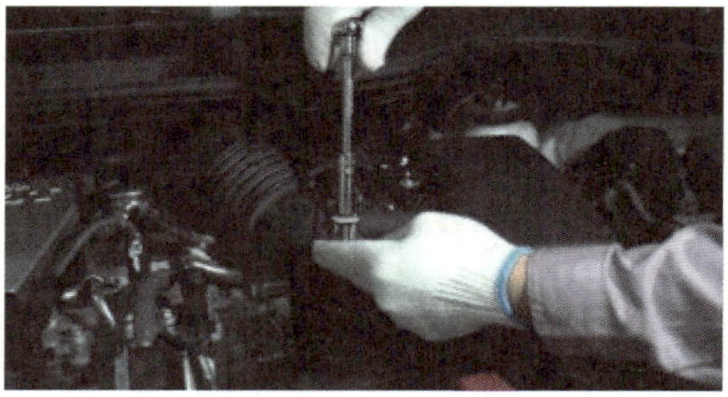		小号棘轮扳手、小号接杆、10 mm 六角套筒
	分离空气滤清器两个固定卡扣	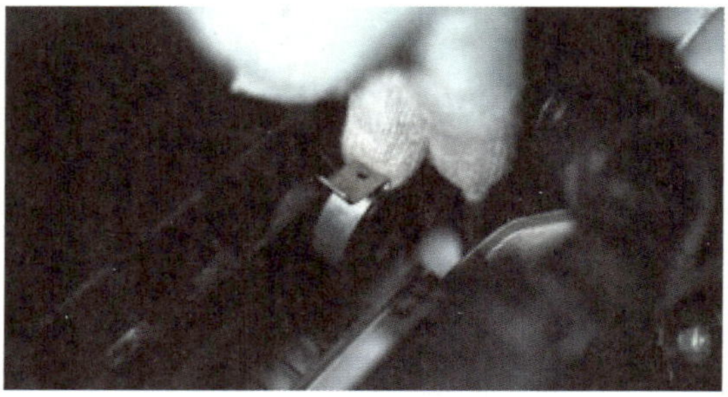	注意卡扣可能会脱落	

续表

操作步骤	操作细节	展示图	操作注意事项	使用工具
空气滤清器拆装检查	分离两个导向装置，以取下空气滤清器上壳体	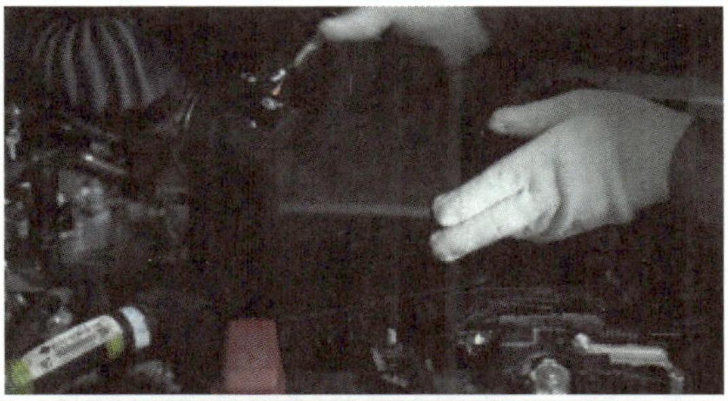		
	取下空气滤清器	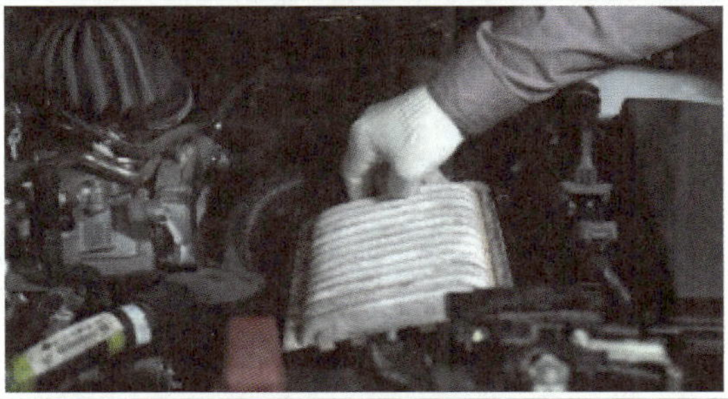	取出空气滤清器时，需轻轻取下，防止杂质掉入空气滤清器下壳体中	
	检查进气软管及空气滤清器下壳体是否破损和异常	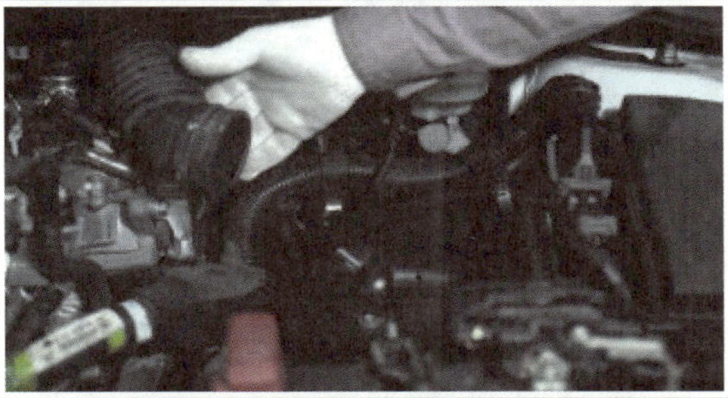	必要时用抹布堵住管口	
	目视检查空气滤清器外观及清洁程度		若空气滤清器已严重脏污(积聚灰尘较多、发黑、发霉、变形或有大量杂物难以清理)，则需要更换空气滤清器	
	检查空气滤清器上壳体			

续表

操作步骤	操作细节	展示图	操作注意事项	使用工具
空气滤清器拆装检查	清洁空气滤清器上壳体			抹布
	使用压缩空气沿空气进气的反方向吹净滤清器内外表面的灰尘，并对每条褶皱逐一清理，直到两面均无明显杂物		1. 禁止用水清洗空气滤清器，否则会造成空气滤清器损坏； 2. 进行清洁空气滤清器操作时，须保证灰尘不会影响其他人员或造成部件破坏； 3. 压缩空气的压力不能过大（吹枪与空气滤清器保持一定距离）	吹枪
	清洁空气滤清器下壳体		清理空气滤清器盒时，注意避免杂物掉入进气管中	抹布
	安装空气滤清器	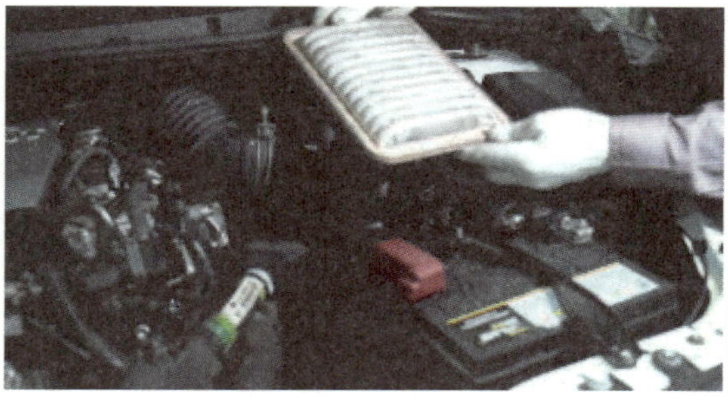	不可用手按压滤清器纸质部分，以免造成损害，安装方向指向进气道进气方向	

续表

操作步骤	操作细节	展示图	操作注意事项	使用工具
空气滤清器拆装检查	安装空气滤清器上壳体，安装两个卡扣	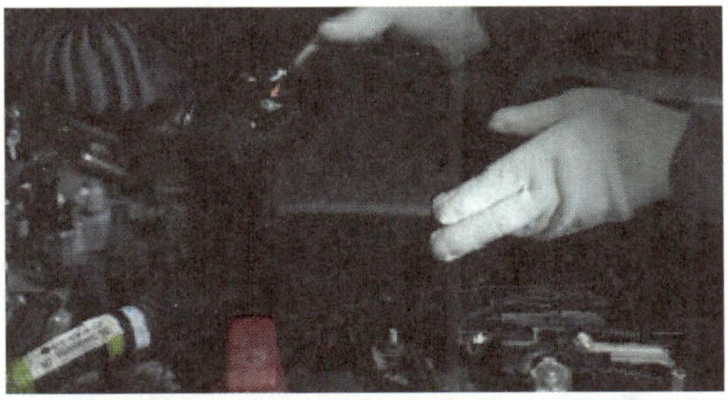	空气滤清器上盖按照导向装置安装到空气滤清器下壳体上面，卡扣到位，并且检查安装是否严实	
	安装进气软管，并拧紧软管卡箍螺栓	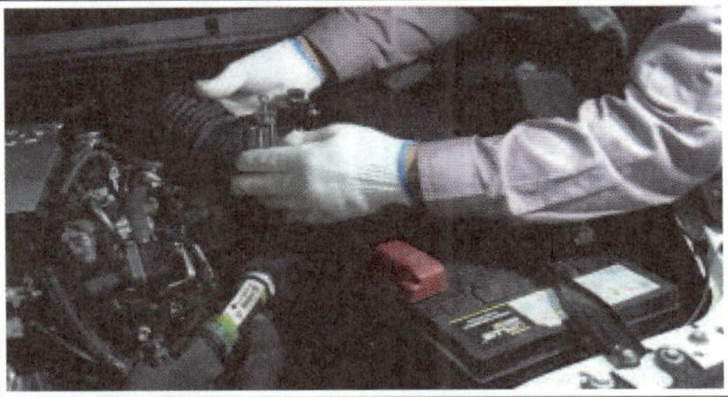		小号棘轮扳手、小号接杆、10 mm 六角套筒
	安装空气流量计插头及线束	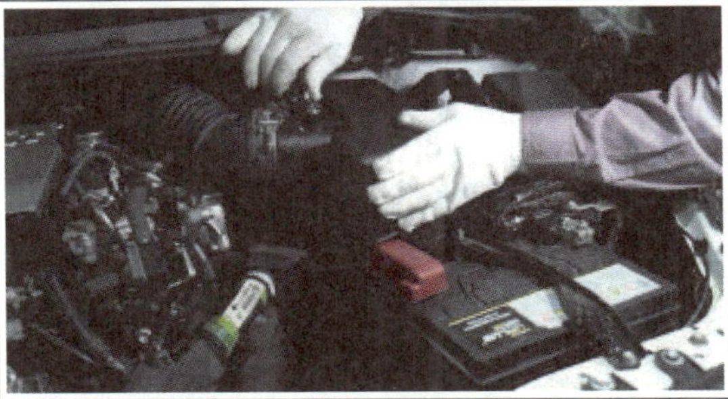	注意“一插二响三确认”	
节气门拆装清洗	拆卸发动机上护盖	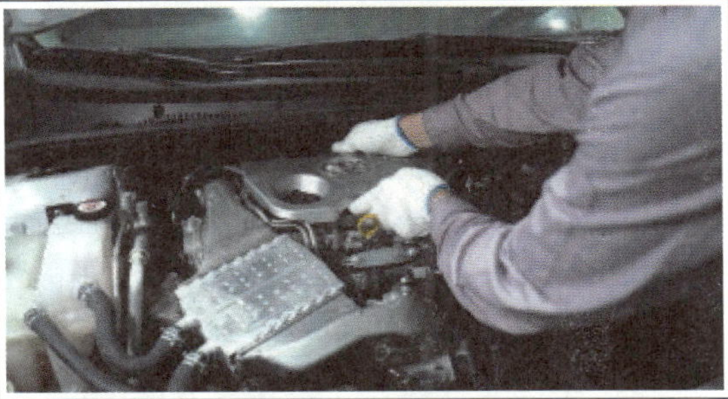	注意：同时分离前固定架和后固定架可能使发动机盖分总成损坏	
	松开中冷软管卡箍螺栓，断开软管	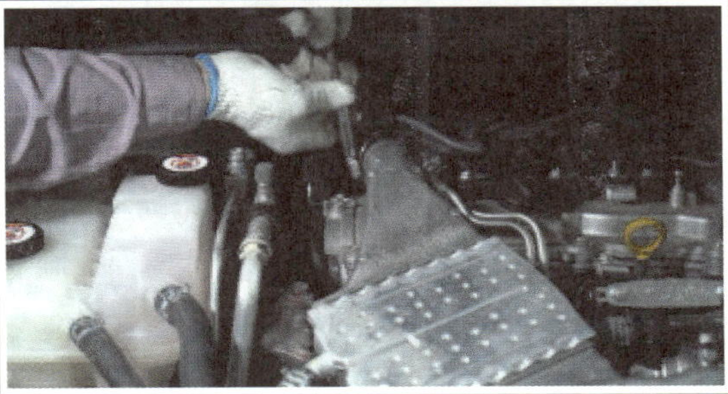		小号棘轮扳手、小号接杆、10 mm 六角套筒

续表

操作步骤	操作细节	展示图	操作注意事项	使用工具
节气门拆装清洗	断开传感器插头	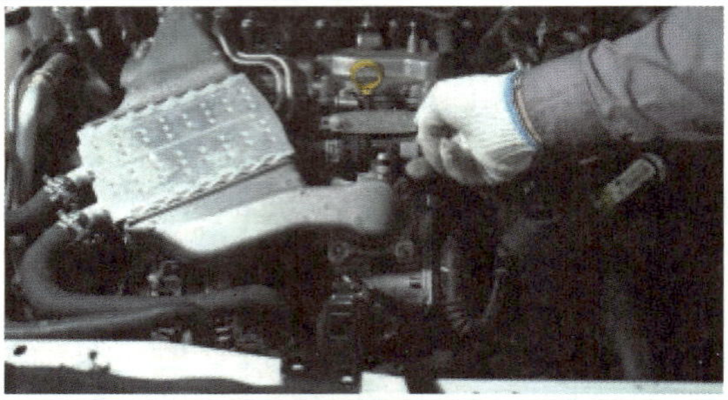	注意不要用力拖拽线束	
	拆卸节气门体两颗固定螺栓和螺母	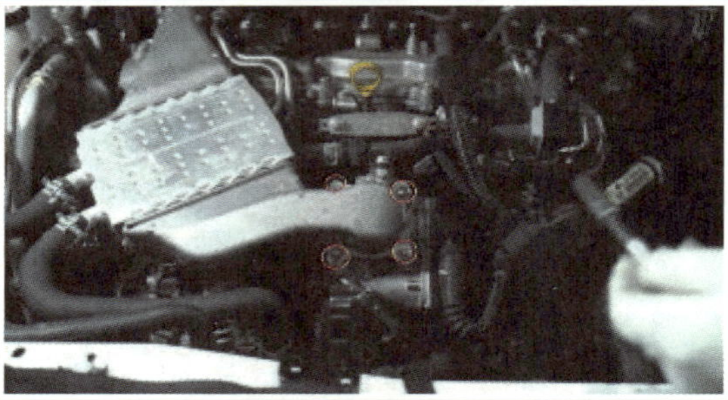		小号棘轮扳手、小号接杆、10 mm六角套筒
	断开节气门体管路	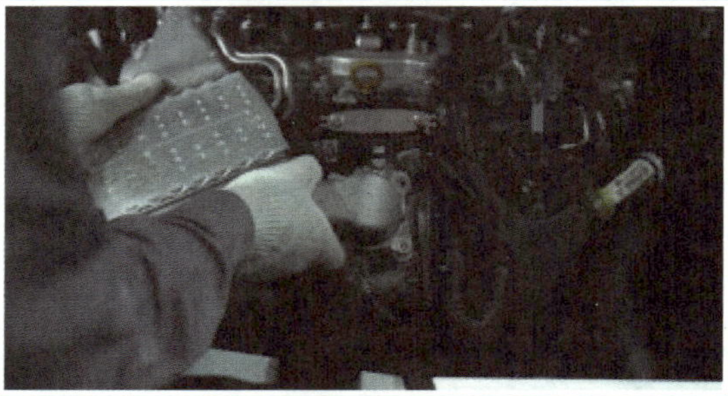	注意：移开即可	
	使用鲤鱼钳退开节气门体水管卡箍	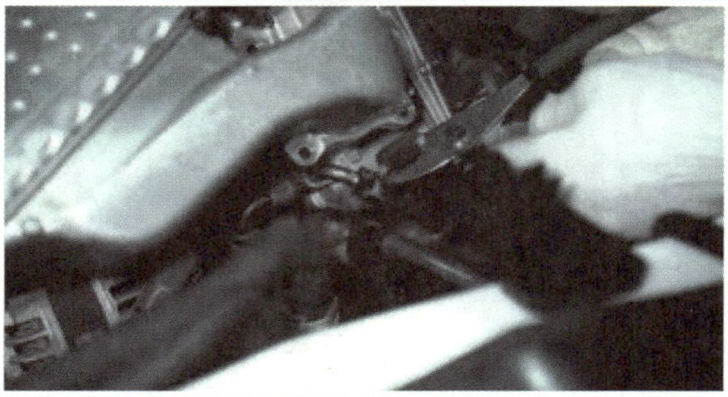		鲤鱼钳
	断开水管	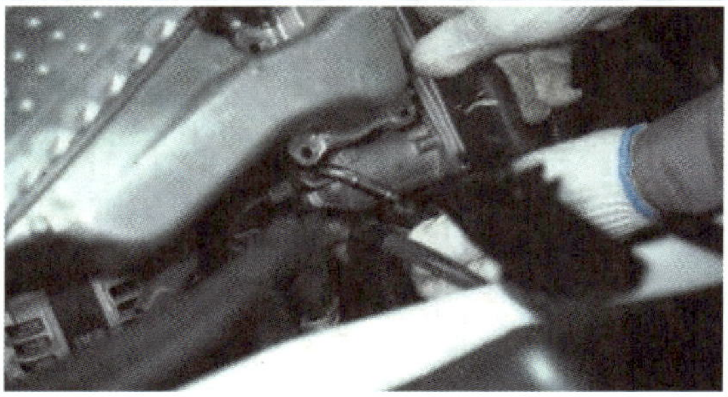	注意：脱开水管可能会有冷却液溢出，需要在车下摆放回收盆	

续表

操作步骤	操作细节	展示图	操作注意事项	使用工具
节气门拆装清洗	使用鲤鱼钳退开节气门体水管卡箍	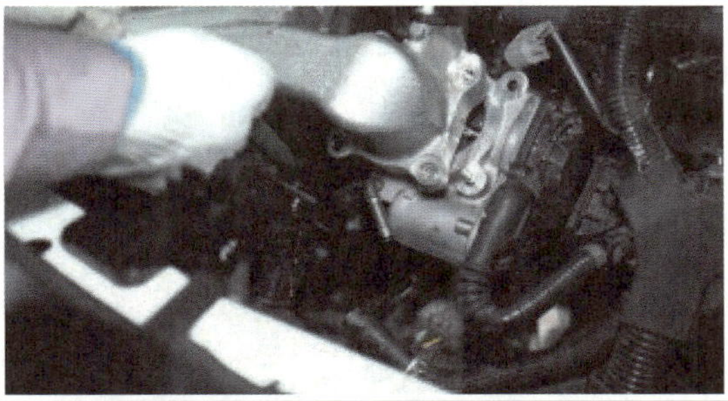		鲤鱼钳
	断开水管	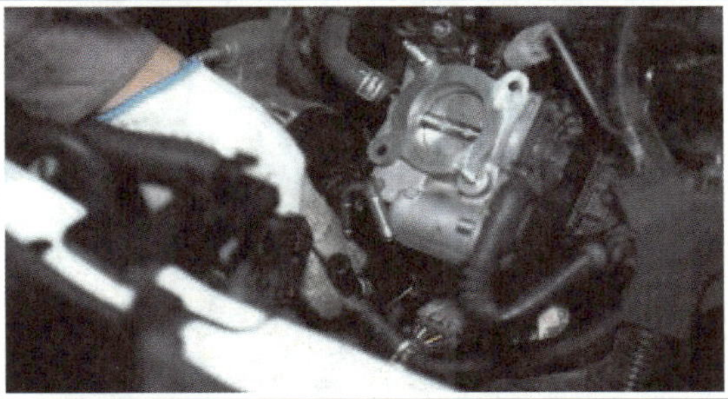	注意：脱开水管可能会有冷却液溢出，需要在车下摆放回收盆	
	取下节气门体总成，用抹布堵住进气口	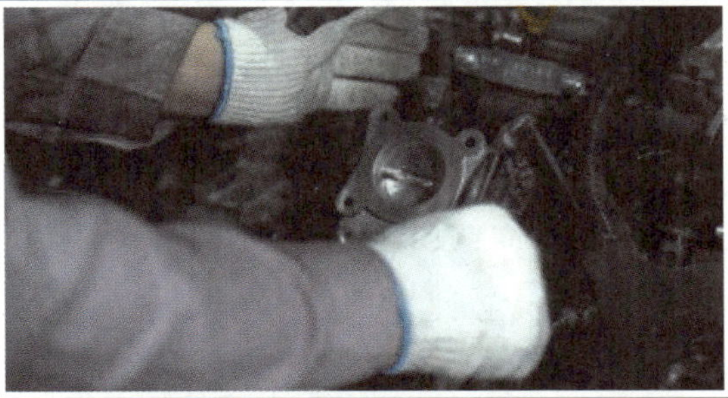	将节气门总成移动到空旷位置即可，注意检查胶圈是否脱落或移位	
	将清洗剂喷在抹布上，擦洗节气门内部的积碳	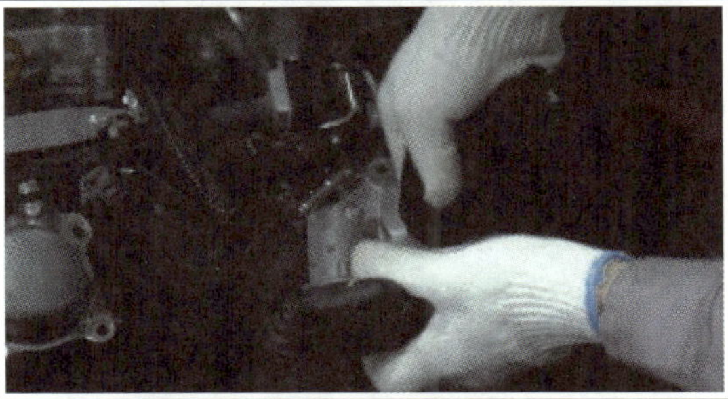	注意：需要将钥匙拧到 ON 挡，踩下油门踏板将节气门翻板打开	清洗剂、抹布
	取下抹布，安放节气门总成		注意检查胶圈是否脱落或移位	

续表

操作步骤	操作细节	展示图	操作注意事项	使用工具
节气门拆装清洗	安装水管，使用鲤鱼钳将卡箍安装到位	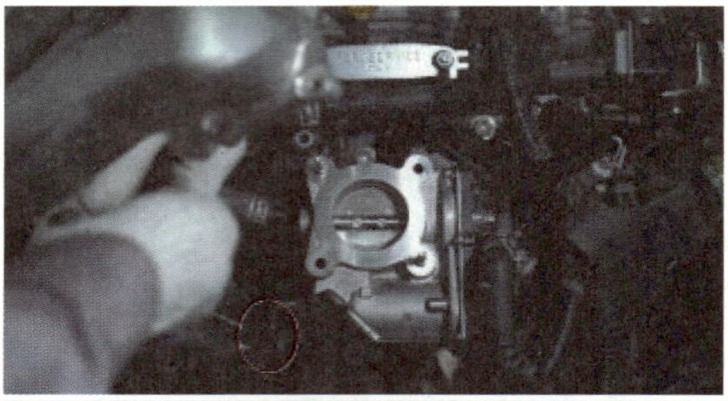	注意：卡箍安装到位	鲤鱼钳
	安装水管，使用鲤鱼钳将卡箍安装到位	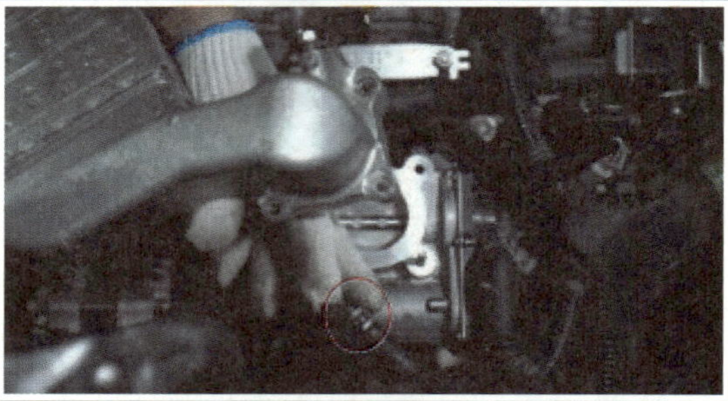	注意：卡箍安装到位	鲤鱼钳
	安放节气门管道			
	紧固管道卡箍螺栓		注意：卡箍安装到位再紧固螺栓	小号棘轮扳手、小号接杆、10 mm六角套筒
	预装节气门总成固定螺栓和螺母	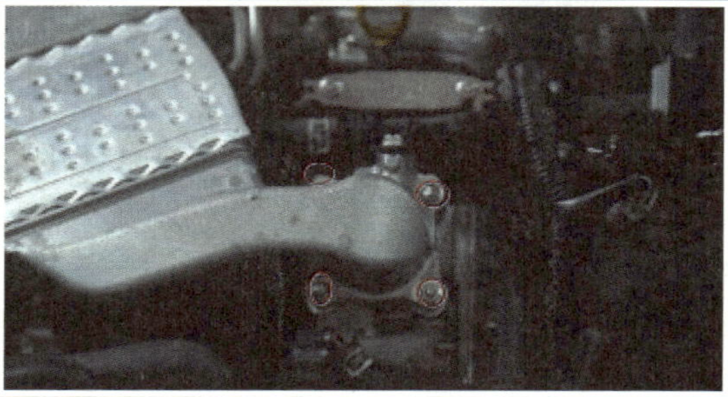		小号棘轮扳手、小号接杆、10mm六角套筒

续表

操作步骤	操作细节	展示图	操作注意事项	使用工具
节气门拆装清洗	按照规定力矩紧固节气门总成固定螺栓和螺母	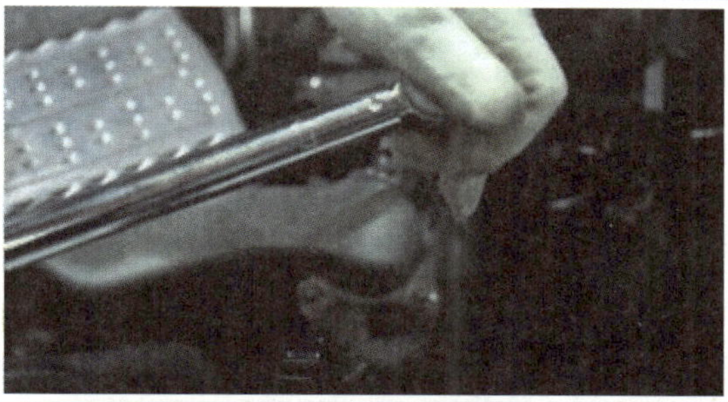	力矩：10 N·m	扭力扳手、转换头、中号接杆、10 mm六角套筒
	安装传感器插头	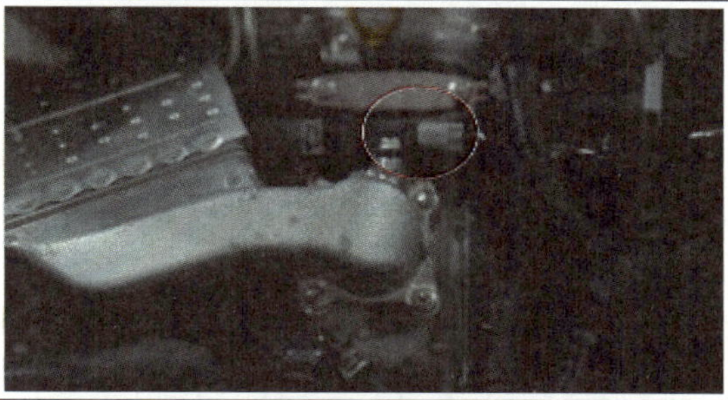	注意“一插二响三确认”	
火花塞拆装检查	断开凸轮轴位置传感器连接器		注意不要用力拖拽线束	
	脱开线束卡子	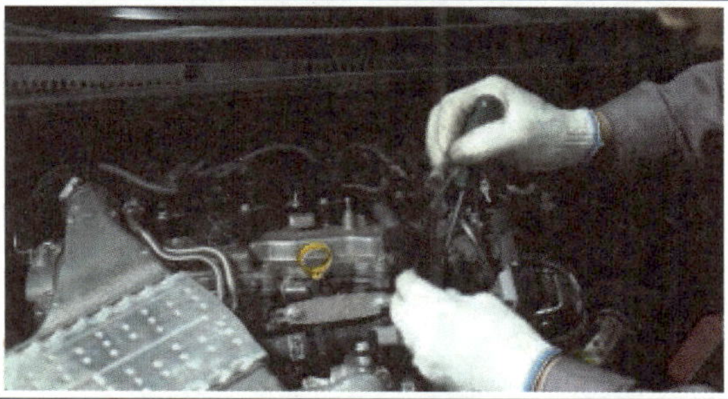		平口螺丝刀
	拔下点火模块线束插头	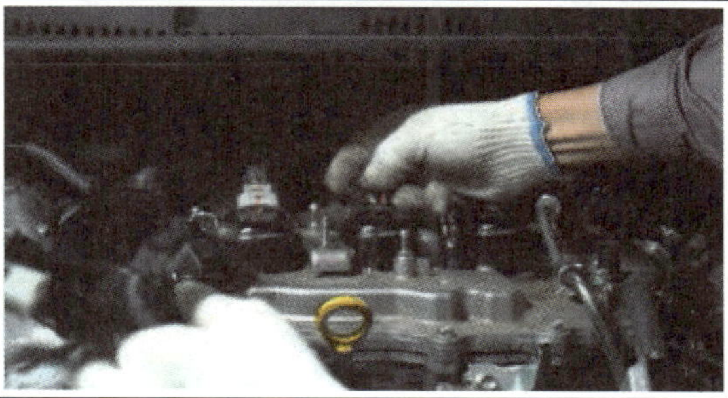	注意不要用力拖拽线束	

续表

操作步骤	操作细节	展示图	操作注意事项	使用工具
火花塞拆装检查	拆卸四个点火模块固定螺栓			小号棘轮扳手、小号接杆、10 mm六角套筒
	清洁点火模块周围灰尘和异物			吹枪
	按照对应缸数标记点火模块顺序		以免安装时混淆	记号笔
	取下四个点火模块	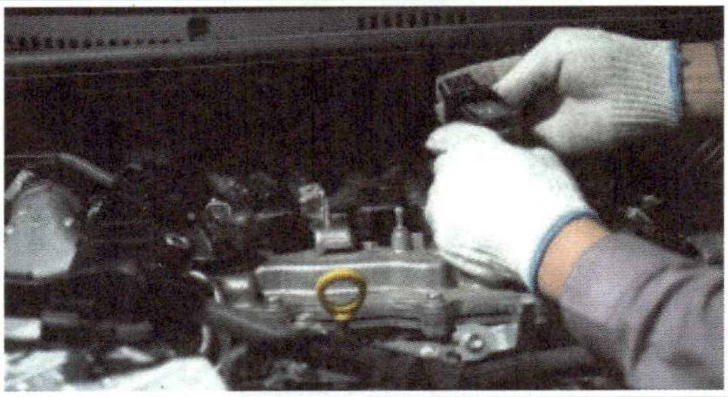	按顺序摆放	
	使用工具拆卸4颗火花塞，取出火花塞并用抹布堵住火花塞孔		拆卸时不要有异物掉入孔中，并按顺序摆放火花塞	中号棘轮扳手、中号接杆、14 mm火花塞套筒

续表

操作步骤	操作细节	展示图	操作注意事项	使用工具
火花塞拆装检查	使用工具拆卸4颗火花塞，取出火花塞并用抹布堵住火花塞孔			
	检查火花塞外观有无异常	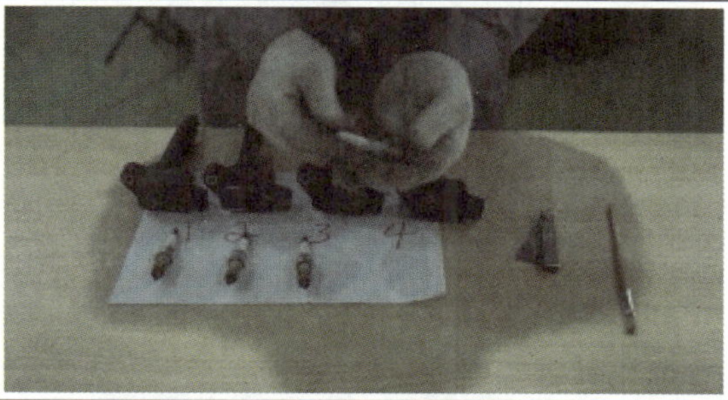	可参考火花塞燃烧状态表判断火花塞燃烧情况	
	测量火花塞间隙是否正常	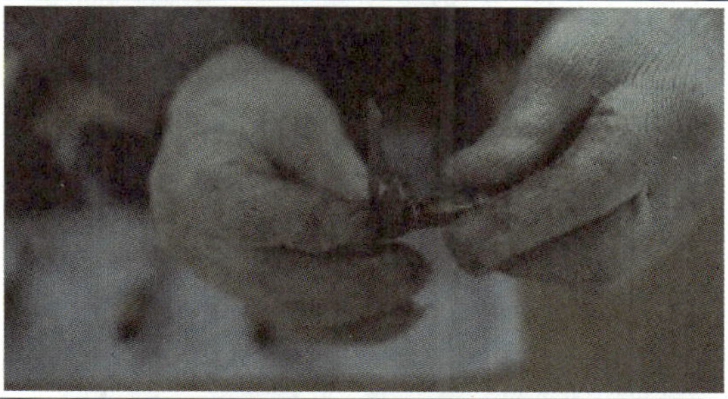	标准火花塞间隙：0.8～0.9 mm；允许最大间隙：1.1 mm	塞尺
	检查点火线圈外观有无异常	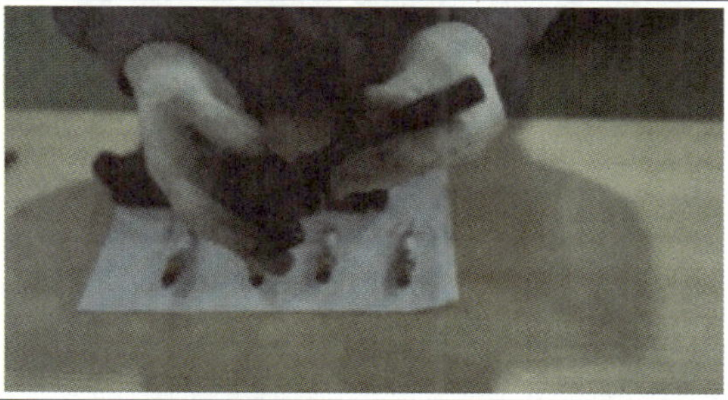		
	取下火花塞孔上的抹布，安装火花塞，使用工具预紧火花塞		将火花塞安置在套筒中进行预装，切勿将火花塞垂直落入火花塞孔中	中号棘轮扳手、中号接杆、14 mm火花塞套筒

续表

操作步骤	操作细节	展示图	操作注意事项	使用工具
火花塞拆装检查	调整扭力扳手，按照规定力矩拧紧火花塞		力矩：20 N·m	扭力扳手、转接头、中号接杆、15 mm火花塞套筒
	安装点火线圈模块	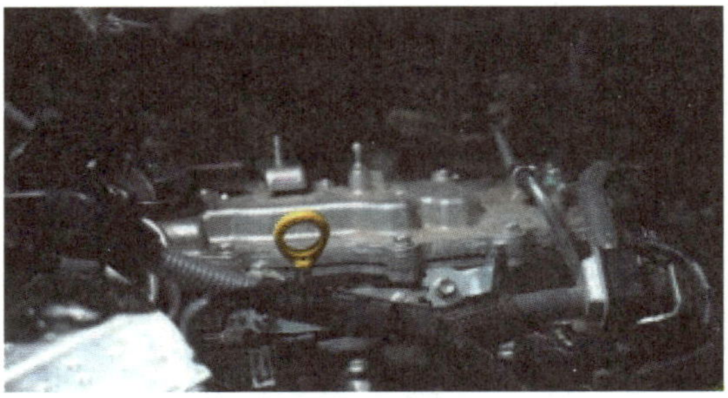	注意对准固定螺栓的螺孔位置，安装到位	
	安装点火线圈固定螺栓，预紧固定螺栓			小号棘轮扳手、小号接杆、10 mm六角套筒
	调整扭力扳手，按照规定力矩拧紧点火模块固定螺栓		力矩：10 N·m	扭力扳手、转换头、中号接杆、10 mm六角套筒

续表

操作步骤	操作细节	展示图	操作注意事项	使用工具
火花塞拆装检查	安装点火模块插头	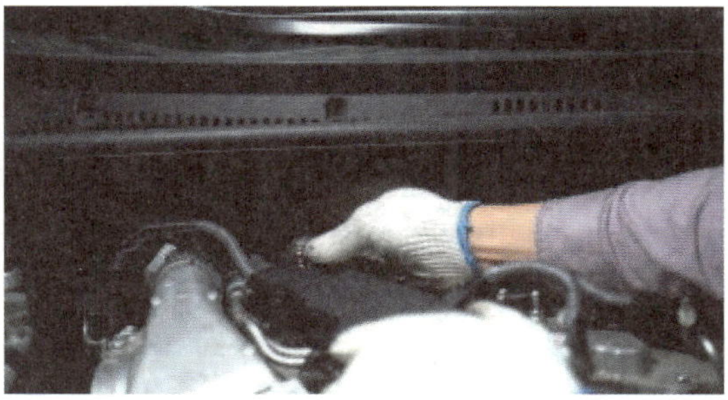	注意“一插二响三确认”	
	排布好线束，插接凸轮轴位置传感器连接器	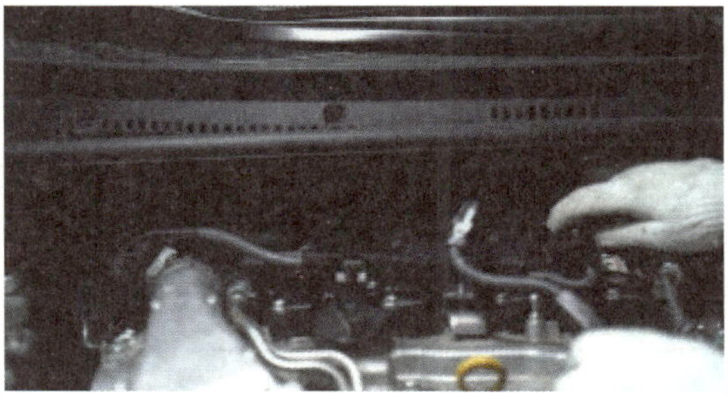	注意“一插二响三确认”	
	安装并紧固线束固定螺栓	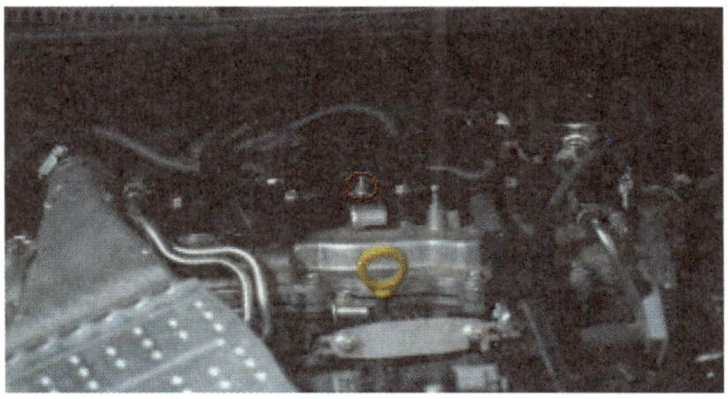		小号棘轮扳手、小号接杆、10 mm六角套筒

三、空气点火部件检查保养【实操报告】

<table>
<tr><td colspan="2">项目：动力系统检查与综合保养（初级）</td><td colspan="2">考核时间：30 min</td></tr>
<tr><td>姓名：</td><td>班级：</td><td>学号：</td><td rowspan="3">考评员签字：</td></tr>
<tr><td>初评：□合格□不合格</td><td>复评：□合格□不合格</td><td>师评：□合格□不合格</td></tr>
<tr><td>日期：</td><td>日期：</td><td>日期：</td></tr>
<tr><td colspan="4">考核任务一　空气点火部件检查保养【实操考核报告】</td></tr>
</table>

1．车辆信息记录

品牌		整车型号		生产日期	
发动机型号		发动机排量			
车辆识别码					

2．空气滤清器拆装检查

空气滤清器检查		更换□ 清洁□		
作业项目	维修资料			
空气滤清器	空气滤清器更换周期			

3．节气门总成拆装清洗

作业项目	维修资料			
节气门总成拆装清洗	节气门固定螺栓力矩			

4．火花塞拆装检查

作业项目	维修资料			
火花塞拆装检查	火花塞更换周期		火花塞安装力矩	
	点火模块固定螺栓力矩		火花塞标准间隙	
	一缸火花塞间隙		正常□ 异常□	
	二缸火花塞间隙		正常□ 异常□	
	三缸火花塞间隙		正常□ 异常□	
	四缸火花塞间隙		正常□ 异常□	

四、空气点火部件检查保养【评分细则】

考核任务一　空气点火系统检查保养【评分细则】							
序号	评分项	得分条件	评分	评分要求	自评	互评	师评
1	安全、“7S”、态度	□1．能进行工位“7S”操作 □2．能进行设备和工具安全检查 □3．能进行车辆安全防护操作 □4．能进行工具清洁、校准、存放操作 □5．能进行“三不落地”操作	15	未完成1项扣3分，扣分不得超15分	□熟练 □不熟练	□熟练 □不熟练	□合格 □不合格

续表

序号	评分项	得分条件	评分	评分要求	自评	互评	师评
2	专业技术能力	作业 1： □1. 能正确拆装空气滤清器 □2. 能正确检查和清洁空气滤清器 □3. 能正确拆装进气管及卡箍 □4. 能正确拆装节气门体 □5. 能正确拆装怠速控制阀 □6. 能正确清洗节气门积碳 作业 2： □1. 能正确拆装点火线圈和模块 □2. 能正确拆装火花塞 □3. 能正确测量和调整火花塞间隙 □4. 能正确清洁火花塞 □5. 能正确清洁火花塞孔 作业 3： □1. 能正确查询空气滤清器更换周期 □2. 能正确查询火花塞更换周期 □3. 能正确查询火花塞扭力规格 □4. 能正确查询火花塞间隙规格 □5. 能正确查询节气门体螺栓扭力 □6. 能正确查询火花塞型号 □7. 能正确查询进气部件拆装方法 □8. 能正确查询点火部件拆装方法	50	未完成 1 项扣 5 分，扣分不得超 50 分	□熟练 □不熟练	□熟练 □不熟练	□合格 □不合格

续表

序号	评分项	得分条件	评分	评分要求	自评	互评	师评
3	工具及设备的使用能力	□1. 能正确选用维修工具 □2. 能正确使用维修工具拆装 □3. 能正确使用机油滤清器拆装工具 □4. 能正确使用举升机 □5. 能正确使用预紧值扭力扳手	10	未完成1项扣2分，扣分不得超10分	□熟练 □不熟练	□熟练 □不熟练	□合格 □不合格
4	资料、信息查询能力	□1. 能正确使用维修手册查询资料 □2. 能正确使用用户手册查询资料 □3. 能在规定时间内查询所需资料 □4. 能正确记录所查询资料章节页码 □5. 能正确记录所需维修信息	10	未完成1项扣2分，扣分不得超10分	□熟练 □不熟练	□熟练 □不熟练	□合格 □不合格
5	数据判读和分析能力	□1. 能判断空气滤清器是否更换 □2. 能判断进气系统积碳是否清洗 □3. 能预估下次保养时间及里程	10	未完成1项扣5分，扣分不得超10分	□熟练 □不熟练	□熟练 □不熟练	□合格 □不合格
6	表单填写与报告撰写能力	□1. 字迹清晰 □2. 语句通顺 □3. 无错别字 □4. 无涂改 □5. 无抄袭	5	未完成1项扣1分，扣分不得超5分	□熟练 □不熟练	□熟练 □不熟练	□合格 □不合格
总分							

任务二　燃油排气部件检查保养

燃油排气部件检查保养

一、燃油排气部件检查保养【工作页】

燃油排气部件检查保养【工作页】			
班级		姓名	

一、填空题

1. 燃油滤清器的功用是滤除燃油中的____________和____________，以保护燃油泵、喷油嘴、气缸套、活塞环等，减少____________，避免____________，确保发动机稳定运行，提高发动机运行可靠性。

2. 汽车排气系统一般由排气歧管、_______________、_______________、排气温度传感器和排气尾管等组成。

二、判断题

1. 燃油供给系统组成分为燃油供给装置、空气供给装置、可燃混合器形成装置、废气排放装置。(　　)

2. 安装燃油滤清器时，不用看箭头标记，随便怎么安装都可以。(　　)

三、识图题

通过观察和查阅资料，写出图 1-2-1 中部件的名称。

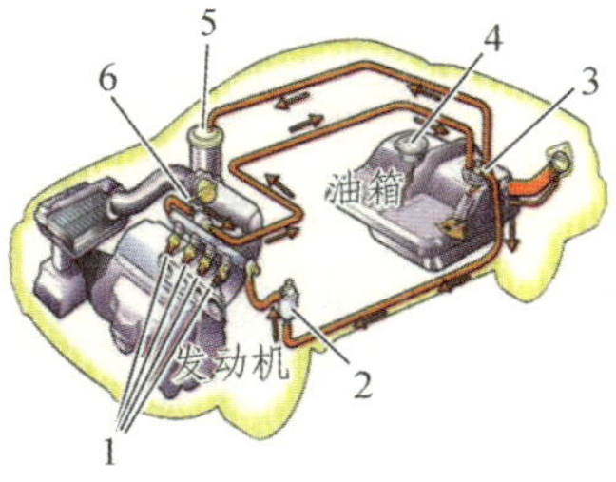

图 1-2-1　识图题

1. ____________　　2. ____________

3. ____________　　4. ____________

5. ____________　　6. ____________

二、燃油排气部件检查保养【操作手册】

操作步骤	操作细节	展示图	操作注意事项	使用工具
工具准备	所需工具：接油盆、公斤扳手、扭力扳手、大号长接杆、中号棘轮扳手、中号短接杆、转换接头、鲤鱼钳、螺丝刀、拆卸油泵专用工具、手电筒			
检查燃油排气管路	检查机舱内燃油管路有无泄漏			手电筒
	举升车辆			
	检查举升机托盘是否稳固		托盘中心点对准车辆举升点	

续表

操作步骤	操作细节	展示图	操作注意事项	使用工具
	对角摇晃车身，检查车辆是否稳固		按压薄的覆盖件不要过于用力	
	将车辆举升到合适高度后，锁止举升机		举升机锁止后人员才可进入车下操作	
检查燃油排气管路	检查车辆底盘油管有无压瘪或泄漏现象			
	检查排气管路有无压瘪或泄漏现象		注意：排气管温度过高时切勿触碰	
	检查排气管吊耳及胶套有无裂纹			

续表

操作步骤	操作细节	展示图	操作注意事项	使用工具
拆卸燃油泵总成	拆卸后排座椅	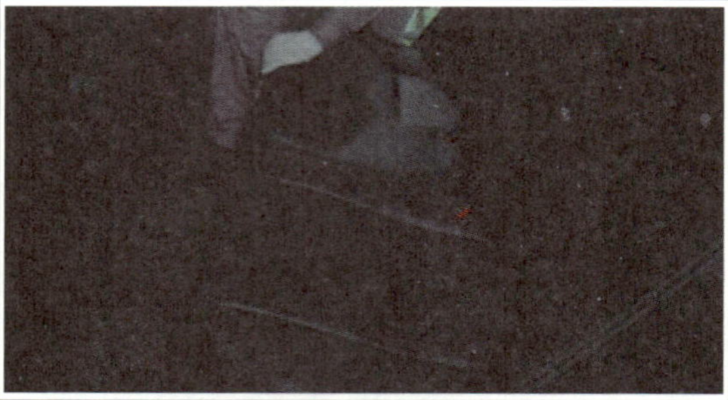		
	拆卸后地板检修孔盖	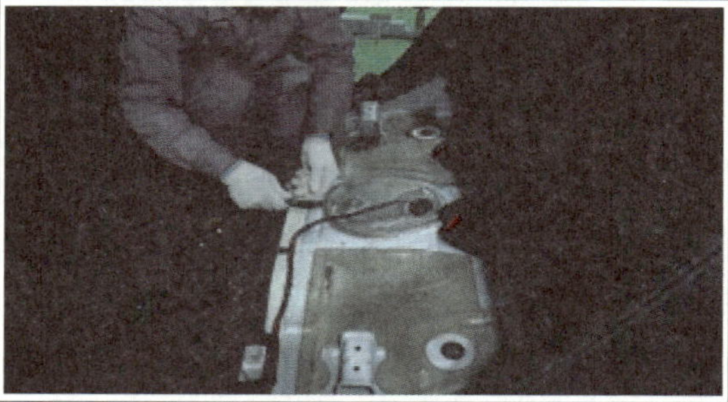		撬片
	断开油泵连接器		不要用力拖拽线束	
	拆下油管接头卡子，并拔下燃油箱燃油管接头	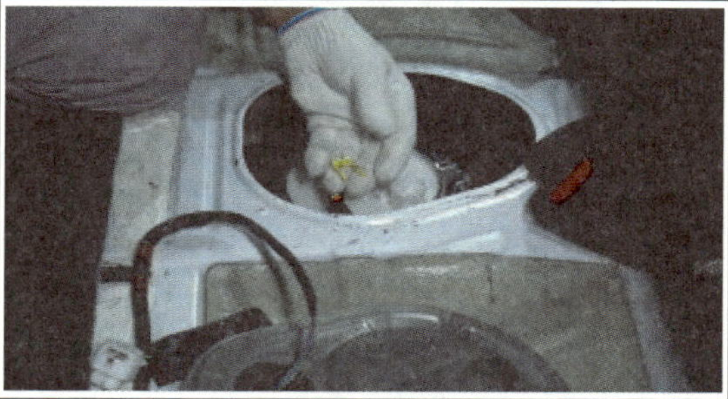	注意：可能有少量油液洒出，应注意清理；不要使尼龙管扭曲、挤压	
	将专用工具安装到挡圈上，轻轻按下工具，并慢慢旋转以松开燃油泵挡圈	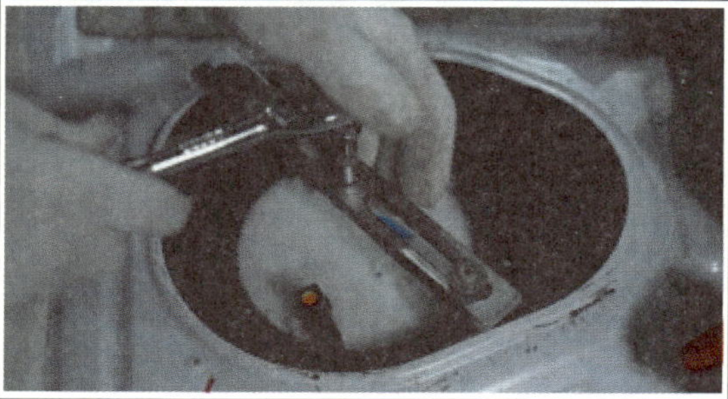	将卡爪的端部牢牢插入挡圈的插入点内	燃油泵挡圈专用工具

续表

操作步骤	操作细节	展示图	操作注意事项	使用工具
拆卸燃油泵总成	取下燃油泵挡圈，检查挡圈有无变形	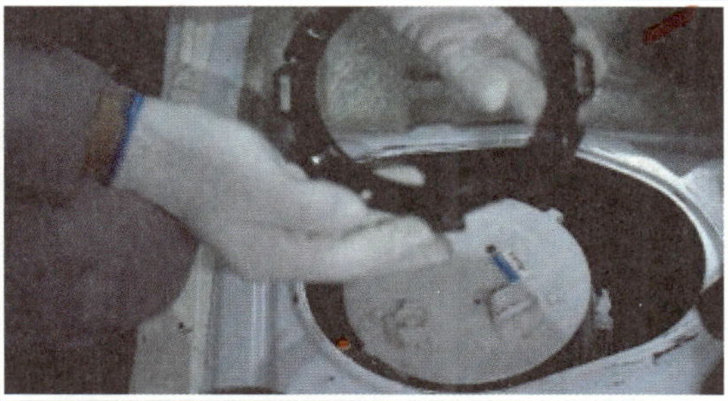		
	取出燃油泵总成	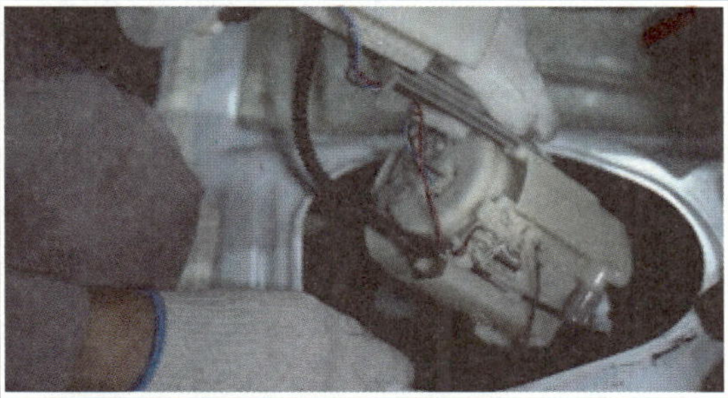	注意不要弯折燃油表传感器总成臂	
	取下燃油泵密封胶圈	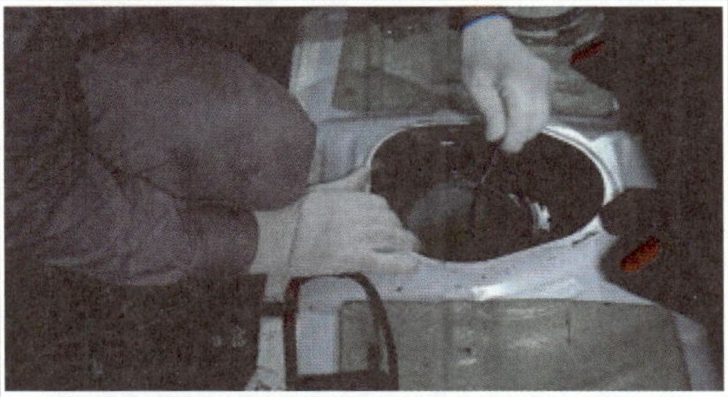	密封胶圈极易膨胀变大，注意检查和更换	
	盖上检修孔盖以免杂物进入燃油箱	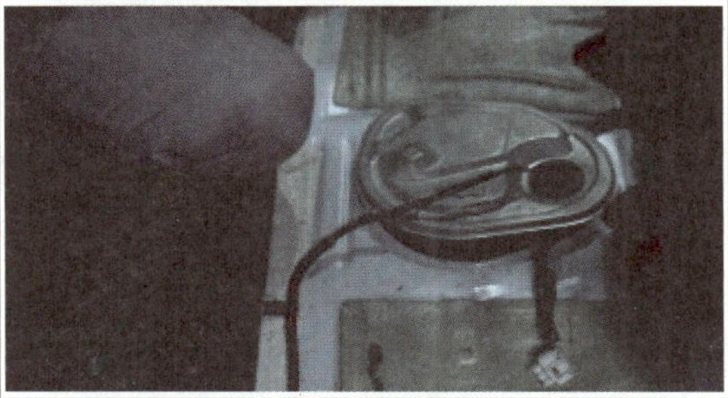		
	检查燃油表传感器总成臂是否灵活，燃油泵总成其他部位是否损伤	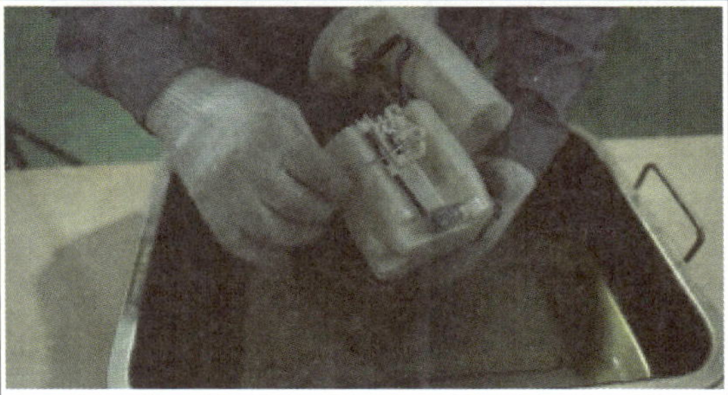		

续表

操作步骤	操作细节	展示图	操作注意事项	使用工具
分解燃油滤清器总成	拆卸燃油泵卡子	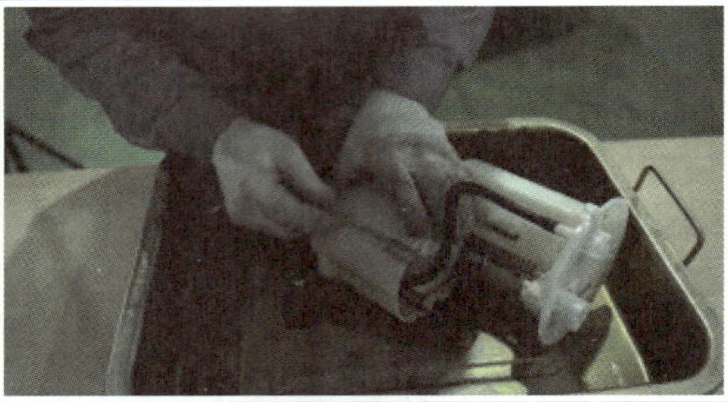	注意不要过于用力，否则易损坏卡片	平口螺丝刀
	拆卸燃油泵线束插头	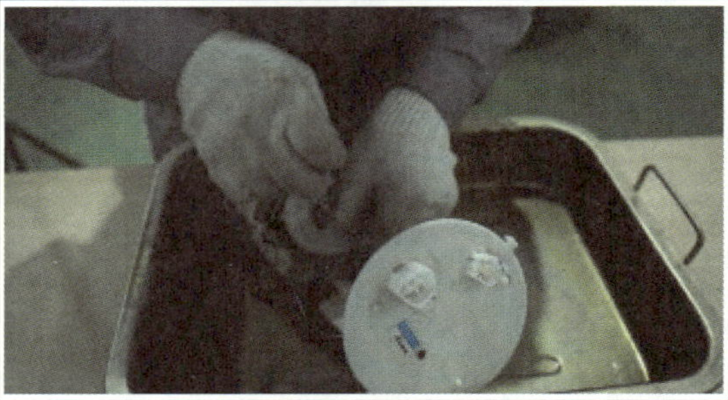		平口螺丝刀
	拖出燃油泵	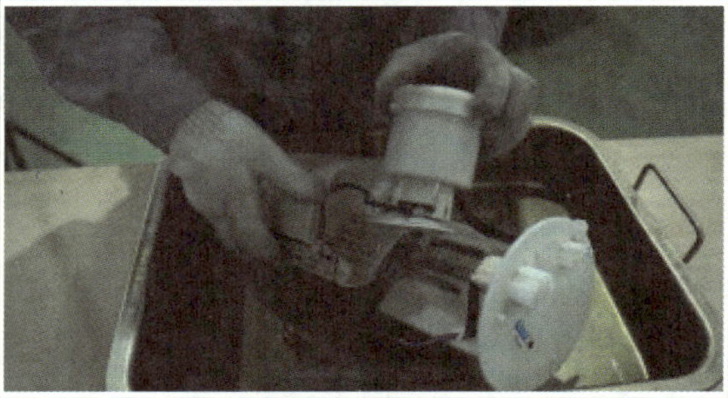	注意不要用力拖拽管路	
	拆卸燃油泵滤网卡子	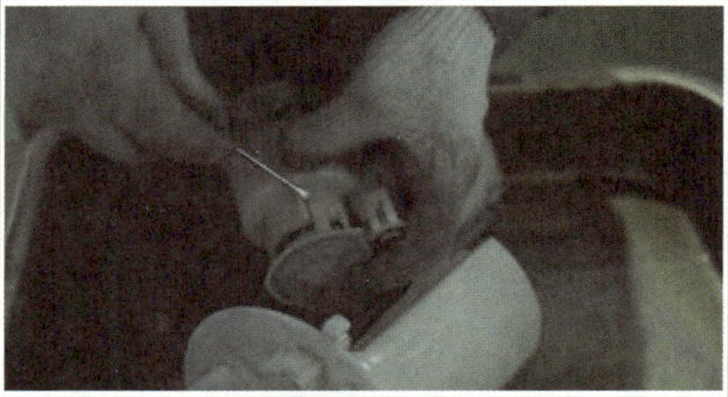	注意不要过于用力，否则易损坏卡片	平口螺丝刀
	分离燃油泵泵芯	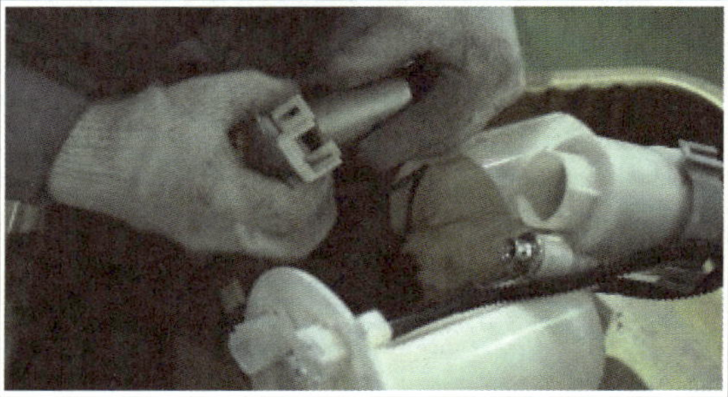	注意胶圈不要脱落	

续表

操作步骤	操作细节	展示图	操作注意事项	使用工具
分解燃油滤清器总成	脱开燃油滤清器油管，取下燃油滤清器	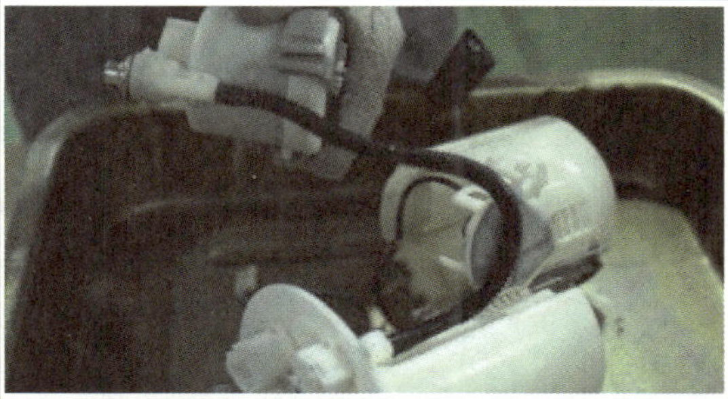		
安装燃油滤清器总成	安装燃油滤清器油管	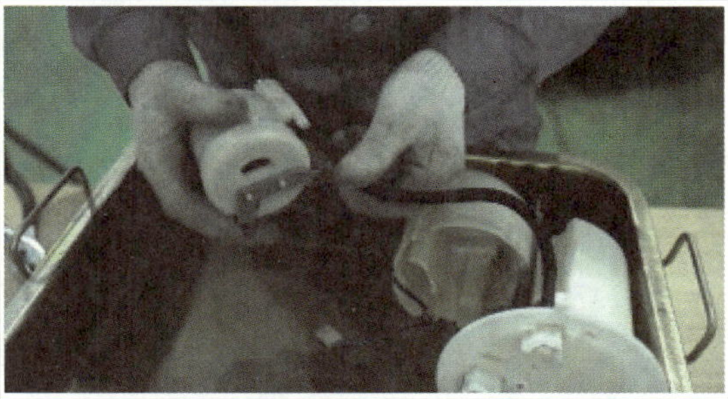	轻微晃动油管，检查油管是否安装到位	
	检查并安装胶圈		注意胶圈安装到位	
	安装燃油泵泵芯		注意对准安装位置	
	安装滤网	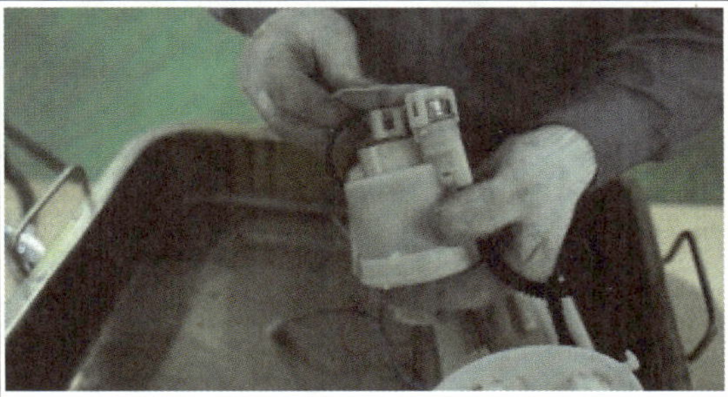	注意卡扣安装到位	

续表

操作步骤	操作细节	展示图	操作注意事项	使用工具
安装燃油滤清器总成	安装燃油泵芯插头	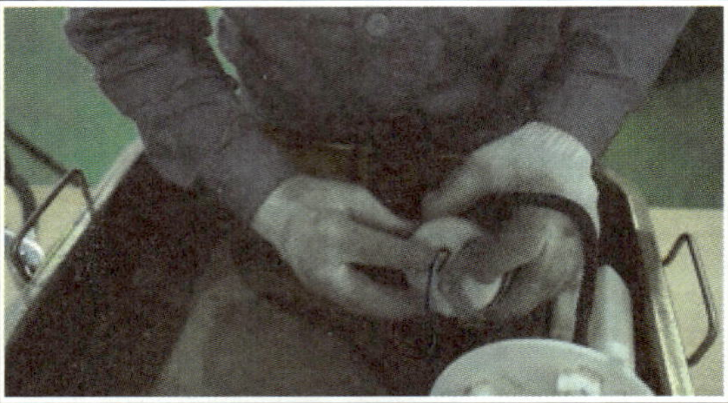	注意“一插二响三确认”	
	安装油泵卡子，将油泵固定到总成外壳中	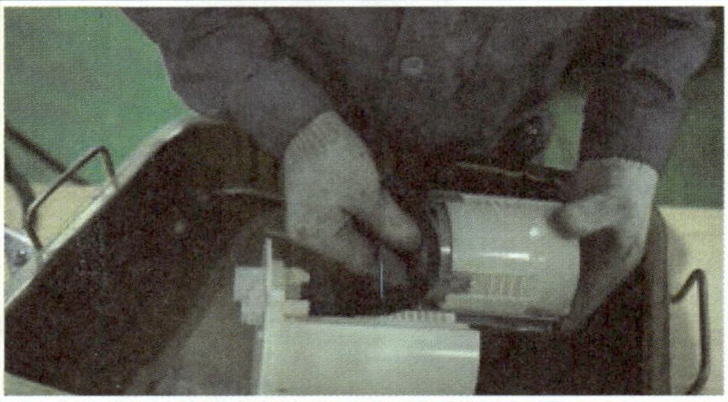	注意卡扣安装到位，摇晃不得旷动	
安装油泵总成	安装燃油泵总成密封胶圈		注意胶圈完全放置在环形槽内	
	放入燃油泵总成	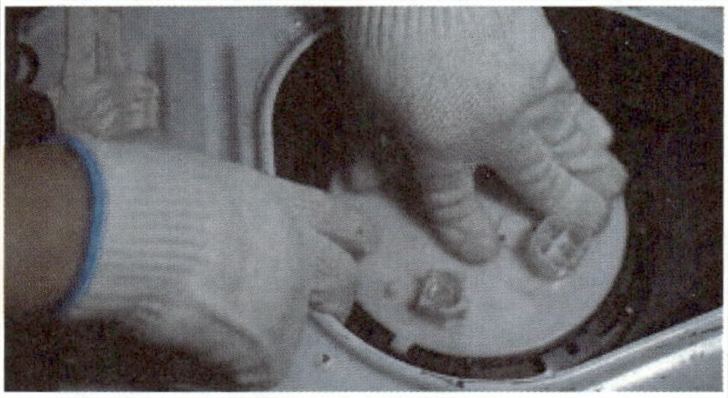	将油泵总成凸出部分与油箱总成的各槽点对准	
	使用专用工具固定挡圈	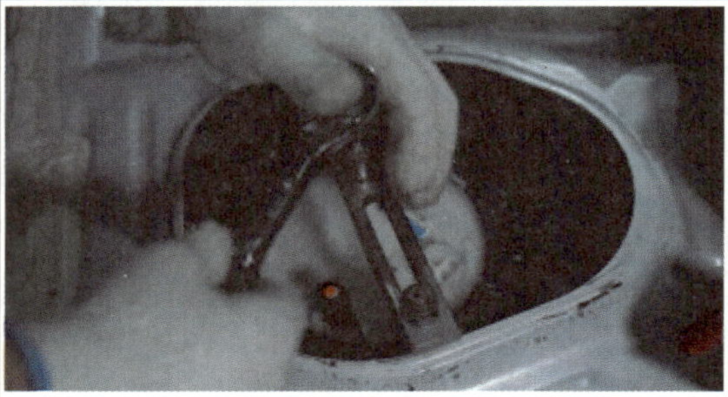	挡圈上的三角标记对准油箱上的定位标记	燃油泵挡圈专用工具

续表

操作步骤	操作细节	展示图	操作注意事项	使用工具
安装油泵总成	安装燃油泵油管及接头卡子	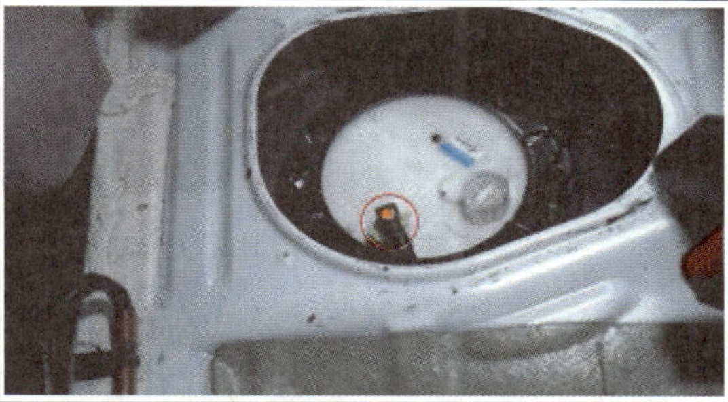	注意检查油管是否安装到位，卡子是否卡到位	
	在后地板检修孔盖上涂抹密封胶		密封胶不要过多，也不要间断	密封胶
	安装燃油泵总成插头	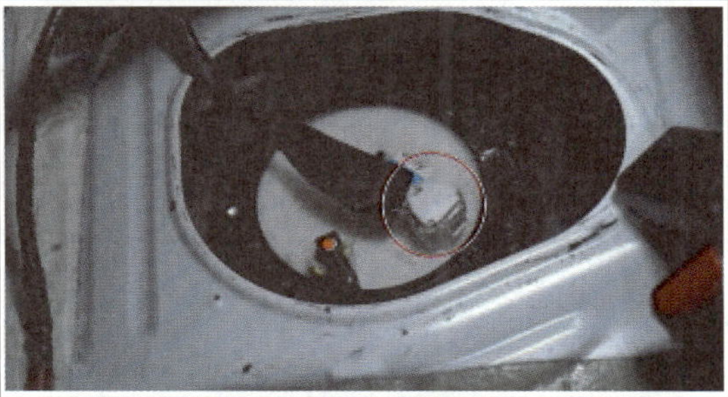	注意“一插二响三确认”	
	安装后地板检修孔盖	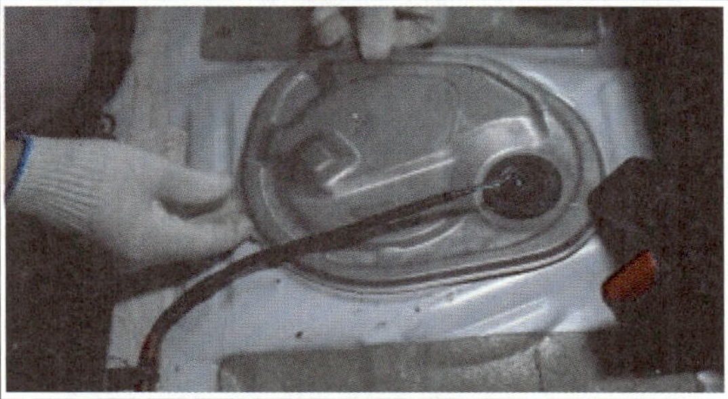		
	安装后排座椅			

三、燃油排气部件检查保养【实操报告】

项目：动力系统检查与综合保养（初级）		考核时间：30 min	
姓名：	班级：	学号：	考评员签字：
初评：□合格□不合格	复评：□合格□不合格	师评：□合格□不合格	
日期：	日期：	日期：	
考核任务二　燃油排气部件检查保养【实操考核报告】			

1. 车辆信息记录

品牌		整车型号		生产日期	
发动机型号		发动机排量			
车辆识别码					

2. 燃油管路检查

机舱燃油管路	正常□异常□	
底盘燃油管路	正常□异常□	

3. 排气管路检查

排气管路	正常□异常□	
排气管吊耳	正常□异常□	

4. 燃油泵总成拆装分解组装

燃油表传感器总成臂	正常□异常□	

四、燃油排气部件检查保养【评分细则】

考核任务二　燃油排气部件检查保养【评分细则】							
序号	评分项	得分条件	评分	评分要求	自评	互评	师评
1	安全、“7S”、态度	□1. 能进行工位“7S”操作 □2. 能进行设备和工具安全检查 □3. 能进行车辆安全防护操作 □4. 能进行工具清洁、校准、存放操作 □5. 能进行“三不落地”操作	15	未完成1项扣3分，扣分不得超15分	□熟练 □不熟练	□熟练 □不熟练	□合格 □不合格

续表

序号	评分项	得分条件	评分	评分要求	自评	互评	师评
2	专业技术能力	作业 1: □1. 能正确拆装燃油泵总成 □2. 能正确分开及安装燃油滤清器 □3. 能正确检查燃油滤清器堵塞情况 □4. 能正确检查燃油管路泄漏情况 □5. 能正确检查燃油管路固定情况 □6. 能正确使用专用工具 □7. 能正确分解组装燃油泵总成 作业 2: □1. 能正确检查排气系统泄漏情况 □2. 能正确检查排气管吊耳固定情况 作业 3: □1. 能正确查询燃油滤清器更换周期 □2. 能正确查询燃油滤清器更换方法	50	未完成 1 项扣 5 分,扣分不得超 50 分	□熟练 □不熟练	□熟练 □不熟练	□合格 □不合格
3	工具及设备的使用能力	□1. 能正确选用维修工具 □2. 能正确使用维修工具拆装 □3. 能正确使用燃油泵总成拆装工具 □4. 能正确使用举升机	10	未完成 1 项扣 3 分,扣分不得超 10 分	□熟练 □不熟练	□熟练 □不熟练	□合格 □不合格

续表

序号	评分项	得分条件	评分	评分要求	自评	互评	师评
4	资料、信息查询能力	□1. 能正确使用维修手册查询资料 □2. 能在规定时间内查询所需资料 □3. 能正确记录所查询资料章节页码 □4. 能正确记录所需维修信息	10	未完成1项扣3分，扣分不得超10分	□熟练 □不熟练	□熟练 □不熟练	□合格 □不合格
5	数据判读和分析能力	□1. 能判断燃油管路是否正常 □2. 能判断排气管路是否正常 □3. 能判断燃油泵总成有无异常	10	未完成1项扣5分，扣分不得超10分	□熟练 □不熟练	□熟练 □不熟练	□合格 □不合格
6	表单填写与报告撰写能力	□1. 字迹清晰 □2. 语句通顺 □3. 无错别字 □4. 无涂改 □5. 无抄袭	5	未完成1项扣1分，扣分不得超5分	□熟练 □不熟练	□熟练 □不熟练	□合格 □不合格
总分							

任务三　发动机总成的拆卸吊装

一、发动机总成的拆卸吊装【工作页】

发动机总成的拆卸吊装【工作页】			
班级		姓名	

一、填空题

1. 发动机悬置的功用是支撑____________，减少动力总成的振动对整车的影响，限制动力总成的抖动量。

2. 发动机悬置有____________发动机悬置、____________发动机悬置和____________发动机悬置三种类型。

二、判断题

1. 发动机总成从车上吊下时，应在发动机完全冷却状态下进行。(　　)

2. 在拆卸蓄电池时，先断开蓄电池正极端子电缆，再断开负极端子电缆。(　　)

二、发动机总成拆卸吊装【操作手册】

操作步骤	操作细节	展示图	操作注意事项	使用工具
工具准备	所需工具：中号棘轮扳手、10 mm六角套筒、中号接杆、平口螺丝刀、尖嘴钳、十字螺丝刀、千斤顶等	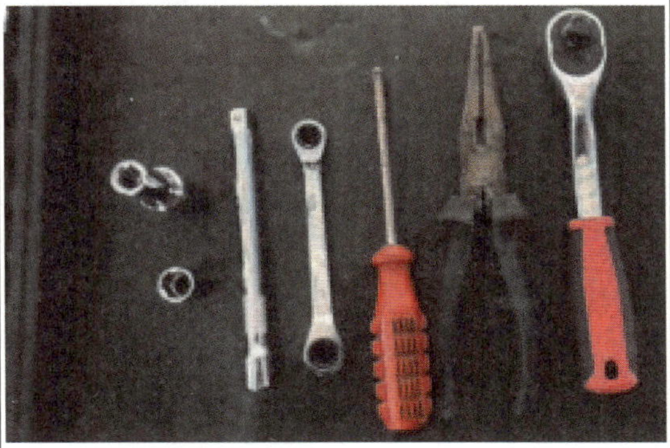		

续表

操作步骤	操作细节	展示图	操作注意事项	使用工具
拆下进气管	用十字螺丝刀拧松进气管的3个螺纹卡扣			十字螺丝刀
	用手取下3个螺纹卡扣			
	取下进气管			
拆下蓄电池	用10 mm 棘轮扳手拧松蓄电池负极螺母，再拧松正极螺母	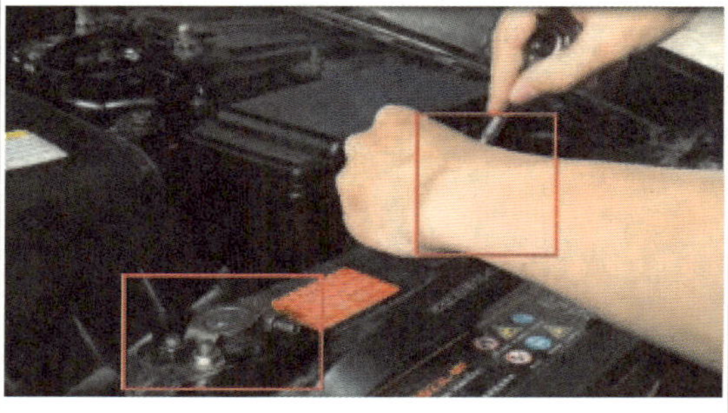	注意顺序，必须先拧松并取下负极螺母，再拧松并取下正极螺母	10 mm 棘轮扳手

续表

操作步骤	操作细节	展示图	操作注意事项	使用工具
拆下蓄电池	用平口起子撬松负极和正极，断开蓄电池负极线，再断开正极线	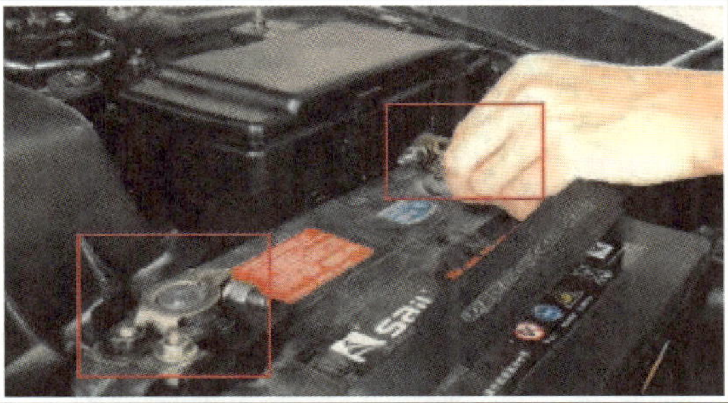		平口起子
	用棘轮扳手拆下蓄电池下方的螺栓	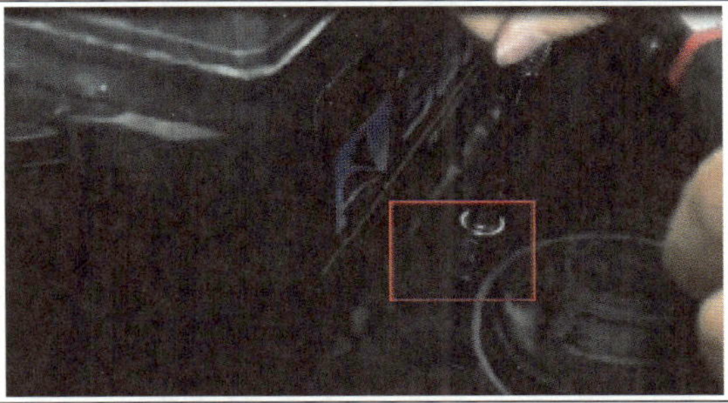		中号棘轮扳手、10 mm六角套筒、中号接杆
	取下蓄电池压板			
	向上提，取出蓄电池	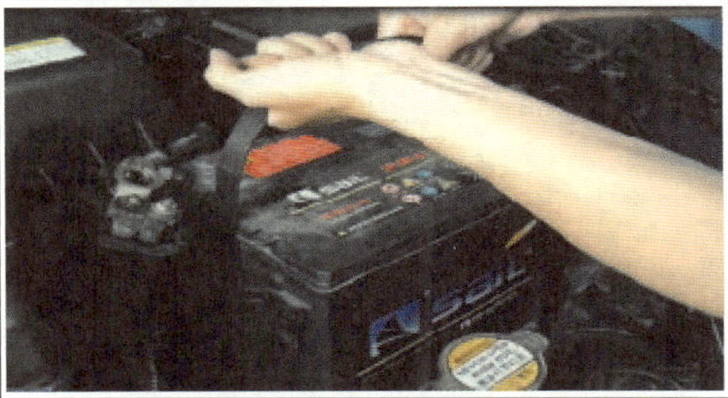	蓄电池拆下后须放置在干燥、平整的环境	
拆卸蓄电池底板	用棘轮扳手拆下蓄电池底板上的两颗螺栓	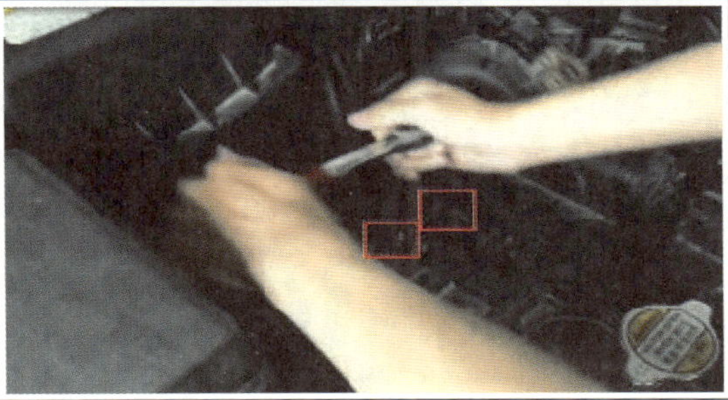		中号棘轮扳手、10 mm六角套筒、中号接杆

续表

操作步骤	操作细节	展示图	操作注意事项	使用工具
拆卸蓄电池底板	取下蓄电池底板	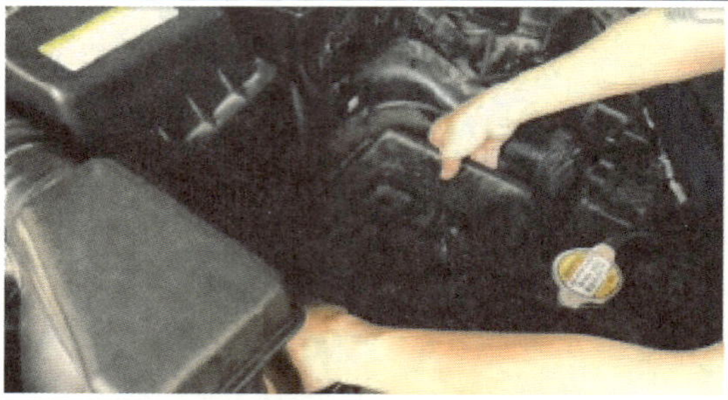		
拆卸空气滤清器	拔下空气滤清器的插头	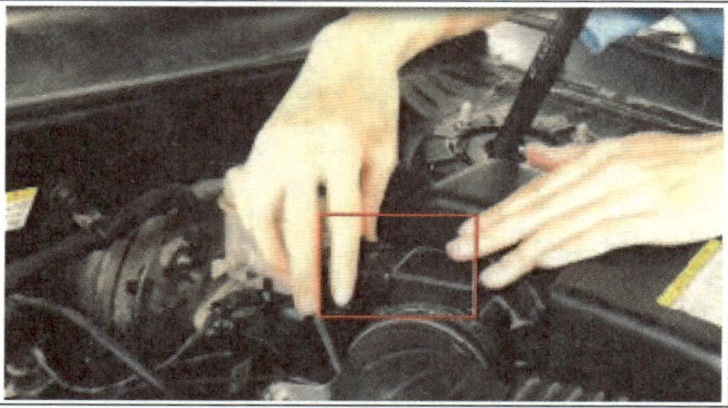		
	用尖嘴钳断开软管管箍，将软管脱开			尖嘴钳
	用手松开空滤器外壳的3个卡扣	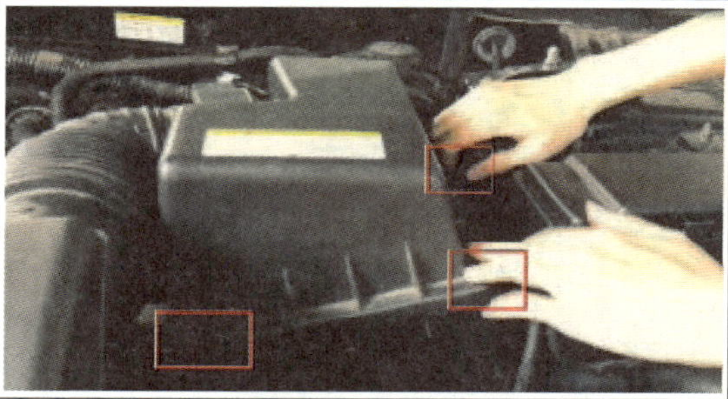		
	取下空滤器上部管路	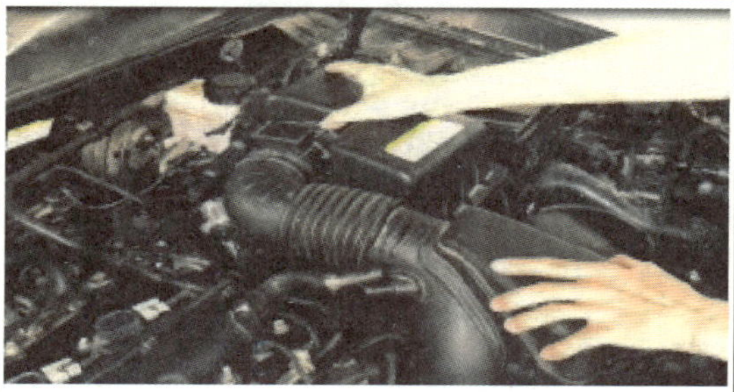		

续表

操作步骤	操作细节	展示图	操作注意事项	使用工具
拆卸空气滤清器	取出空气滤芯			
	断开ECU（电子控制单元）的两个插头	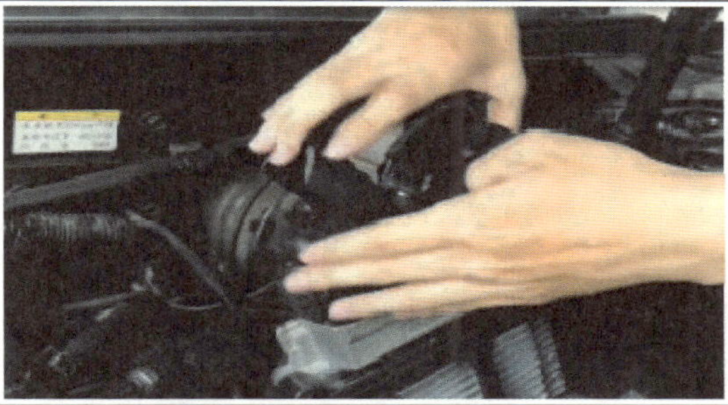		
	取下空滤下部零件	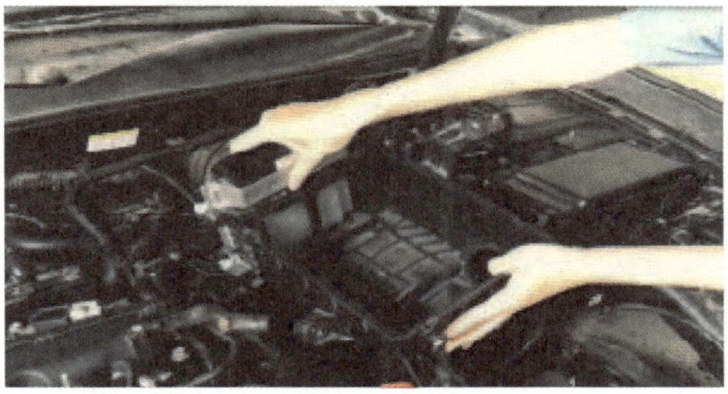		
拆卸散热器总成	断开散热器上水管管箍，并脱开水管	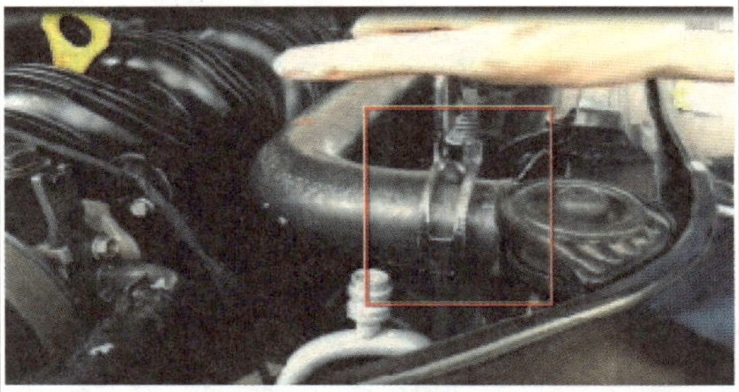		
	用棘轮扳手取下散热器的螺栓	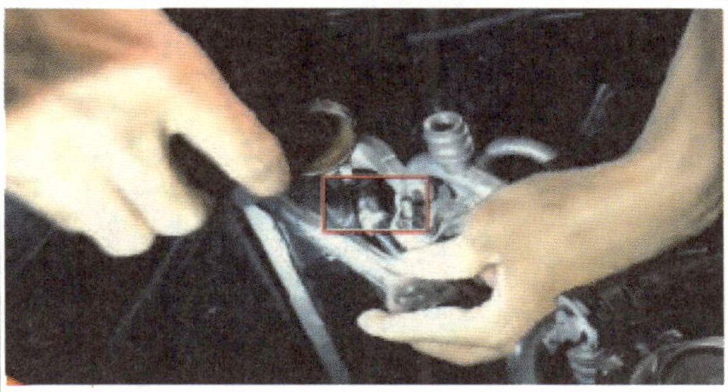		中号棘轮扳手、10 mm六角套筒、中号接杆

续表

操作步骤	操作细节	展示图	操作注意事项	使用工具
拆卸散热器总成	用棘轮扳手取下冷凝器连接的空调管螺母，断开空调管连接	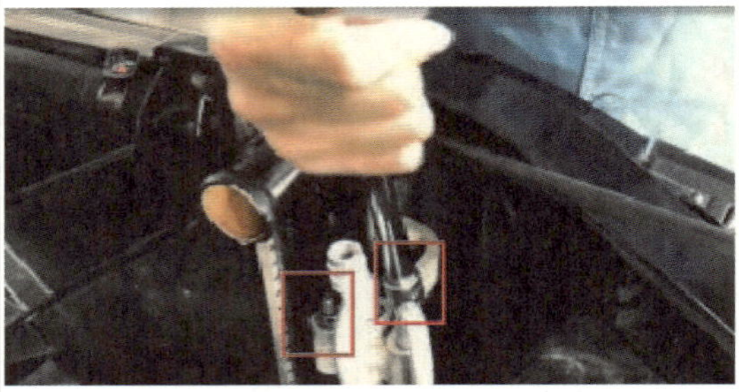	空调管拆下后，要用堵塞堵住管口	中号棘轮扳手、10 mm六角套筒、中号接杆
	取下散热器总成	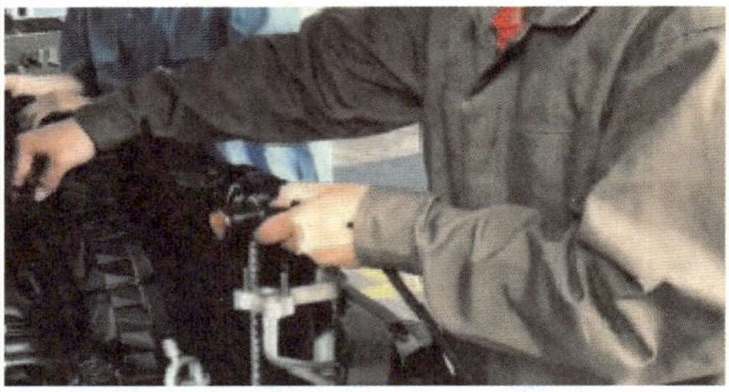	拆卸过程注意不要撞坏散热器的散热片	
拆卸喷油器	断开喷油器控制电路插头			
	用棘轮扳手取下3颗螺栓	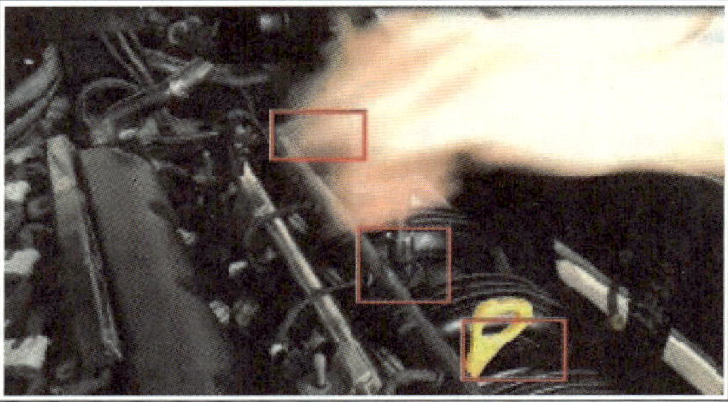		中号棘轮扳手、10 mm六角套筒、中号接杆
	取下喷油器下方的一个插头，取下喷油器			

续表

操作步骤	操作细节	展示图	操作注意事项	使用工具
拆卸冷却液壶	用棘轮扳手拆下冷却液壶的两颗螺栓	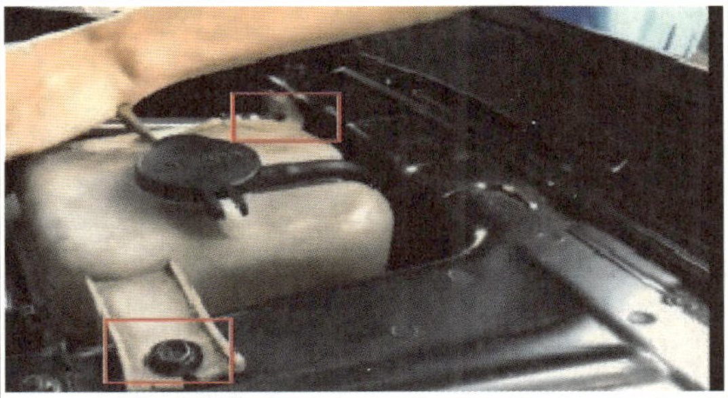		中号棘轮扳手、10 mm六角套筒、中号接杆
	脱开水管，将冷却液壶取下	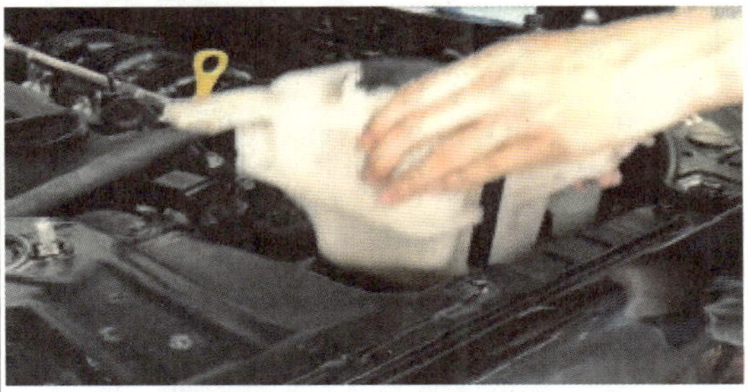		
断开搭铁线	取下发动机搭铁线的螺栓，断开搭铁线			中号棘轮扳手、10 mm六角套筒、中号接杆
断开助力泵管路	断开助力泵管路	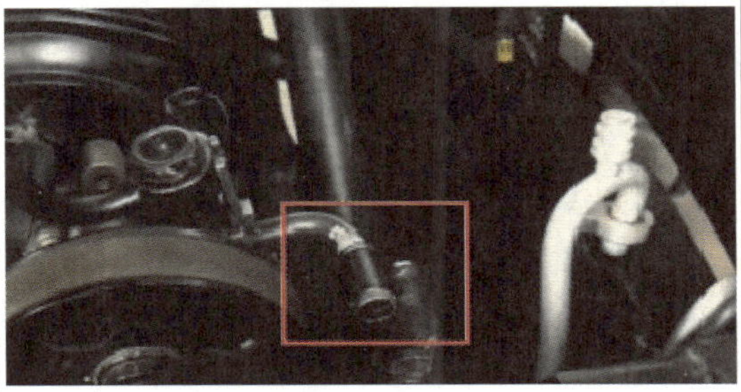		
断开压缩机管路	取下压缩机高低压管的螺栓，将高低压管脱开	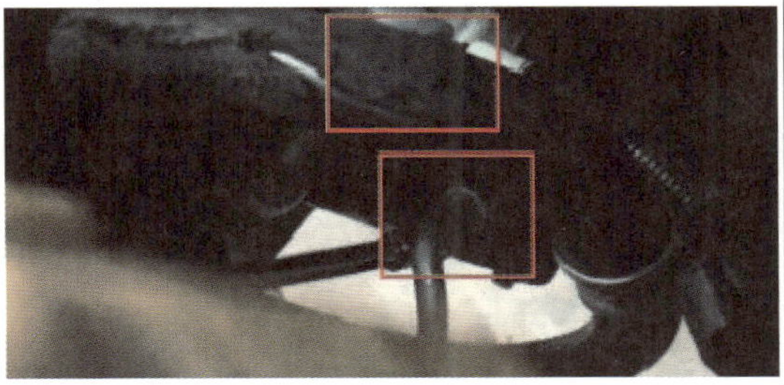	空调管拆下后，要用堵塞堵住管口	中号棘轮扳手、10 mm六角套筒、中号接杆

续表

操作步骤	操作细节	展示图	操作注意事项	使用工具
拆卸点火线圈电路	脱开点火线圈电路的 4 个插头，取下线路	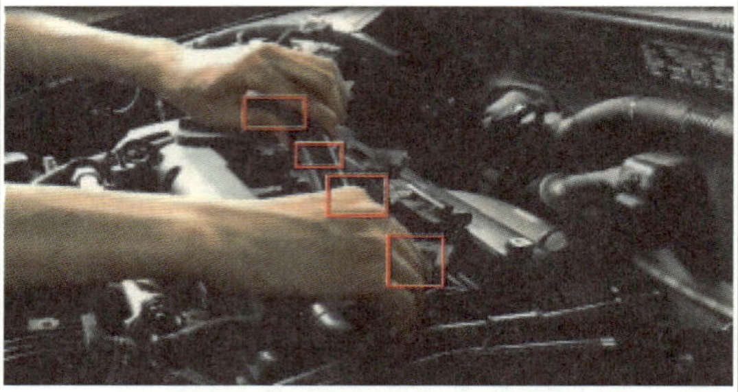		
分离燃油管	拆下燃油管连接的 2 颗螺母，脱开燃油管	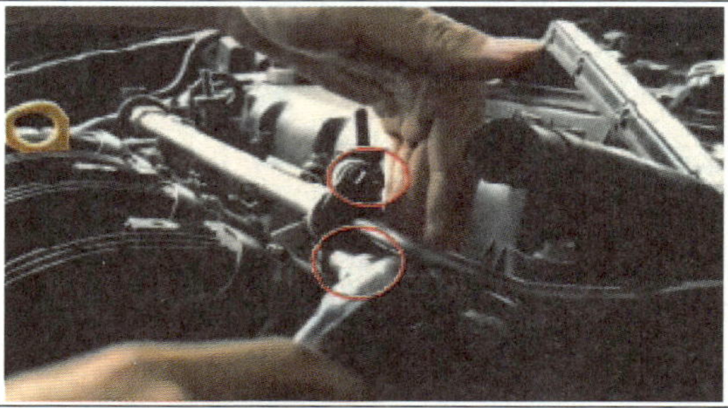	注意清理散落的油液	中号棘轮扳手、10 mm 六角套筒
拆下变速器控制器插头	拆下变速器控制器插头	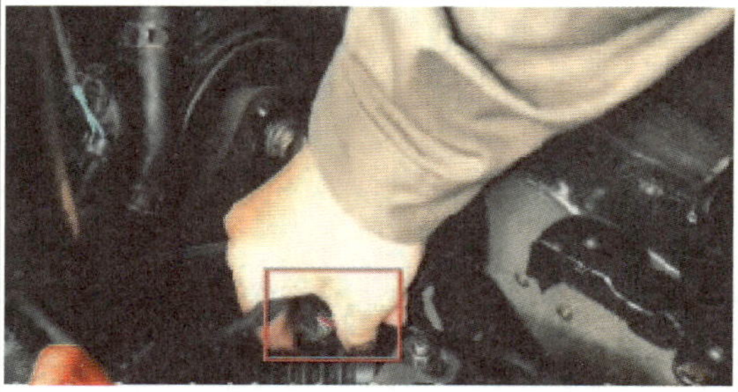		
拆下变速器拉索固定支架螺栓，将拉索分离	拆下变速器拉索固定支架螺栓，将拉索分离	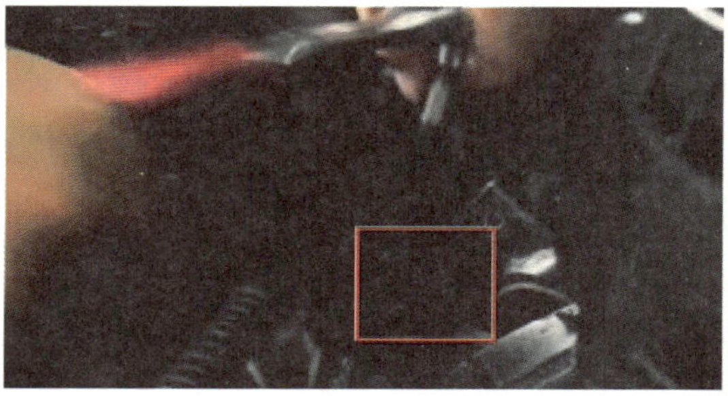		
分离搭铁线	拆下发动机搭铁 2 颗螺栓，分离搭铁线	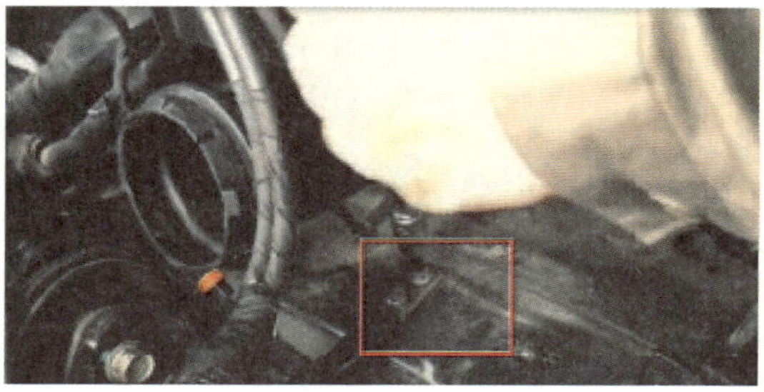		中号棘轮扳手、10 mm 六角套筒、中号接杆

续表

操作步骤	操作细节	展示图	操作注意事项	使用工具
拆卸保险盒正极、负极线	用手取下保险盒上部盖罩	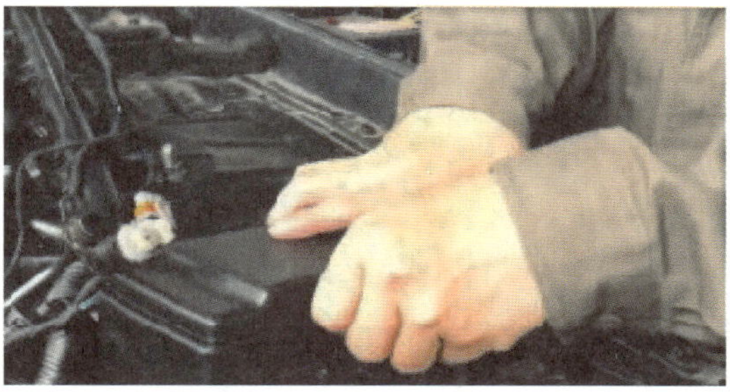		
	拆下正极、负极的螺母，断开线路	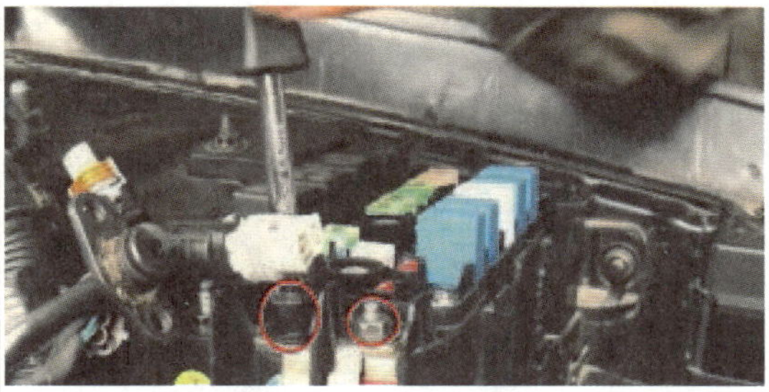		中号棘轮扳手、10 mm六角套筒、中号接杆
拆卸三元催化器	取下三元催化器的4颗螺母，取下三元催化器	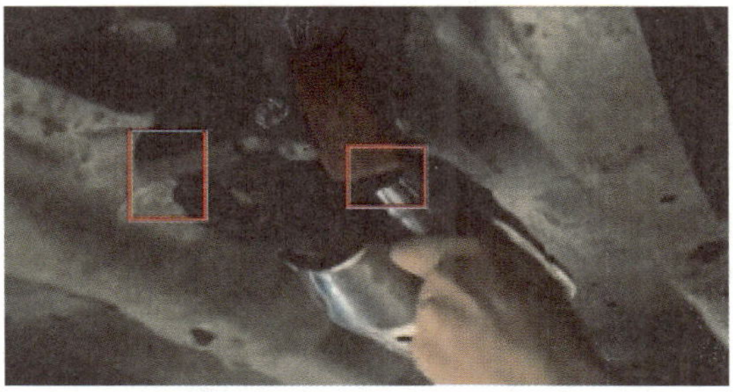		大号棘轮扳手、22 mm套筒
托举发动机	用举升车托举发动机		举升过程注意不要挂扯到线路	举升车
拆卸发动机总成	取下发动机悬置的螺栓螺母	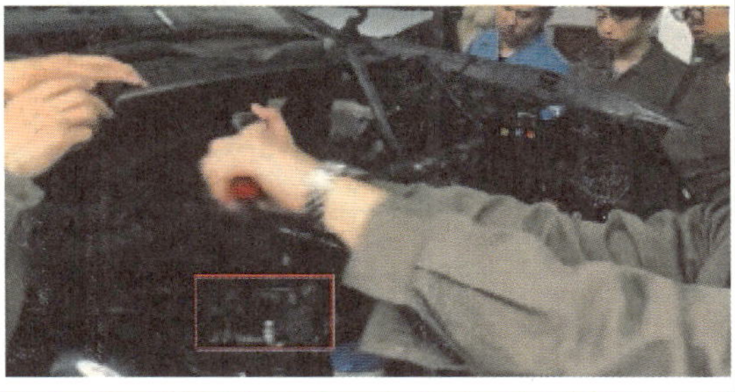		公斤扳手、大号接杆、24 mm套筒

续表

操作步骤	操作细节	展示图	操作注意事项	使用工具
拆卸发动机总成	取下变速器悬置的螺栓	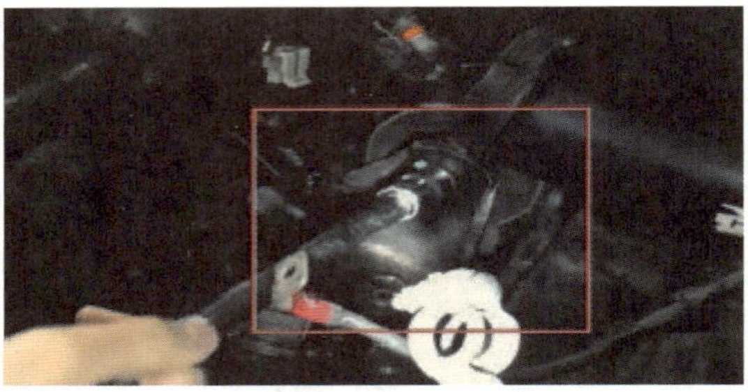		公斤扳手、大号接杆、22 mm套筒
	取下变速器下悬置连接螺栓	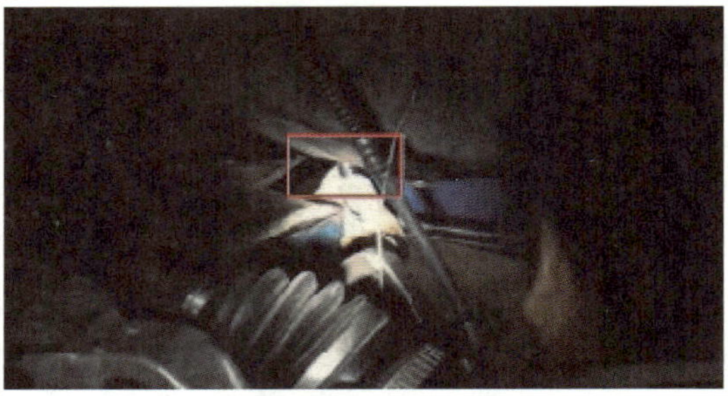		公斤扳手、大号接杆、22 mm套筒
	降下发动机总成	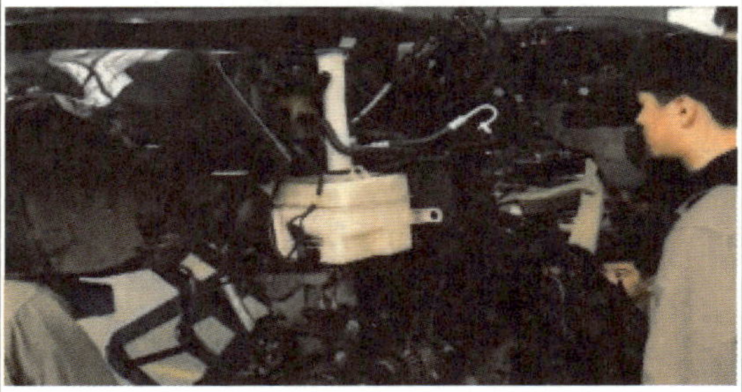	降下过程注意观察，不要拉扯到机舱线束	

三、发动机总成拆卸吊装【实操报告】

<table>
<tr><td colspan="2">项目：动力系统检查与综合保养（初级）</td><td colspan="2">考核时间：30 min</td></tr>
<tr><td>姓名：</td><td>班级：</td><td>学号：</td><td rowspan="3">考评员签字：</td></tr>
<tr><td>初评：□合格□不合格</td><td>复评：□合格□不合格</td><td>师评：□合格□不合格</td></tr>
<tr><td>日期：</td><td>日期：</td><td>日期：</td></tr>
<tr><td colspan="4">考核任务三　发动机总成的拆卸吊装【实操考核报告】</td></tr>
</table>

1．车辆信息记录

品牌		整车型号		生产日期	
发动机型号		发动机排量			
车辆识别码					

2．工具及设备的使用

作业项目	维修资料			
工具及设备的使用	工具及设备的使用			

3．发动机总成的拆卸吊装

作业项目	维修资料			
发动机总成的拆卸吊装	蓄电池拆卸		蓄电池搭铁线拆卸顺序	
	空调管拆卸		空调管拆后的注意事项	
	空气滤芯是否需要更换		正常□ 异常□	
	蓄电池是否正常		正常□ 异常□	
	散热器散热片是否正常		正常□ 异常□	
	冷却液壶是否正常		正常□ 异常□	

四、发动机总成拆卸吊装【评分细则】

考核任务三　发动机总成的拆卸吊装【评分细则】							
序号	评分项	得分条件	评分	评分要求	自评	互评	师评
1	安全、“7S”、态度	□1. 能进行工位“7S”操作 □2. 能进行设备和工具安全检查 □3. 能进行车辆安全防护操作 □4. 能进行工具清洁、校准、存放操作 □5. 能进行“三不落地”操作	15	未完成1项扣3分，扣分不得超15分	□熟练 □不熟练	□熟练 □不熟练	□合格 □不合格
2	专业技术能力	作业1： □1. 能正确拆卸空气滤清器 □2. 能正确检查和清洁空气滤清器 □3. 能正确拆卸进气管及卡箍	50	未完成1项扣5分，扣分不得超50分	□熟练 □不熟练	□熟练 □不熟练	□合格 □不合格

续表

序号	评分项	得分条件	评分	评分要求	自评	互评	师评
2	专业技术能力	□4. 能正确拆卸蓄电池 □5. 能正确拆卸散热器 作业2: □能正确拆卸发动机总成	50	未完成1项扣5分,扣分不得超50分	□熟练 □不熟练	□熟练 □不熟练	□合格 □不合格
3	工具及设备的使用能力	□1. 能正确选用维修工具 □2. 能正确使用维修工具拆卸 □3. 能正确使用机油滤清器拆卸工具 □4. 能正确使用举升机	10	未完成1项扣5分,扣分不得超10分	□熟练 □不熟练	□熟练 □不熟练	□合格 □不合格
4	资料、信息查询能力	□1. 能正确使用维修手册查询资料 □2. 能正确使用用户手册查询资料 □3. 能在规定时间内查询所需资料 □4. 能正确记录所查询资料章节页码 □5. 能正确记录所需维修信息	10	未完成1项扣2分,扣分不得超10分	□熟练 □不熟练	□熟练 □不熟练	□合格 □不合格
5	数据判读和分析能力	□1. 能判断空气滤清器是否更换 □2. 能判断零件是否需要更换 □3. 能处理作业过程中的异常情况	10	未完成1项扣5分,扣分不得超10分	□熟练 □不熟练	□熟练 □不熟练	□合格 □不合格
6	表单填写与报告的撰写能力	□1. 字迹清晰 □2. 语句通顺 □3. 无错别字 □4. 无涂改 □5. 无抄袭	5	未完成1项扣1分,扣分不得超5分	□熟练 □不熟练	□熟练 □不熟练	□合格 □不合格
总分							

任务四　冷却系统部件检查保养

一、冷却系统部件检查保养【工作页】

冷却系统部件检查保养

冷却系统部件检查保养【工作页】			
班级		姓名	

一、填空题

1. 现代汽车广泛采用水冷式，水冷却系统由____________、____________、____________、____________、补偿水桶（储液罐）、水套以及其他附属装置等组成。

2. 冷却液又称冷却液，是由防冻添加剂及防止金属产生锈蚀的和组成的液体。它需要具有____________、____________、____________、____________和防沸的性能。

二、判断题

1. 汽车中的发动机在适当的高温状态下运行状况最好。如果发动机变冷，就会加快组件的磨损，从而使发动机效率降低并且排放出更多污染物。(　　)

2. 水泵的作用是对冷却液加压，保证其在冷却系中循环流动。(　　)

三、识图题

指出图 1-4-1 中各零部件的名称，并填写在横线处。

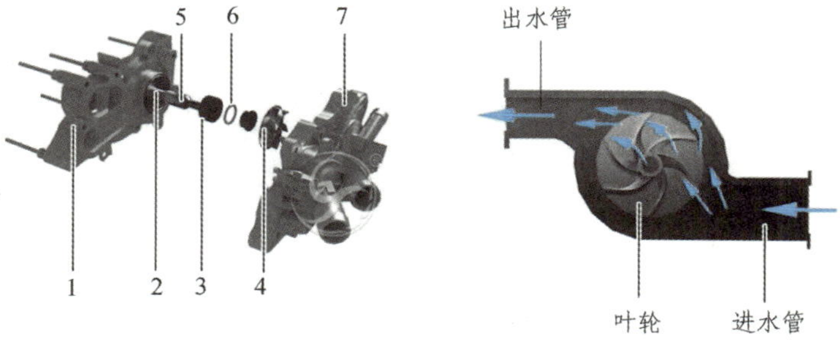

图 1-4-1　水泵

1. ____________　　2. ____________

3. ____________　　4. ____________

5. ____________　　6. ____________

7. ____________

二、冷却系统部件检查保养【操作手册】

操作步骤	操作细节	展示图	操作注意事项	使用工具
工具准备	所需工具：冷却液、零件盒、导管、冰点测试仪、手电筒、点漆笔、扭力扳手、中号棘轮扳手、小号棘轮扳手、小号长接杆、中号接杆、小号 10 mm 六角套筒、中号 10 mm 六角套筒、转接头、螺丝刀、漏斗	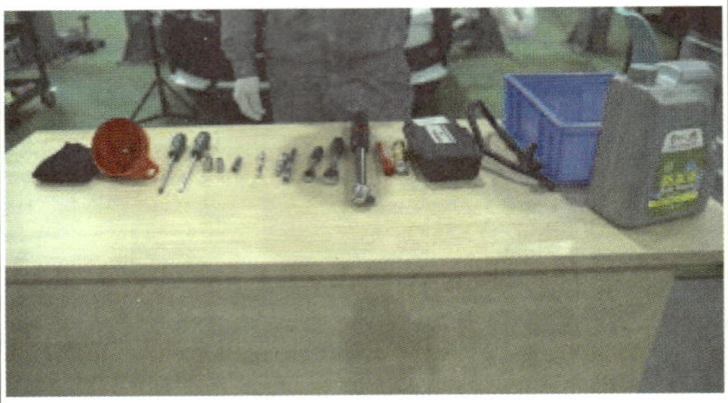		
冷却系统泄漏检查	检查冷却系统管路有无泄漏	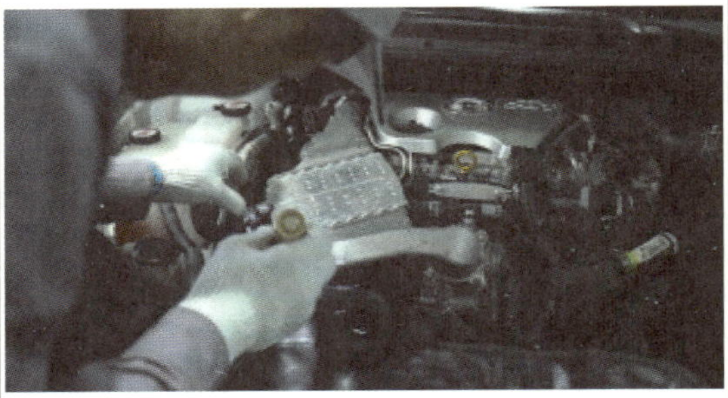		手电筒
冷却液液位检查	检查冷却液液面高度是否正常	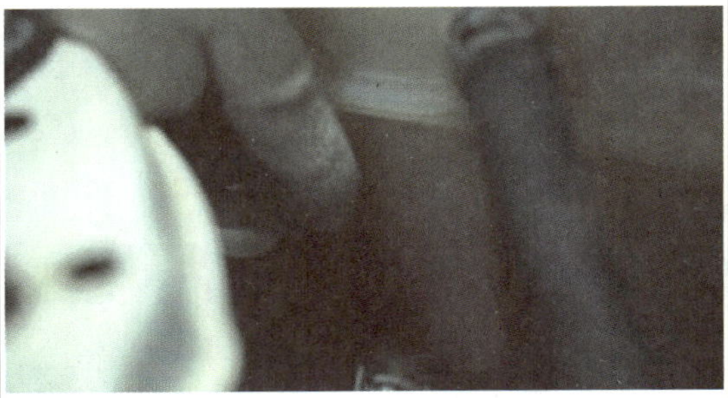	液面高度应在上下刻度线之间	
冷却液冰点量测	拧开储液罐盖		注意在热态下不能拧开	

续表

操作步骤	操作细节	展示图	操作注意事项	使用工具
冷却液冰点量测	拧开储液罐盖，吸取冷却液	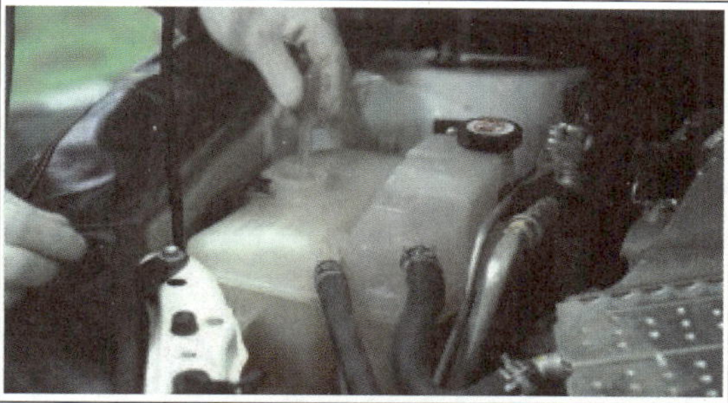	注意不要洒落	滴管
	将冷却液滴在检测仪上	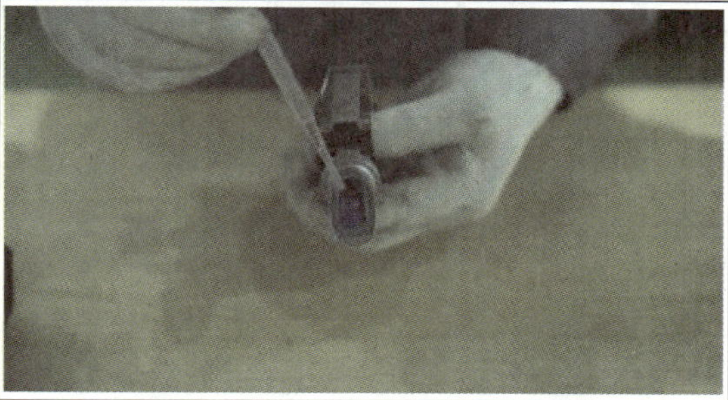	注意不要放置太多	冷却液冰点测试仪
	观察仪器上的冰点值		如果冰点值低于原防冻液冰点值，就需要更换防冻液	冷却液冰点测试仪
	清洁并回收仪器			
	举升车辆			

续表

操作步骤	操作细节	展示图	操作注意事项	使用工具
冷却液冰点量测	检查举升机托盘是否稳固			
	按压车身，检查车辆是否稳固			
	将车辆举升到合适高度后，锁止举升机			
	拆卸下护板			10 mm 六角套筒、小号棘轮扳手
	将导管接入水箱放水孔上		确保导管不要脱落，必要的话使用卡箍固定	导水管

续表

操作步骤	操作细节	展示图	操作注意事项	使用工具
冷却液冰点量测	拧松水箱放水孔开关旋钮			
	将冷却液排放到回收盆中			
	排放完成后取下导管，拧紧放水孔开关			
	降下举升机		确认周围环境	
	将导管接入冷却系统排气孔上	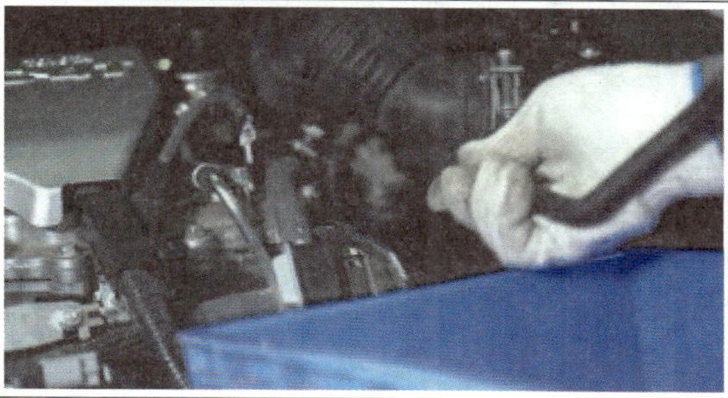	确保导管不要脱落，必要的话使用卡箍固定	导水管

续表

操作步骤	操作细节	展示图	操作注意事项	使用工具
冷却液冰点量测	使用工具将排气孔螺栓拧松			中号棘轮扳手、中号短接杆
	放置漏斗添加冷却液，直到导管中有冷却液流出	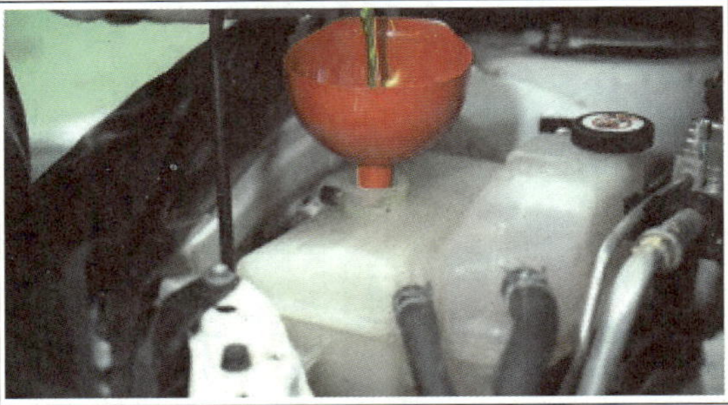	建议加注量：6.4 L	漏斗
	按规定力矩拧紧排气孔螺栓，取下导管	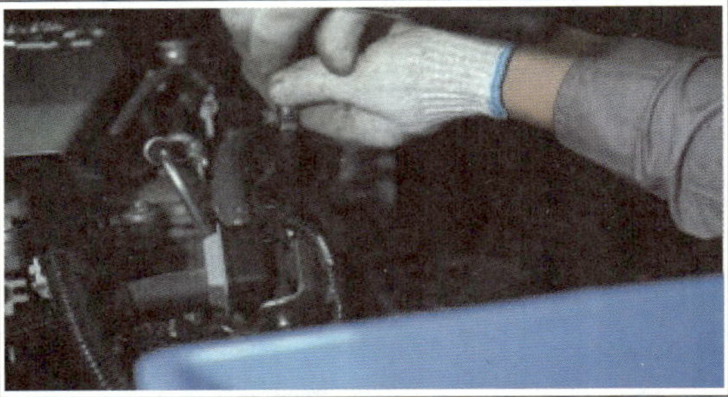	力矩：1 N·m	
	取下漏斗，安装储液罐盖	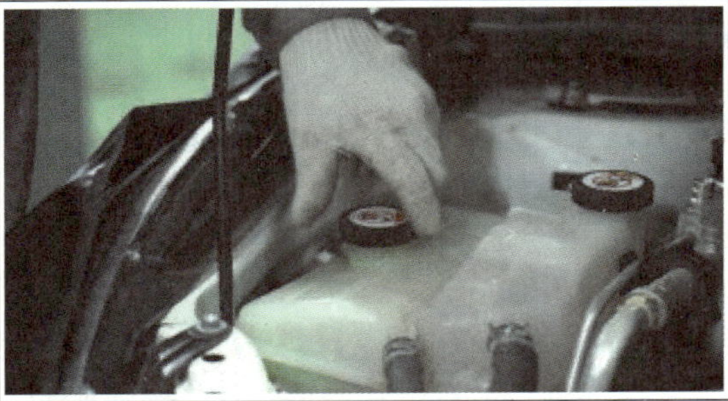		
	确认液面高度是否在刻度线内	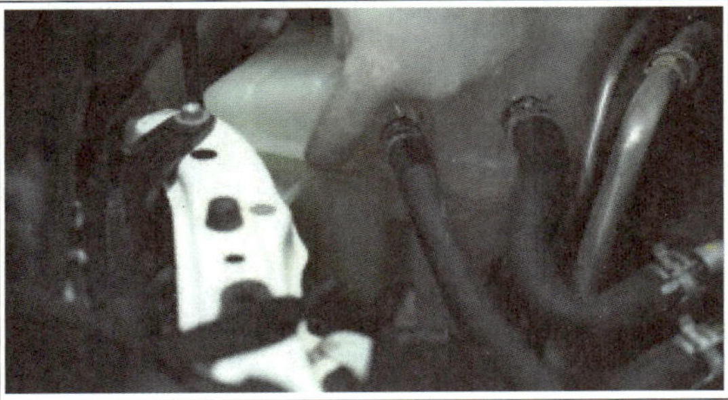		

续表

操作步骤	操作细节	展示图	操作注意事项	使用工具
冷却液冰点量测	挤压散热器水管	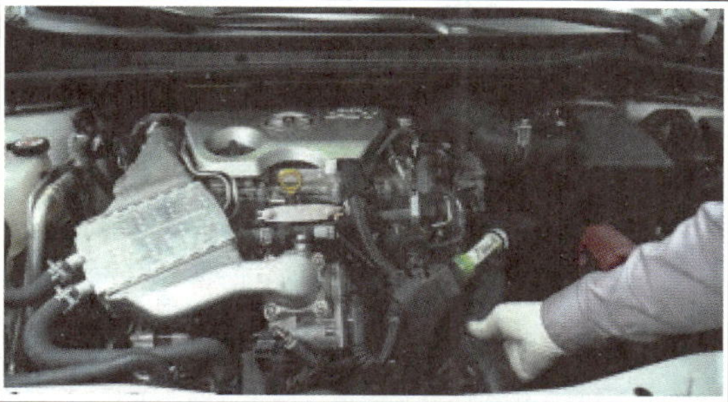		
	起动发动机	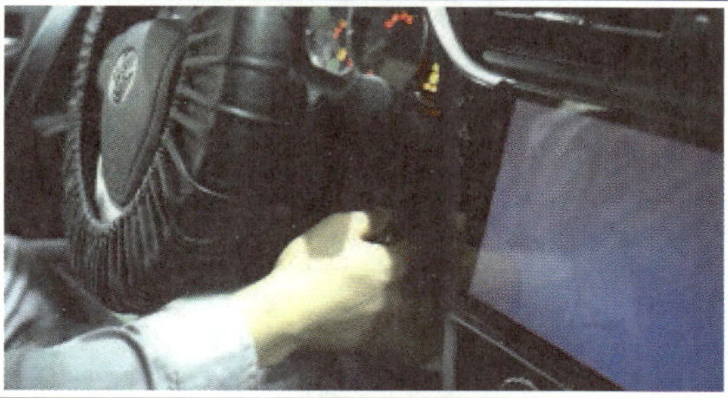		
	举升车辆			
	检查车辆下部有无冷却液泄漏，安装下护板			
	降下车辆			

续表

操作步骤	操作细节	展示图	操作注意事项	使用工具
冷却液冰点量测	再次检查车辆上部有无冷却液泄漏和液面高度	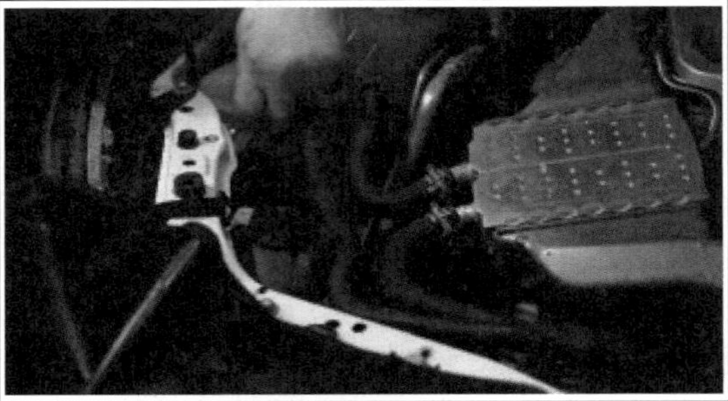		

三、冷却系统部件检查保养【实操报告】

项目：动力系统检查与综合保养（初级）		考核时间：30 min	
姓名：	班级：	学号：	考评员签字：
初评：□合格□不合格	复评：□合格□不合格	师评：□合格□不合格	
日期：	日期：	日期：	
考核任务四　冷却系统部件检查保养【实操考核报告】			

1．车辆信息记录

品牌		整车型号		生产日期	
发动机型号		发动机排量			
车辆识别码					

2．冷却系统检查

冷却系统管路泄漏检查		正常□异常□
冷却液高度检查		正常□异常□
冷却液冰点值检查		正常□异常□

3．冷却液更换

冷却液容量		
冷却液更换周期		
排气螺栓力矩值		

四、冷却系统部件检查保养【评分细则】

考核任务四　冷却系统部件检查保养【评分细则】							
序号	评分项	得分条件	评分	评分要求	自评	互评	师评
1	安全、“7S”、态度	□1. 能进行工位“7S”操作 □2. 能进行设备和工具安全检查 □3. 能进行车辆安全防护操作 □4. 能进行工具清洁、校准、存放操作 □5. 能进行“三不落地”操作	15	未完成1项扣3分,扣分不得超15分	□熟练 □不熟练	□熟练 □不熟练	□合格 □不合格
2	专业技术能力	作业1: □1. 能正确检查冷却系统管路密封性 □2. 能正确检查冷却液液面高度 □3. 能正确检测冷却液冰点值 作业 2: □1. 能正确举升车辆 □2. 能正确排放冷却液 □3. 能正确加注却液 □4. 能正确进行冷却系统排气 □5. 能正确查询冷却液型号 □6. 能正确查询冷却液容量 □7. 能正确查询冷却液更换周期	50	未完成1项扣5分,扣分不得超50分	□熟练 □不熟练	□熟练 □不熟练	□合格 □不合格
3	工具及设备的使用能力	□1. 能正确选用维修工具 □2. 能正确使用维修工具拆装 □3. 能正确使用冰点测试仪 □4. 能正确使用举升机	10	未完成1项扣3分,扣分不得超10分	□熟练 □不熟练	□熟练 □不熟练	□合格 □不合格

续表

序号	评分项	得分条件	评分	评分要求	自评	互评	师评
4	资料、信息查询能力	□1. 能正确使用维修手册查询资料 □2. 能在规定时间内查询所需资料 □3. 能正确记录所查询资料章节页码 □4. 能正确记录所需维修信息	10	未完成1项扣3分，扣分不得超10分	□熟练 □不熟练	□熟练 □不熟练	□合格 □不合格
5	数据判读和分析能力	□1. 能判读冷却液液位是否正常 □2. 能分析溢流罐盖是否正常 □3. 能分析冷却系统是否泄漏 □4. 能判读冷却液冰点是否正常 □5. 能预估下次保养时间及里程	10	未完成1项扣3分，扣分不得超10分	□熟练 □不熟练	□熟练 □不熟练	□合格 □不合格
6	表单填写与报告撰写能力	□1. 字迹清晰 □2. 语句通顺 □3. 无错别字 □4. 无涂改 □5. 无抄袭	5	未完成1项扣1分，扣分不得超5分	□熟练 □不熟练	□熟练 □不熟练	□合格 □不合格
总分							

任务五　润滑系统部件检查保养

润滑系统部件检查保养

一、润滑系统部件检查保养【工作页】

润滑系统部件检查保养【工作页】			
班级		姓名	

一、填空题

1. 机油泵通常都采用____________驱动方式，通过____________、____________或正时齿轮来驱动。

2. 机油集滤器多为____________，能滤掉润滑油中粒度大的杂质，其流动阻力小，串联安装于进油口之前。

二、判断题

1. 机油泵将一定量的润滑油从油底壳中抽出经机油泵加压后，源源不断地送至各零件表面进行润滑，维持润滑油在润滑系统中的循环。(　　)

2. 发动机传动件的工作条件不尽相同，但是对负荷及相对运动速度不同的传动件采用相同的润滑方式。(　　)

三、识图题

指出图 1-5-1 中各零部件的名称，并填写在横线处。

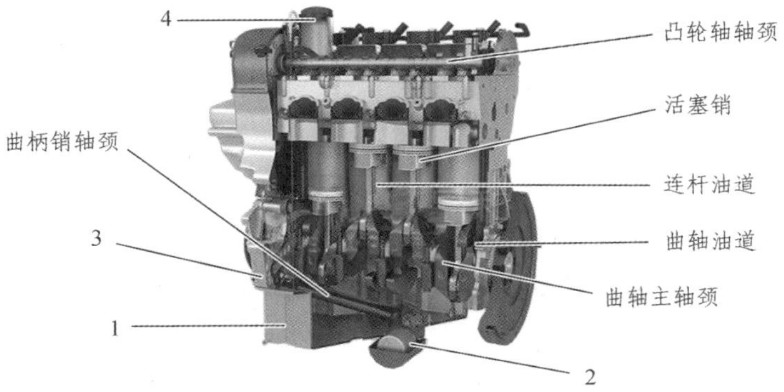

图 1-5-1　润滑系统构造

1. ____________　　2. ____________

3. ____________　　4. ____________

二、润滑系统部件检查保养【操作手册】

操作步骤	操作细节	展示图	操作注意事项	使用工具
工具准备	所需工具：机油、机油滤清器、扭力扳手、大号棘轮扳手、14 mm 六角套筒、手电筒、记号笔、滤清器拆卸工具、漏斗		机油等级：原厂电动机机油 SAE 0W-20（小型涡轮汽油发动机）或 API 等级为 SL、SM、SN 的多级发动机机油； 黏度等级：0W-20、5W-20、5W-30	
润滑油油位和油质检查	拔出机油尺，检查油液液位	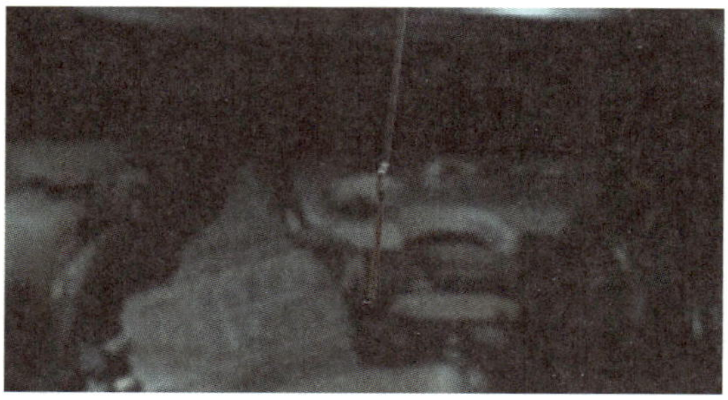	观察油液是否在刻度线内	
	将机油滴在测试纸上，检查油质	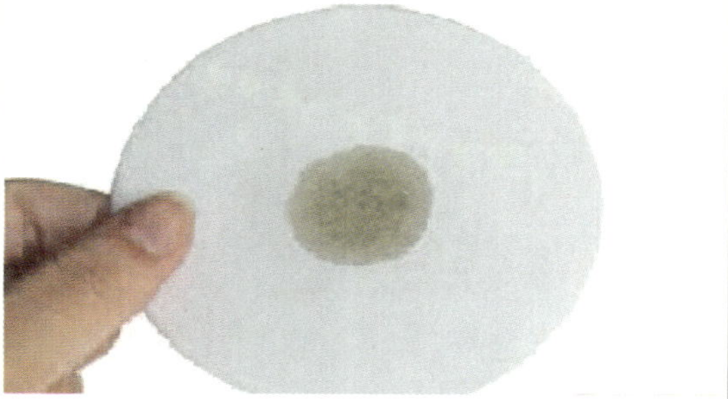	观察有无杂质、结胶、变质等现象	测试纸
润滑油渗漏检查	拧开机油加注盖	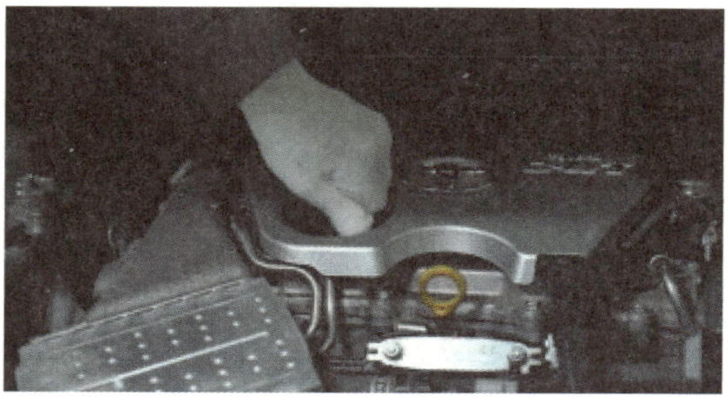		

续表

操作步骤	操作细节	展示图	操作注意事项	使用工具
润滑油渗漏检查	举升车辆			
	检查举升机托盘是否稳固		托盘中心点对准车辆举升点	
	对角摇晃车身，检查车辆是否稳固		按压薄的覆盖件不要过于用力	
	将车辆举升到合适高度后，锁止举升机		举升机锁止后人员才可进入车下操作	
	检查发动机下部有无渗油现象，油底壳有无撞击变形			手电筒

续表

操作步骤	操作细节	展示图	操作注意事项	使用工具
润滑油及滤清器更换	将废油回收桶放置在放油螺栓下		距离不宜太远，以免油液排放时油液四溅	废油回收桶
	拆卸油底壳放油螺栓	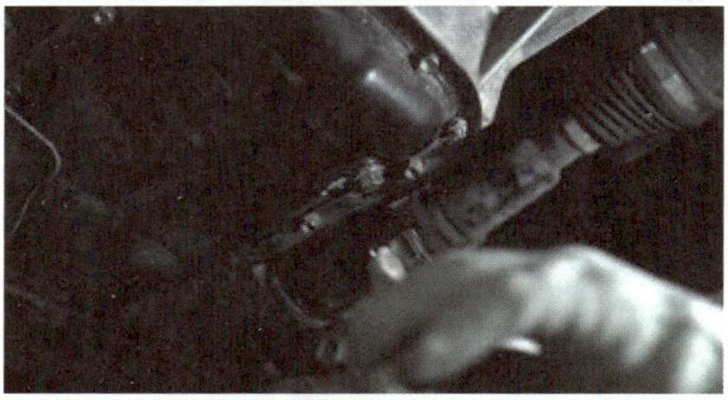	若发动机长时间运行过，注意油液高温可能会对人体造成伤害	大号棘轮扳手、14 mm六角套筒
	将旧油排放到回收桶中	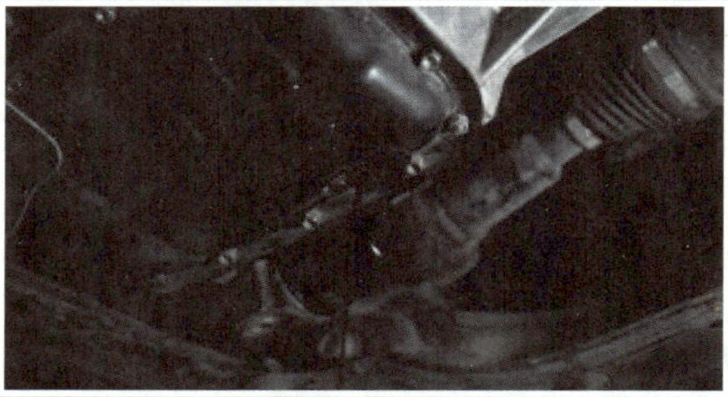	注意观察排出的油液中有无杂质或稠糊	废油回收桶
	检查放油螺栓螺纹及垫片是否变形	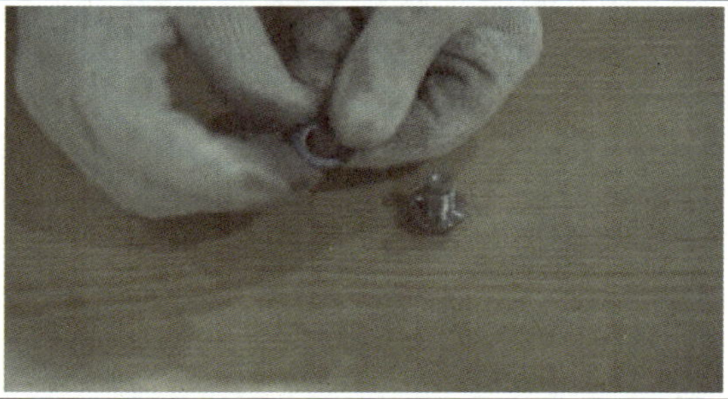		
	清洁螺栓孔周围的油渍并安装油底壳放油螺栓	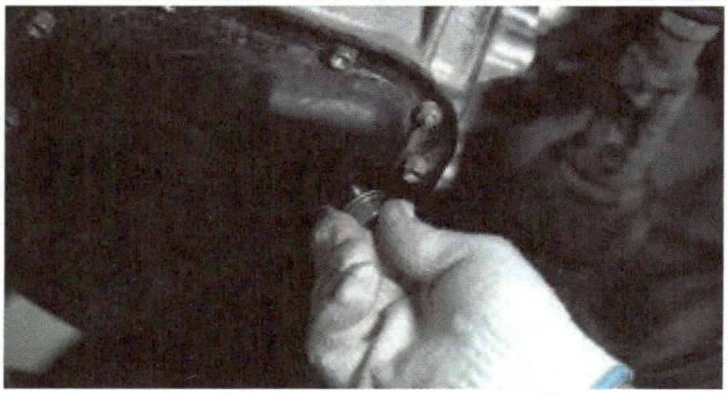		

续表

操作步骤	操作细节	展示图	操作注意事项	使用工具
润滑油及滤清器更换	使用棘轮扳手预紧螺栓	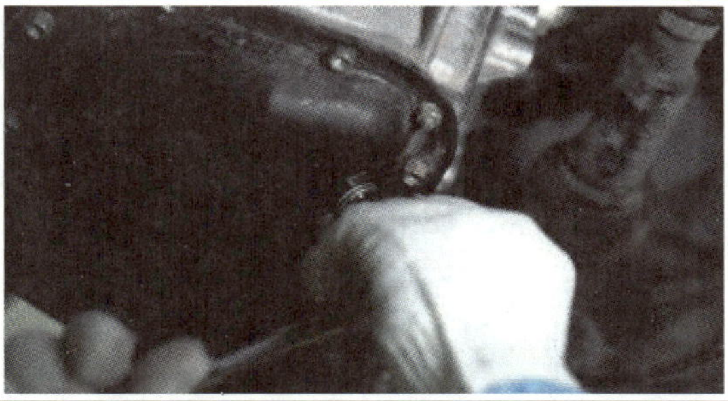	预紧即可	大号棘轮扳手、14 mm六角套筒
	调整扭力扳手，按照规定力矩紧固放油螺栓	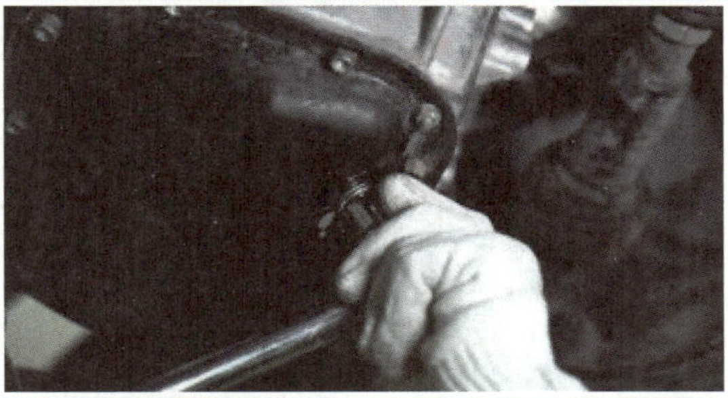	拧紧力矩：37 N·m	扭力扳手、14 mm六角套筒
	使用记号笔标注	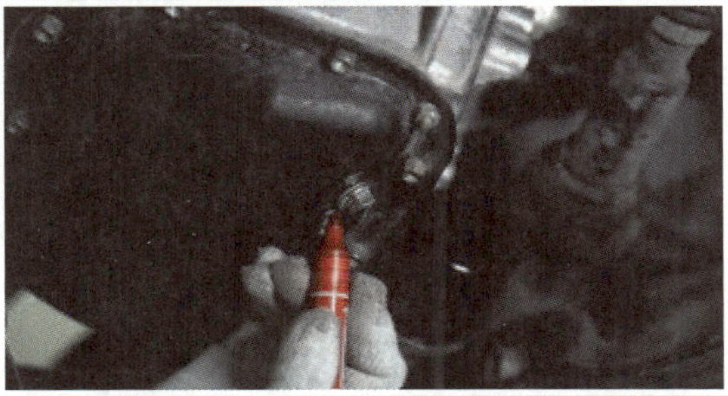		记号笔
	使用工具拆卸机油滤清器	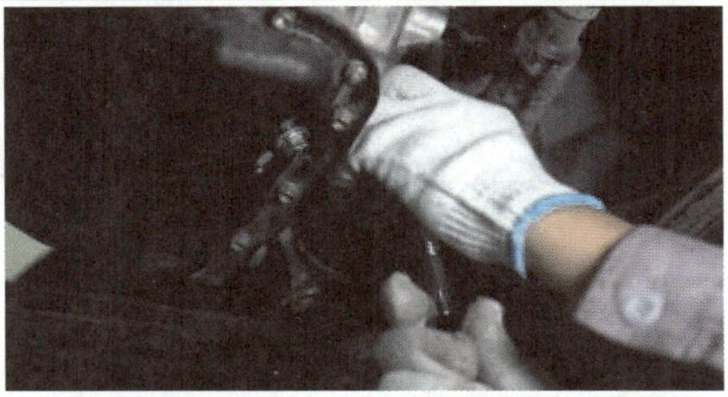	选用大小合适的滤清器套筒	大号棘轮扳手、滤清器套筒
	取下机油滤清器	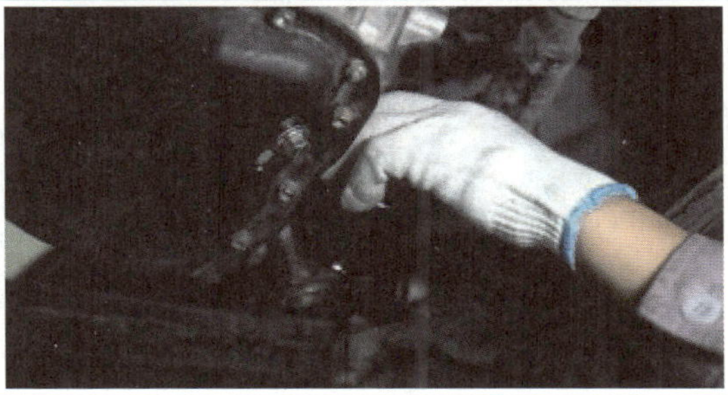	注意检查旧滤清器上的胶圈是否脱落在滤清器座上，避免安装造成双胶圈的漏油现象	

续表

操作步骤	操作细节	展示图	操作注意事项	使用工具
润滑油及滤清器更换	检查并确定机油滤清器型号	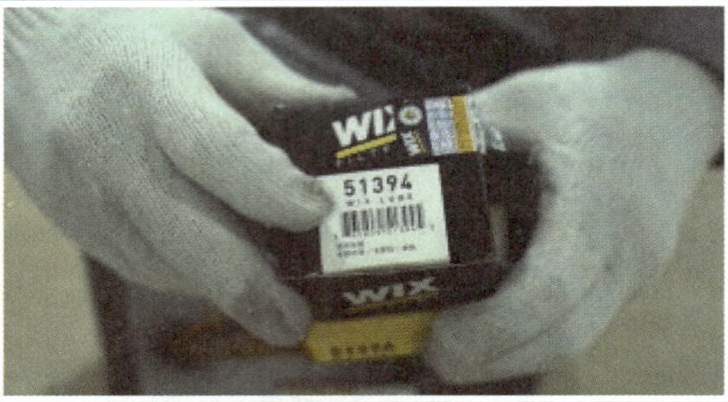		
	在机油滤清器胶圈上涂抹少量机油		机油不宜过多	
	清洁滤清器座	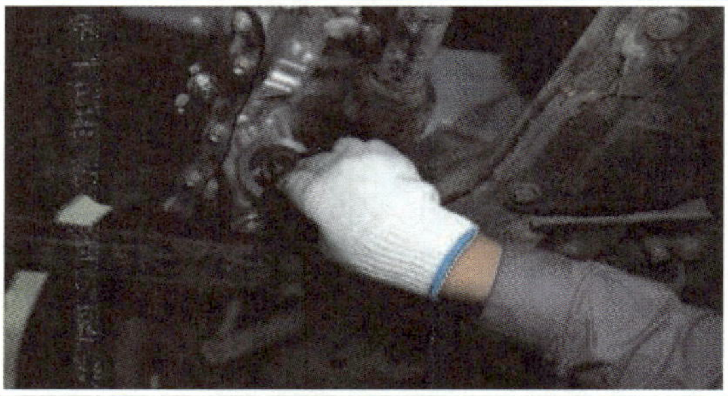	接触面应保持光滑干净	
	预装机油滤清器	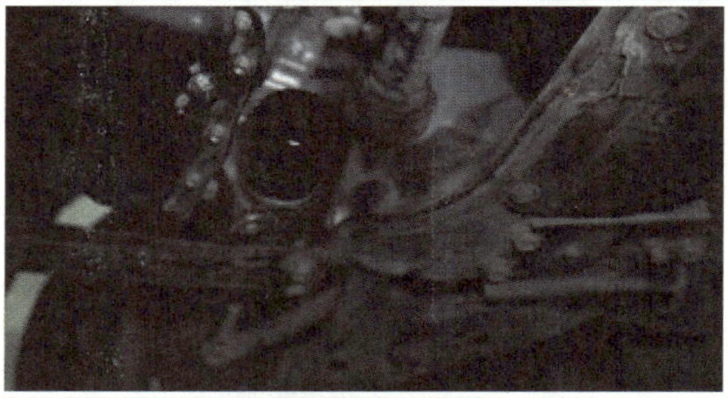		
	使用工具预紧滤清器	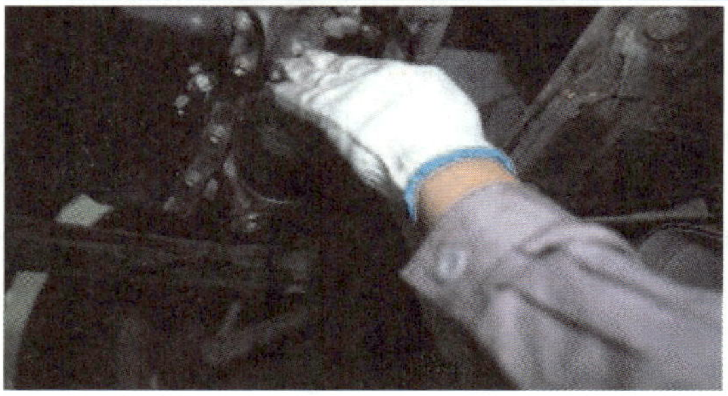	预紧机油滤清器直至衬垫接触滤清器座即可	大号棘轮扳手、滤清器套筒

续表

操作步骤	操作细节	展示图	操作注意事项	使用工具
润滑油及滤清器更换	调整扭力扳手，按照规定力矩紧固机油滤清器	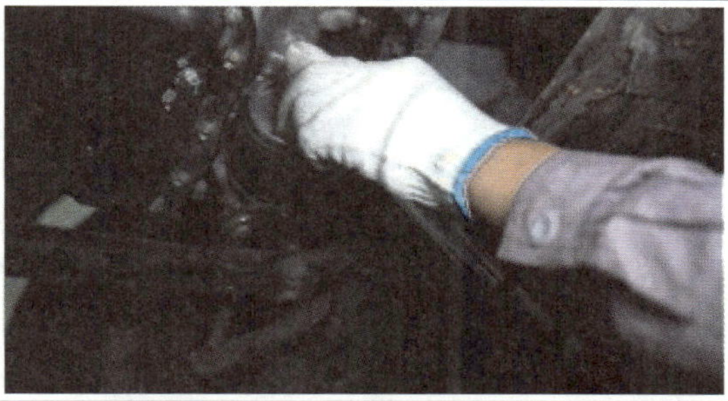	拧紧力矩：17.5 N·m； 如果没有足够的空间使用扭力扳手，则用手或者普通扳手将机油滤清器紧固3/4圈	扭力扳手、滤清器套筒
	使用记号笔标注	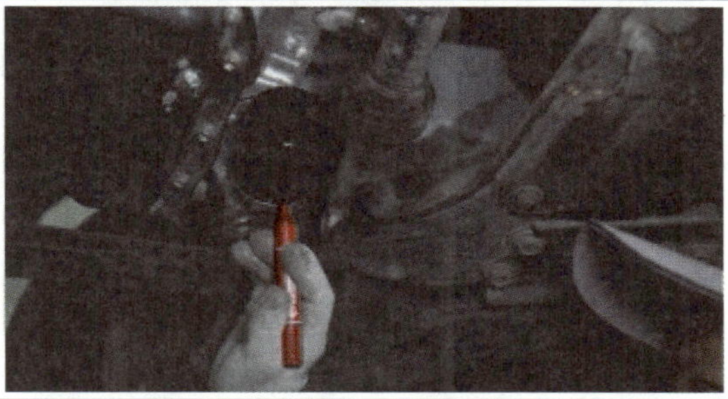		记号笔
	确定周围环境后降下车辆			
	安放漏斗加注机油	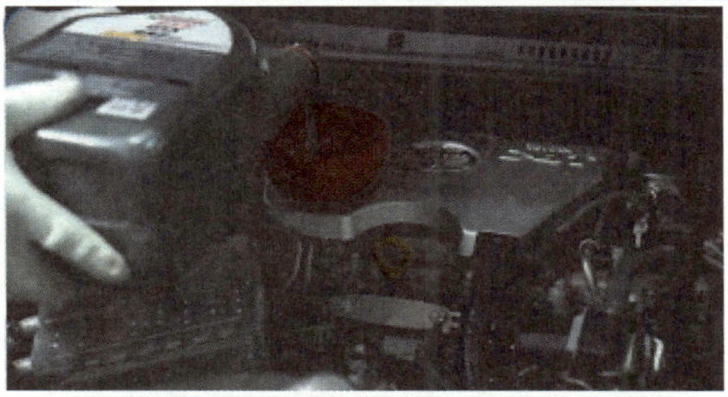	加注不宜过快，以免油液溢出漏斗； 加注参考量：4 L	漏斗
	取下漏斗	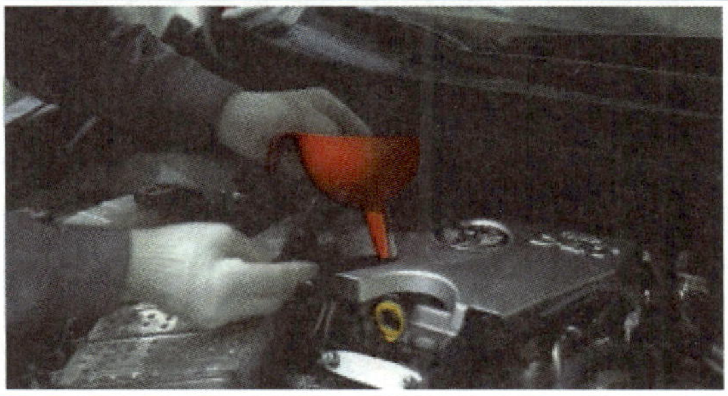	注意用抹布接住漏斗底部，避免油液洒落	抹布

续表

操作步骤	操作细节	展示图	操作注意事项	使用工具
润滑油及滤清器更换	安装机油加注盖			
	检查机油液位	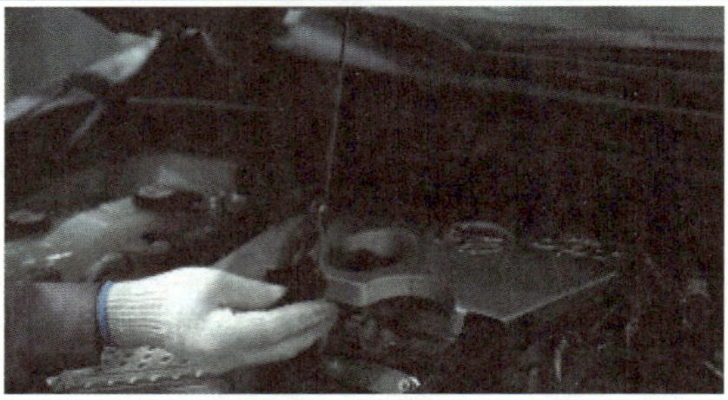	观察油液是否在刻度线内，可进行适当调整	
	起动发动机，将发动机运行一段时间后熄火	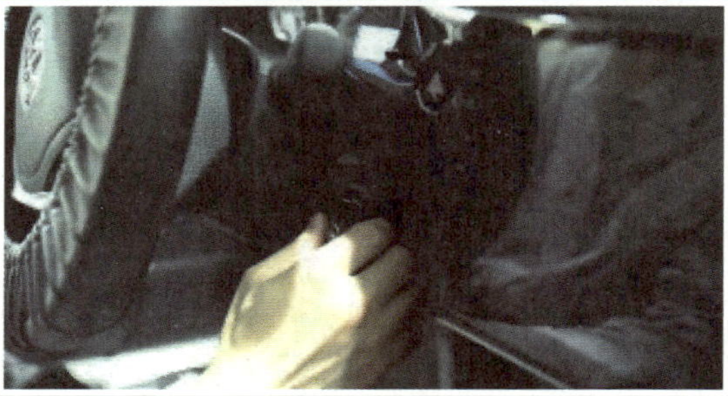		
	再次举升车辆			
	将车辆举升到合适高度后，锁止举升机		举升机锁止后人员才可进入车下操作	

续表

操作步骤	操作细节	展示图	操作注意事项	使用工具
润滑油及滤清器更换	检查油底壳螺栓及机油滤清器，确定无渗油现象	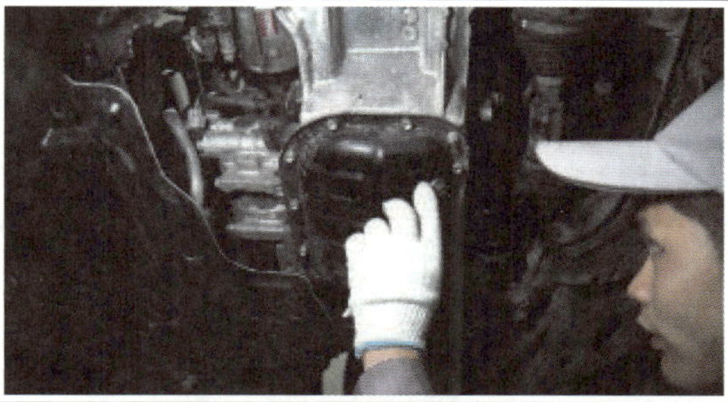		
	确定周围环境后降下车辆		举升机锁止后人员才可进入车下操作	
保养里程复位	1. 点火开关转到“ON”再转回到“OFF”； 2. 按住组合仪表上的复位按钮并保持不放； 3. 点火开关转到“ON”，仪表盘的字符闪烁或者整个显示屏闪烁； 4. 继续保持按压按键，这时仪表盘就会出现省略号； 5. 释放按键； 6. 保养灯复位操作完成	  	设置过程中不要开启其他电气，不要起动发动机	

三、润滑系统部件检查保养【实操报告】

<table>
<tr><td colspan="3">项目：动力系统检查与综合保养（初级）</td><td colspan="2">考核时间：30 min</td></tr>
<tr><td>姓名：</td><td>班级：</td><td colspan="2">学号：</td><td rowspan="3">考评员签字：</td></tr>
<tr><td>初评：□合格□不合格</td><td>复评：□合格□不合格</td><td colspan="2">师评：□合格□不合格</td></tr>
<tr><td>日期：</td><td>日期：</td><td colspan="2">日期：</td></tr>
<tr><td colspan="5">考核任务五　润滑系统部件检查保养【实操考核报告】</td></tr>
</table>

1. 车辆信息记录

品牌		整车型号		生产日期	
发动机型号		发动机排量			
车辆识别码					

2. 机油油液检查

机油油位	太高□　太低□　无□	正常□异常□
机油油质	正常□异常□	

3. 机油更换

<table>
<tr><td>作业项目</td><td colspan="4">维修资料</td></tr>
<tr><td rowspan="3">机油更换</td><td>机油机滤更换周期</td><td></td><td>机油型号</td><td></td></tr>
<tr><td>机油加注量</td><td></td><td>放油螺栓安装力矩</td><td></td></tr>
<tr><td>机油滤清器安装力矩</td><td></td><td></td><td></td></tr>
</table>

四、润滑系统部件检查保养【评分细则】

<table>
<tr><td colspan="8">考核任务五　润滑系统部件检查保养【评分细则】</td></tr>
<tr><td>序号</td><td>评分项</td><td>得分条件</td><td>评分</td><td>评分要求</td><td>自评</td><td>互评</td><td>师评</td></tr>
<tr><td>1</td><td>安全、“7S”、态度</td><td>□1. 能进行工位“7S”操作
□2. 能进行设备和工具安全检查
□3. 能进行车辆安全防护操作
□4. 能进行工具清洁、校准、存放操作
□5. 能进行三不落地操作</td><td>15</td><td>未完成1项扣3分，扣分不得超15分</td><td>□熟练
□不熟练</td><td>□熟练
□不熟练</td><td>□合格
□不合格</td></tr>
</table>

续表

序号	评分项	得分条件	评分	评分要求	自评	互评	师评
2	专业技术能力	作业1： □1. 能正确准备维修工具及接油桶 □2. 能正确检查换油前机油液位和品质 □3. 能正确拆装机油加注盖 □4. 能正确移动和放置接油桶 □5. 能正确拆卸放油螺栓 □6. 能正确排空机油并紧固放油螺栓 □7. 能正确更换机油滤清器 □8. 能正确加注机油 □9. 能正确检查换油后机油液位 □10. 能正确进行保养重新设定 □11. 能正确检查放油螺栓是否泄漏 作业2： □1. 能正确举升车辆 □2. 能正确检查发动机壳体下部密封面是否泄漏 □3. 能正确检查曲轴油封是否泄漏 □4. 能正确检查放油螺栓垫片 □5. 能正确给机油滤清器密封环润滑 □6. 能正确给机油滤清器加注机油 □7. 能正确下降车辆 □8. 能正确检查发动机壳体上部密封面是否泄漏 □9. 能正确起动发动机	50	未完成1项扣5分，扣分不得超50分	□熟练 □不熟练	□熟练 □不熟练	□合格 □不合格

续表

序号	评分项	得分条件	评分	评分要求	自评	互评	师评
3	工具及设备的使用能力	□1. 能正确选用维修工具 □2. 能正确使用维修工具拆装 □3. 能正确使用机油滤清器拆装工具 □4. 能正确使用举升机 □5. 能正确使用预紧值扭力扳手	10	未完成1项扣3分，扣分不得超10分	□熟练 □不熟练	□熟练 □不熟练	□合格 □不合格
4	资料、信息查询能力	□1. 能正确使用维修手册查询资料 □2. 能在规定时间内查询所需资料 □3. 能正确记录所查询资料章节页码 □4. 能正确记录所需维修信息	10	未完成1项扣3分，扣分不得超10分	□熟练 □不熟练	□熟练 □不熟练	□合格 □不合格
5	数据判读和分析能力	□1. 能判读机油泄漏位置及更换部件 □2. 能判读机油液位是否正常 □3. 能预估下次保养时间及里程	10	未完成1项扣5分，扣分不得超10分	□熟练 □不熟练	□熟练 □不熟练	□合格 □不合格
6	表单填写与报告撰写能力	□1. 字迹清晰 □2. 语句通顺 □3. 无错别字 □4. 无涂改 □5. 无抄袭	5	未完成1项扣1分，扣分不得超5分	□熟练 □不熟练	□熟练 □不熟练	□合格 □不合格
总分							

考核项目一　动力系统检查与综合保养

一、动力系统检查与综合保养【实操报告】

项目：动力系统检查与综合保养（初级）		考核时间：50 分钟	
姓名：	班级：	学号：	考评员签字：
初评：□合格□不合格	复评：□合格□不合格	师评：□合格□不合格	
日期：	日期：	日期：	
动力系统检查与综合保养（考核项目）【实操考核报告】			

1．车辆信息记录

品牌		整车型号		生产日期	
发动机型号		发动机排量			
车辆识别码					

2．动机油液泄漏检查

检查项目	检查情况	泄漏部件名称	维修措施
机油	泄漏□　正常□		更换□　调整□　紧固□　无□
冷却液	泄漏□　正常□		更换□　调整□　紧固□　无□
燃油	泄漏□　正常□		更换□　调整□　紧固□　无□

3．发动机油液检查

检查项目	检查情况（数据）	检查结果
机油液位	太高□　太低□　无□	正常□　异常□
机油油质		正常□　异常□
冷却液液位	太高□　太低□　无□	正常□　异常□
冷却液冰点		正常□　异常□

4. 查询用户手册记录维修数据

保养项目	保养里程及周期	保养项目	保养里程及周期
机油更换		燃油滤清器更换	
机油滤清器更换		空气滤清器更换	
冷却液更换		火花塞更换	

5. 查阅维修手册按标准流程完成作业

作业项目	维修资料			
空气滤清器检查	更换□　清洗□			
机油更换	机油加注量		机油型号	
	机油滤清器安装力矩		放油螺栓安装力矩	
火花塞更换	火花塞安装力矩		火花塞标准间隙	
	一缸火花塞间隙		正常□　异常□	
	二缸火花塞间隙		正常□　异常□	
	三缸火花塞间隙		正常□　异常□	
	四缸火花塞间隙		正常□　异常□	

二、动力系统检查与综合保养【评分表】

动力系统检查与综合保养（考核项目）【评分细则】							
序号	评分项	得分条件	评分	评分要求	自评	互评	师评
1	安全、“7S”、态度	□1. 能进行工位“7S”操作 □2. 能进行设备和工具安全检查 □3. 能进行车辆安全防护操作 □4. 能进行工具、清洁、校准、存放操作 □5. 能进行“三不落地”操作	15	未完成1项扣3分，扣分不得超15分	□熟练 □不熟练	□熟练 □不熟练	□合格 □不合格
2	专业技术能力	作业1： □1. 能正确检查发动机机油液位 □2. 能正确检查发动机机油油质 □3. 能正确检查发动机冷却液液位	50	未完成1项扣5分，扣分不得超50分	□熟练 □不熟练	□熟练 □不熟练	□合格 □不合格

续表

序号	评分项	得分条件	评分	评分要求	自评	互评	师评
2	专业技术能力	□4. 能正确检测发动机冷却液冰点 □5. 能正确检查发动机上部油液是否泄漏 □6. 能正确检查发动机下部油液是否泄漏 作业 2： □1. 能正确准备维修工具及接油桶 □2. 能正确检查换油前机油液位/品质 □3. 能正确拆卸放油螺栓 □4. 能正确排空机油并紧固放油螺栓 □5. 能正确更换机油滤清器 □6. 能正确加注机油 □7. 能正确检查放油螺栓是否泄漏 □8. 能正确进行保养重新设定 作业 3： □1. 能正确拆装点火线圈和模块 □2. 能正确拆装火花塞 □3. 能正确测量和调整火花塞间隙 □4. 能正确清洁火花塞 □5. 能正确清洁火花塞孔	50	未完成1项扣5分，扣分不得超50分	□熟练 □不熟练	□熟练 □不熟练	□合格 □不合格

续表

序号	评分项	得分条件	评分	评分要求	自评	互评	师评
3	工具及设备使用能力	□1. 能正确选用维修工具 □2. 能正确使用维修工具拆装 □3. 能正确使用冰点仪 □4. 能正确使用火花塞拆装工具 □5. 能正确使用举升机 □6. 能正确使用预紧值扭力扳手	10	未完成1项扣5分，扣分不得超10分	□熟练 □不熟练	□熟练 □不熟练	□合格 □不合格
4	资料、信息查询能力	□1. 能正确使用维修手册查询资料 □2. 能正确使用用户手册查询资料 □3. 能在规定时间内查询所需资料 □4. 能正确记录所查询资料章节页码 □5. 能正确记录所需维修信息	10	未完成1项扣2分，扣分不得超10分	□熟练 □不熟练	□熟练 □不熟练	□合格 □不合格
5	数据判读和分析能力	□1. 能判断空气滤清器是否更换 □2. 能判读机油液位是否正常 □3. 能判读冷却液液位是否正常 □4. 能判读机油泄漏位置及更换部件 □5. 能判断火花塞间隙是否正常	10	未完成1项扣2分，扣分不得超10分	□熟练 □不熟练	□熟练 □不熟练	□合格 □不合格
6	表单填写与报告的撰写能力	□1. 字迹清晰 □2. 语句通顺 □3. 无错别字 □4. 无涂改 □5. 无抄袭	5	未完成1项扣1分，扣分不得超5分	□熟练 □不熟练	□熟练 □不熟练	□合格 □不合格
总分							

项目二 自动变速箱功能检查保养

任务一 自动液压系统检查保养

一、自动变速器液压系统检查保养【工作页】

自动变速器液压系统检查保养【工作页】			
班级		姓名	

一、填空题

1. 目前汽车自动变速器常见的有四种形式，分别是________________、________________、________________和双离合自动变速器。

2. 液力自动变速器通过液力传动和行星齿轮组合的方式来自自动变速，一般由____________、____________、____________、换挡控制系统、换挡操纵机构等装置组成。

二、判断题

1. 自动变速器是根据车速自动变速的变速器。(　　)
2. 自动变速器油液可以用普通变速器油替代。(　　)

三、识图题

指出图 2-1-1 中各变速器的名称，并填写在横线处。

(a) ________________

(b) ________________

(c) ________________

(d) ________________

图 2-1-1　识图题

二、自动液压系统检查保养【操作手册】

操作步骤	操作细节	展示图	操作注意事项	使用工具
工具准备	所需工具：零件盒、接油盆、无级变速器油、扭力扳手、大号棘轮扳手、中号棘轮扳手、组合工具、T系列套筒、滴管			
检查变速箱油位	检查变速箱油位	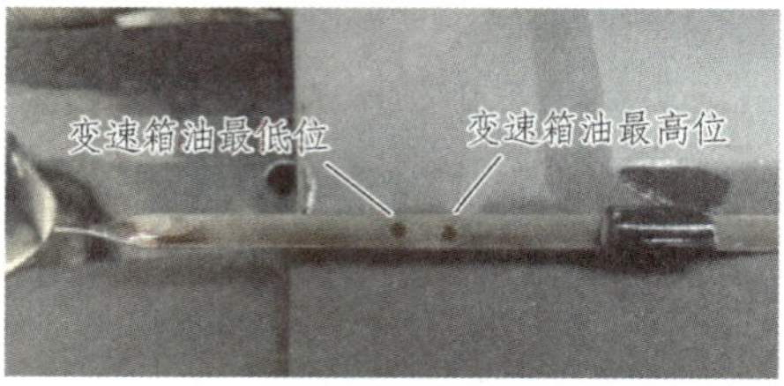	车辆停在水平位置怠速时检查	
变速器油质检查	取出变速器油液，滴在测试纸上观察油质	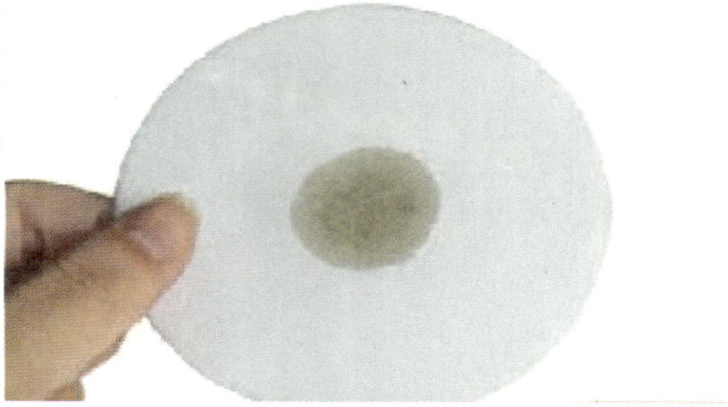		测试纸
拆卸发动机护板	使用棘轮扳手将发动机护板螺栓拆下			中号棘轮扳手、中号接杆、T30套筒
	取下发动机护板	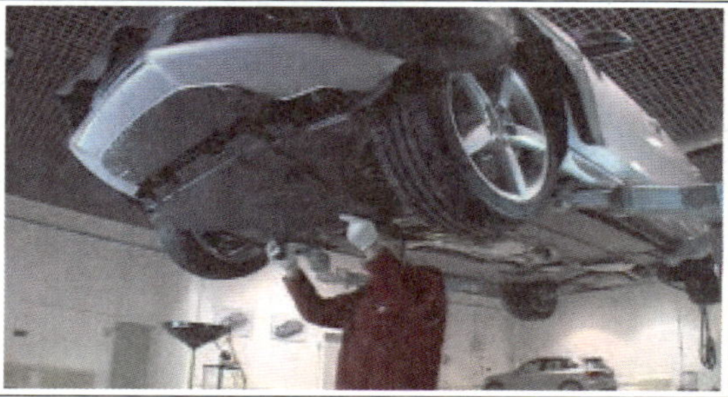		

续表

操作步骤	操作细节	展示图	操作注意事项	使用工具
变速壳体密封性检查	使用手电筒检查变速壳体密封性		观察有泄漏，壳体有无破损、变形等	手电筒
排放变速器油液	放置废油存储装置至变速器下方	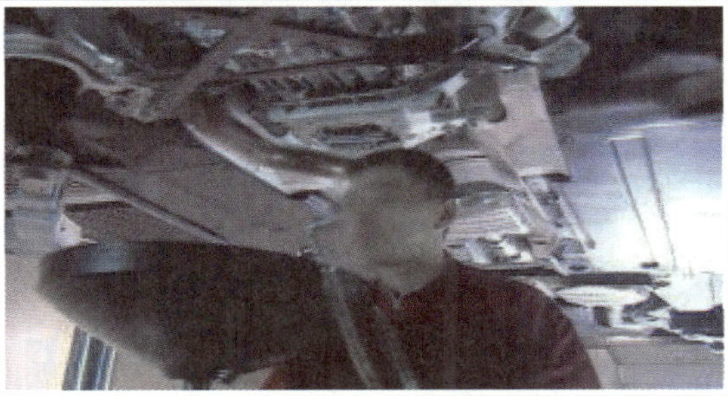		
	用工具拧松放油螺栓，排放油液	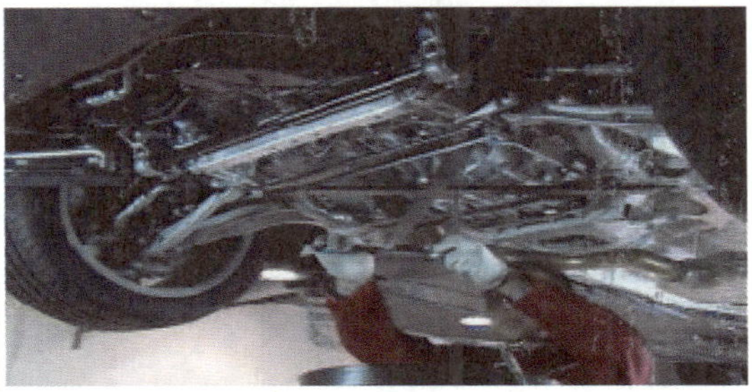		中号棘轮扳手、中号接杆、M12套筒
	用铁钩钩出油位管，待油液排放干净	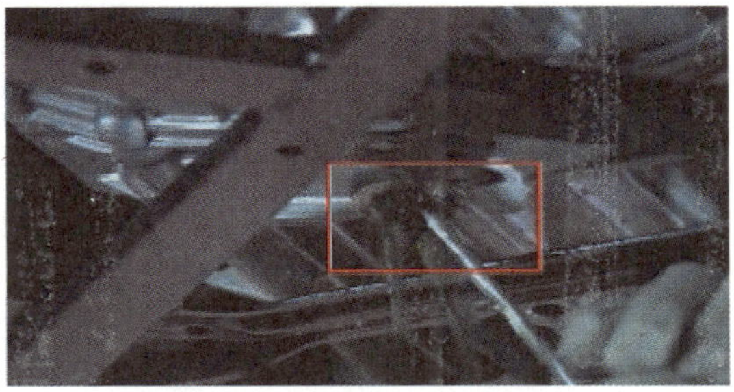		铁钩
变速器油液加注	安装新的油位管至排放孔中	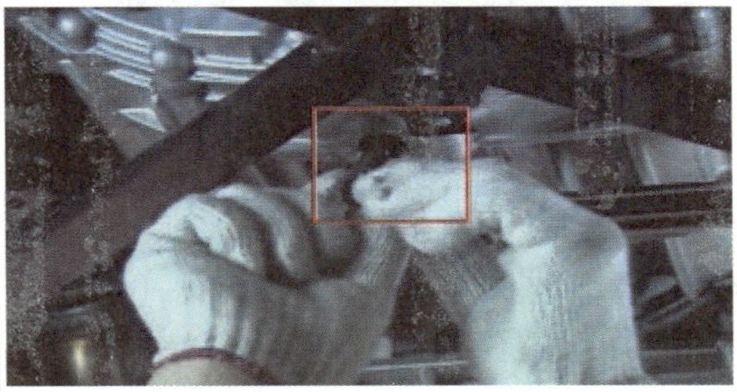		

续表

操作步骤	操作细节	展示图	操作注意事项	使用工具
变速器油液加注	连接加注管接头，并锁紧	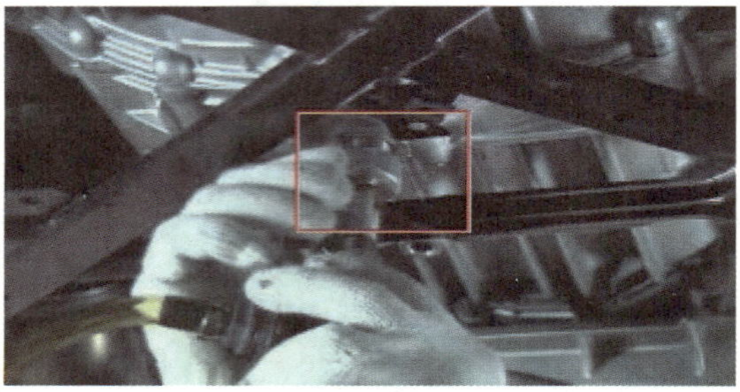		
	移开废油桶，降下车辆			
	将加注油壶悬挂至机盖上	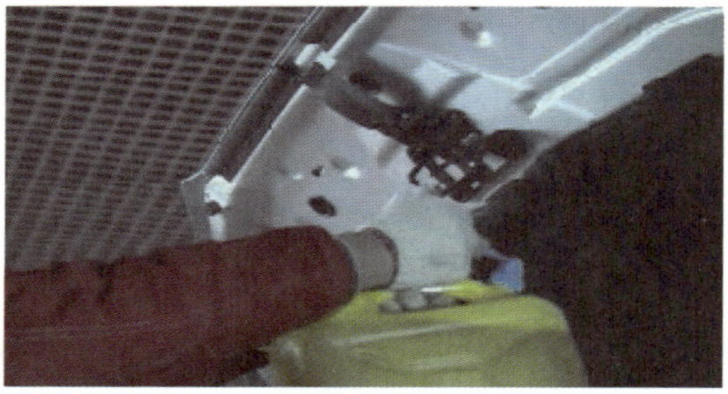		
	打开通气阀	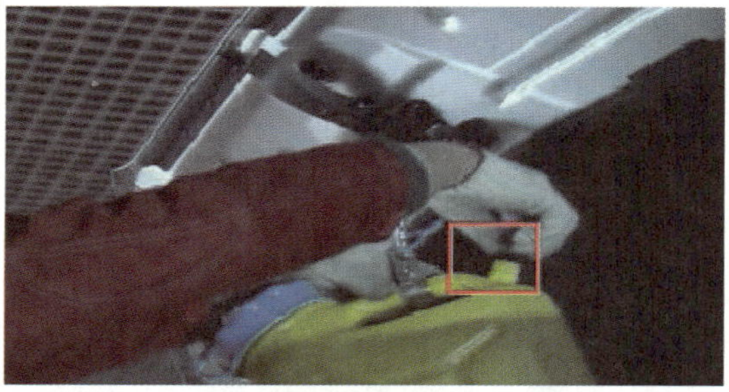		
	另一名技师进入车内，然后举升车辆			

续表

操作步骤	操作细节	展示图	操作注意事项	使用工具
变速器油液加注	打开加注阀，使变速器油液完全加注	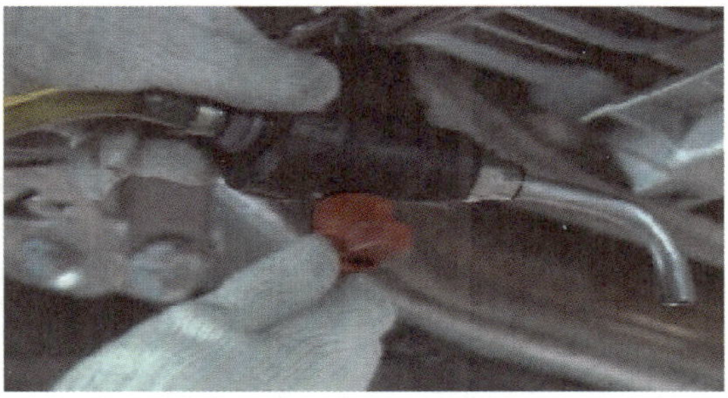		
	车内技师读取变速器油液油温	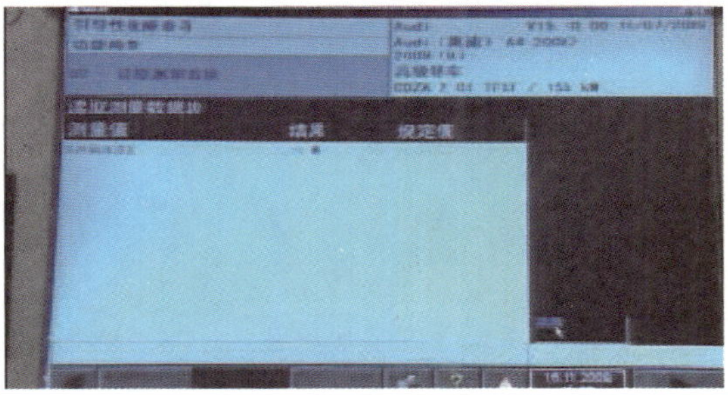		
	启动车辆，将转速提高至 2 500 r/min	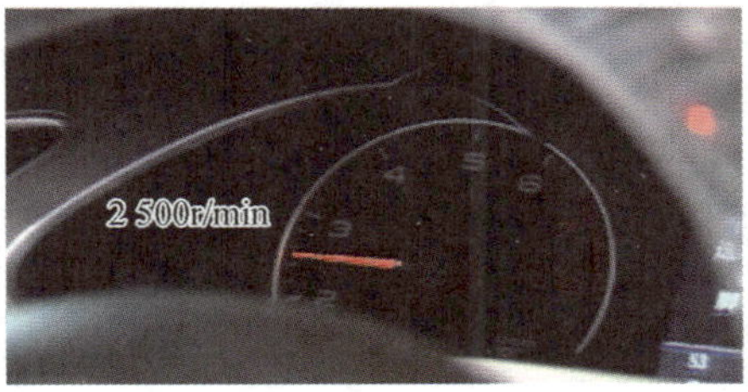		
	踩刹车			
	交替挂 R、D 挡位	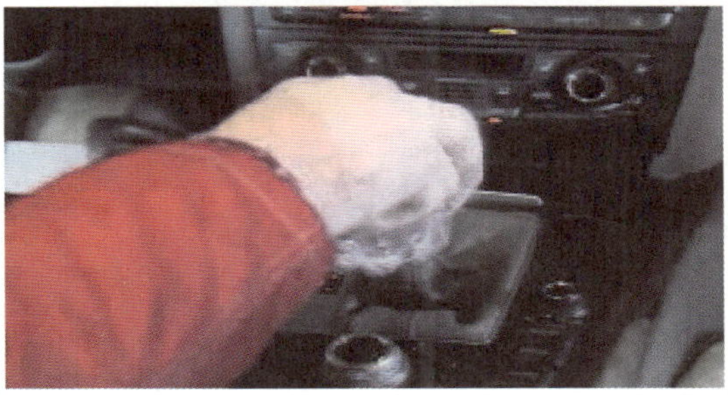	重复三次，每个挡位保持 2 s	

续表

操作步骤	操作细节	展示图	操作注意事项	使用工具
变速器油液加注	观察变速器油液油温	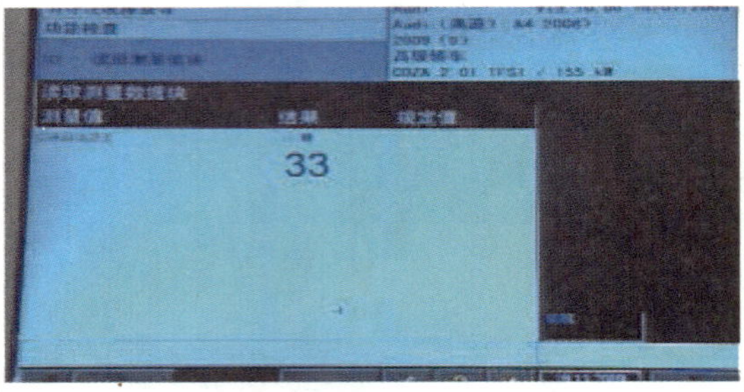		解码器
	当油温在 35 ~ 45 °C 时，将加注阀门调整至检查位置	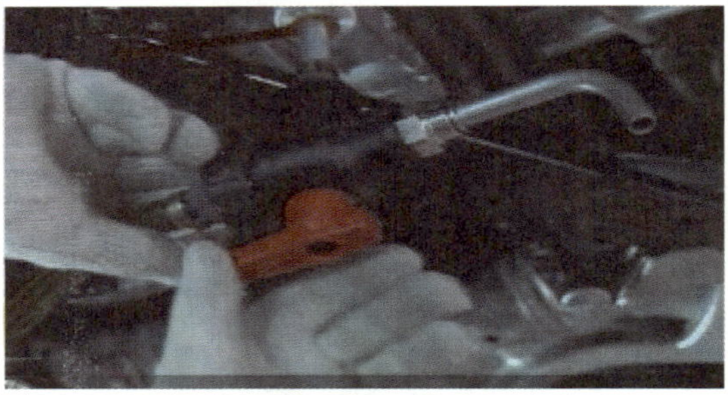	油温在 35 °C 时，ATF 油必须持续从排出口流出，若最初流出较快，说明油位正常	
	当油液只有少量流出时，关闭开关阀	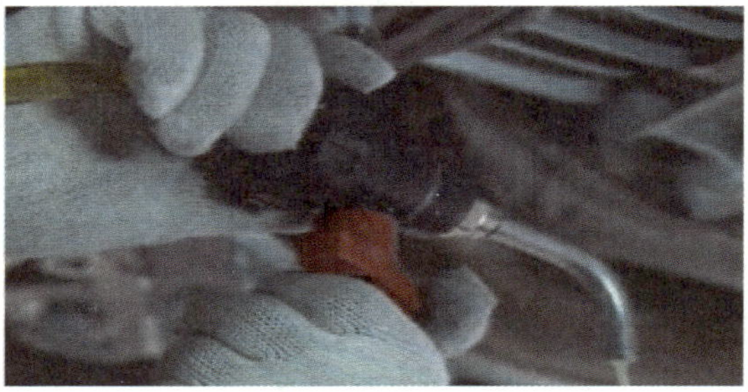		
	取下加注阀门，同时另一位技师将新的放油螺栓装上，并拧紧	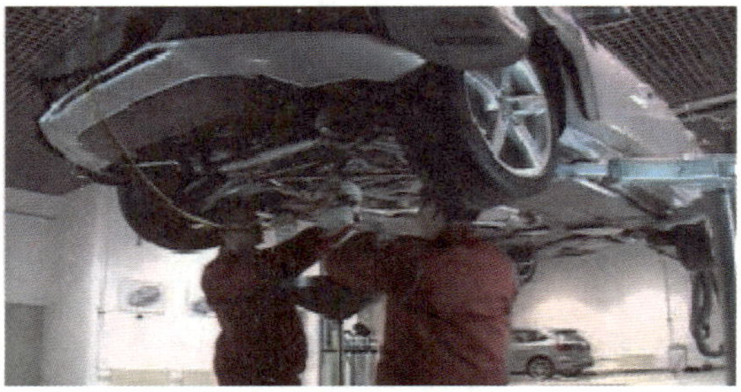	力矩：30 N · m	公斤扳手、M12 套筒
安装发动机下护板	关闭发动机	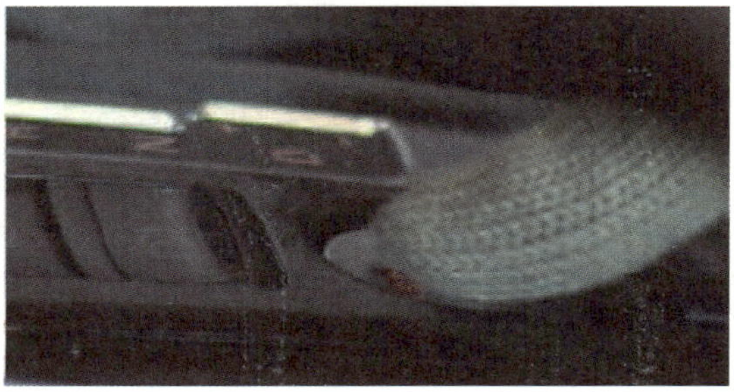		

续表

操作步骤	操作细节	展示图	操作注意事项	使用工具
安装发动机下护板	安装发动机下护板	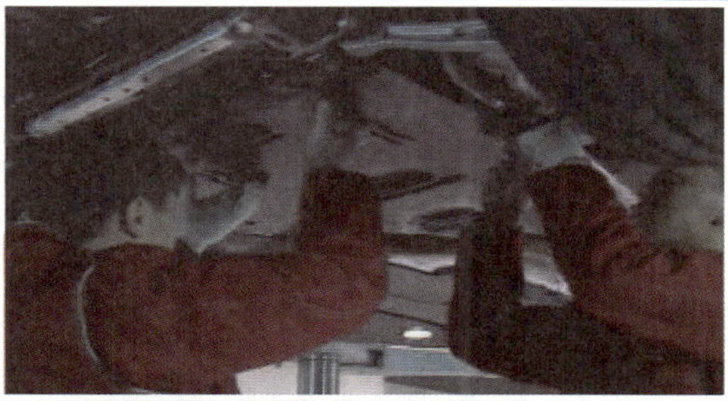		中号棘轮扳手、中号接杆、T30套筒
	降下车辆			
取下加注罐	取下加注罐，并关闭发动机舱盖			

三、自动液压系统检查保养【实操报告】

项目：自动变速箱功能检查保养（初级）		考核时间：30 min	
姓名：	班级：	学号：	考评员签字：
初评：□合格□不合格	复评：□合格□不合格	师评：□合格□不合格	
日期：	日期：	日期：	
考核任务一　自动液压系统检查保养【实操考核报告】			

1. 车辆信息记录

品牌		整车型号		生产日期	
发动机型号		发动机排量			
车辆识别码					

2. 拆卸发动机护板

安全、"7S"、态度				
作业项目	维修资料			
拆卸发动机护板	拆卸发动机护板			

3. 排放变速器油液

作业项目	维修资料			
工具及设备的使用	工具及设备的使用			
变速箱密封性	正常□ 异常□			
变速箱油液液位	正常□ 异常□			
变速箱油液质量	正常□ 异常□			

4. 变速器油液加注

作业项目	维修资料			
变速器油液加注	加注接头连接		变速器油液温度在什么范围内进行检查	
	变速器油液加注		加注螺栓拧紧力矩	
	发动机转速控制		正常□ 异常□	
	变速器油液温度判断		正常□ 异常□	
	变速器挡位变化对油液温度的影响		正常□ 异常□	
	加注螺栓安装		正常□ 异常□	

四、自动液压系统检查保养【评分细则】

考核任务一　自动液压系统检查保养【评分细则】							
序号	评分项	得分条件	评分	评分要求	自评	互评	师评
1	安全、"7S"、态度	□1. 能进行工位"7S"操作 □2. 能进行设备和工具安全检查 □3. 能进行车辆安全防护操作 □4. 能进行工具清洁校准存放操作 □5. 能进行"三不落地"操作	15	未完成1项扣3分，扣分不得超15分	□熟练 □不熟练	□熟练 □不熟练	□合格 □不合格

续表

序号	评分项	得分条件	评分	评分要求	自评	互评	师评
2	专业技术能力	作业1： □1. 能拆装发动机护板 □2. 能正确检查变速箱油液液位 □3. 能正确检查变速箱油液质量 □4. 能正确检查变速箱壳体及密封性 □5. 能进行变速器油液排放 □6. 能进行变速器油液加注 □7. 能正确判断变速器油液的温度	50	未完成1项扣10分，扣分不得超50分	□熟练 □不熟练	□熟练 □不熟练	□合格 □不合格
3	工具及设备的使用能力	□1. 能正确选用维修工具 □2. 能正确使用维修工具拆卸 □3. 能正确使用变速器油液加注工具 □4. 能正确使用举升机 □5. 能正确使用解码器	10	未完成1项扣2分，扣分不得超10分	□熟练 □不熟练	□熟练 □不熟练	□合格 □不合格
4	资料信息查询能力	□1. 能正确使用维修手册查询资料 □2. 能正确使用用户手册查询资料 □3. 能在规定时间内查询所需资料 □4. 能正确记录所查询资料章节页码 □5. 能正确记录所需维修信息	10	未完成1项扣2分，扣分不得超10分	□熟练 □不熟练	□熟练 □不熟练	□合格 □不合格
5	数据、判读和分析能力	□1. 能判断变速器油液温度 □2. 能判断变速箱油液质量 □3. 能判断变速箱油液液位高度是否正常	10	未完成1项扣5分，扣分不得超10分	□熟练 □不熟练	熟练 □不熟练	□合格 □不合格
6	表单填写与报告的撰写能力	□1. 字迹清晰 □2. 语句通顺 □3. 无错别字 □4. 无涂改 □5. 无抄袭	5	未完成1项扣1分，扣分不得超5分	□熟练 □不熟练	□熟练 □不熟练	□合格 □不合格
总分							

任务二　自动变速箱总成的吊装

一、自动变速箱总成的吊装【工作页】

自动变速器总成的吊装【工作页】			
班级		姓名	

一、填空题

1. 自动变速器油位检查方法有__________和__________两种。
2. 自动变速器油更换方法有__________和__________两种。

二、判断题

1. 自动变速器挡位只有在 P 位和 N 位才能启动发动机。(　　)
2. 采用自动变速器的车辆在下长坡时候可以使用 D 位。(　　)

三、识图题

请指出图 2-2-1 中各零部件的名称，并填写在横线处。

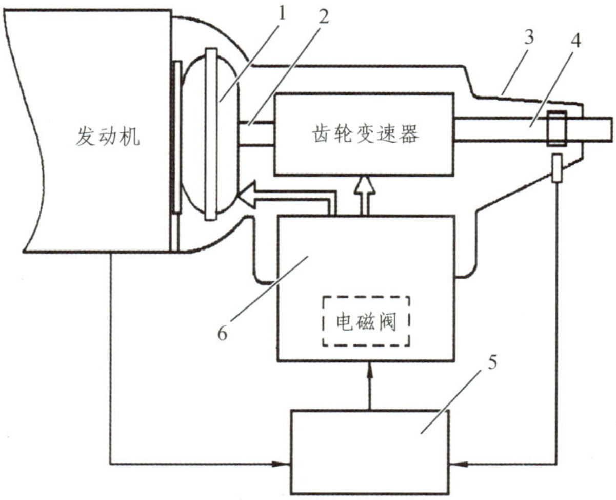

图 2-2-1　识图题

1. __________　　2. __________

3. __________　　4. __________

5. __________　　6. __________

二、自动变速箱总成的吊装【操作手册】

操作步骤	操作细节	展示图	操作注意事项	使用工具
工具准备	所需工具：组合工具套装、千斤顶、扭力扳手等	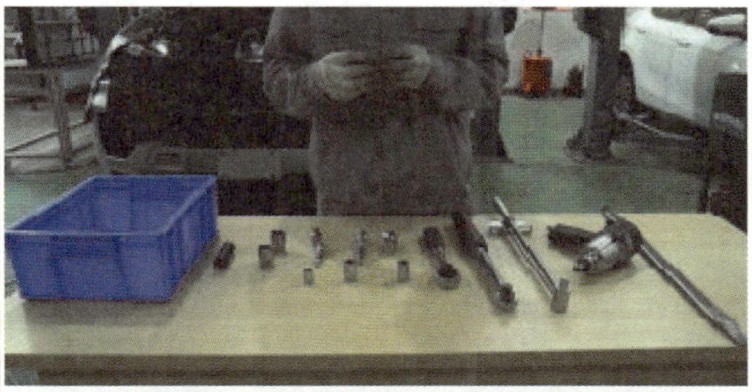		
拆卸蓄电池	拆卸蓄电池负极		先拆负极再拆正极	棘轮扳手、10 mm套筒
	断开电瓶正极			
	向上拉出电瓶的防尘套			
	取出电瓶	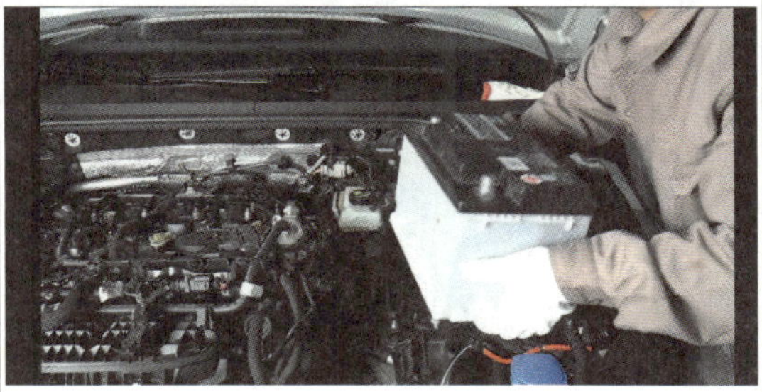	蓄电池质量较大，小心滑落	

续表

操作步骤	操作细节	展示图	操作注意事项	使用工具
拆卸附件	拆卸蓄电池支架固定螺栓	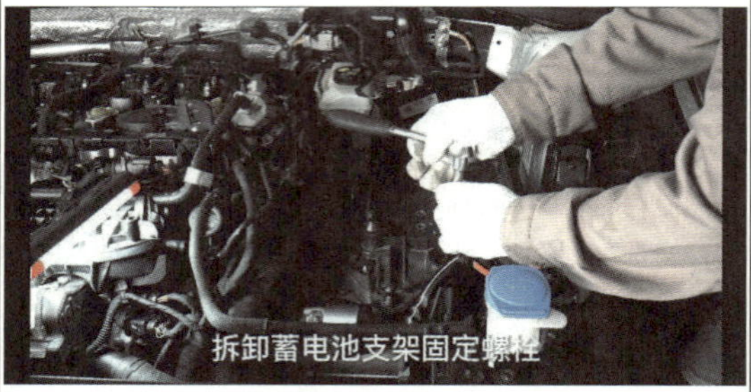		棘轮扳手、长接杆及T30套筒
	拆卸蓄电池导线			
	取下变速箱通风装置			
	拆卸蓄电池支架侧方固定螺母			棘轮扳手、10 mm套筒
	断开发动机单元的线束插头连接	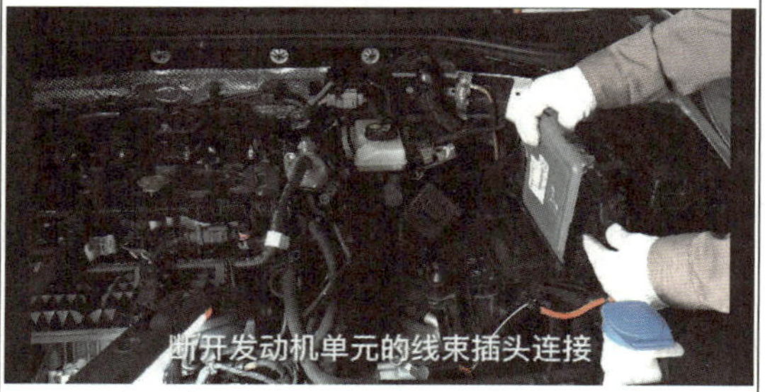		

续表

操作步骤	操作细节	展示图	操作注意事项	使用工具
拆卸附件	取下发动机控制单元	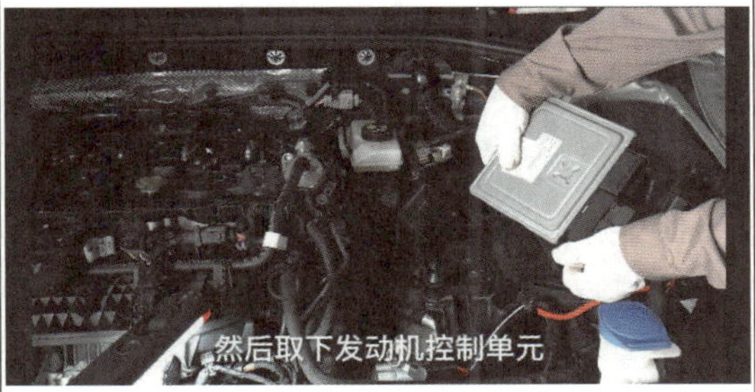		
	拆卸最后一颗蓄电池支架固定螺栓	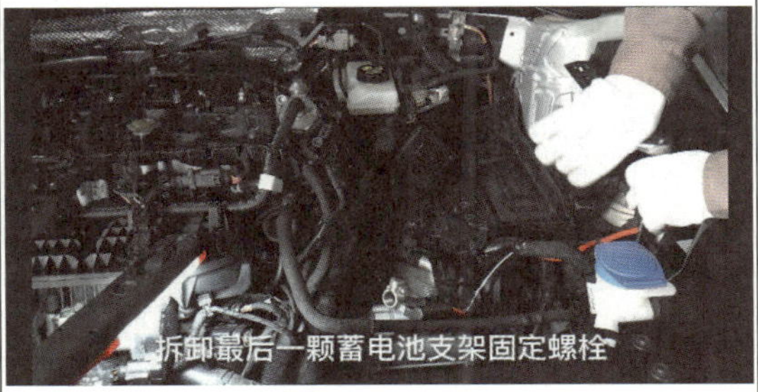		
	取下蓄电池固定支架	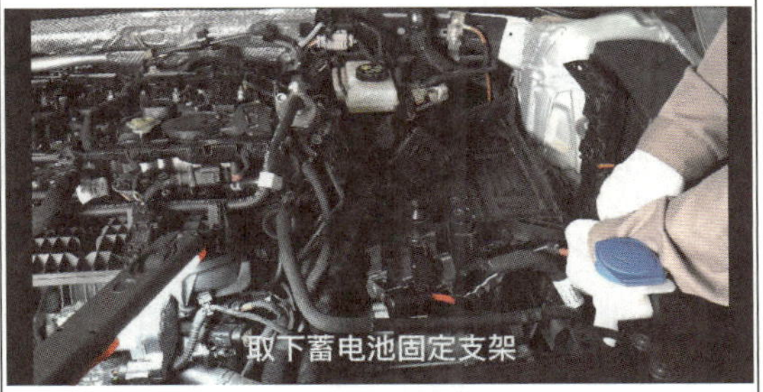		
	拆卸增压空气导管卡箍			
	拆卸增压空气管固定螺栓	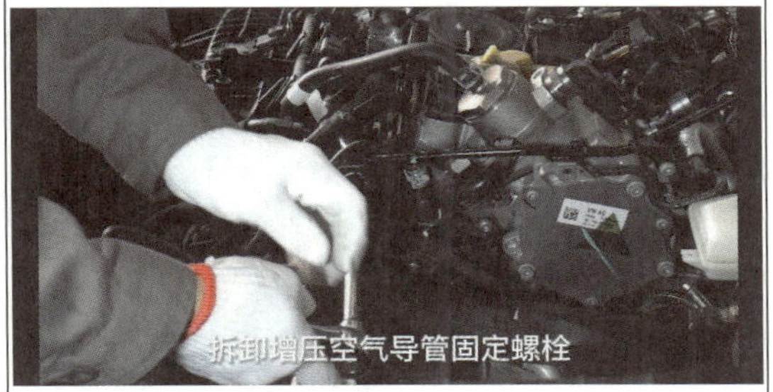		

续表

操作步骤	操作细节	展示图	操作注意事项	使用工具
拆卸附件	将冷却水管从固定卡子中脱开	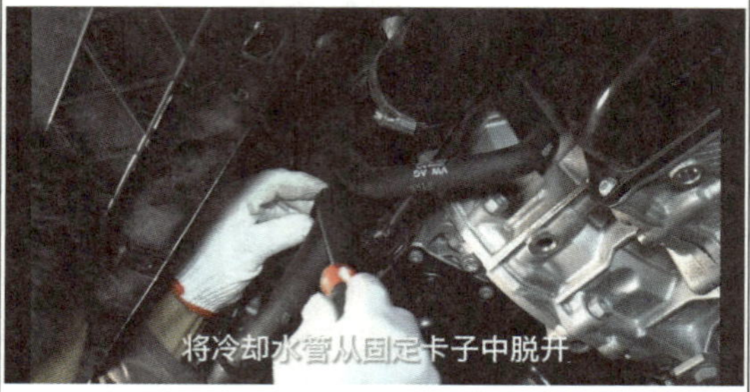		
	拆卸增压空气导管固定螺栓	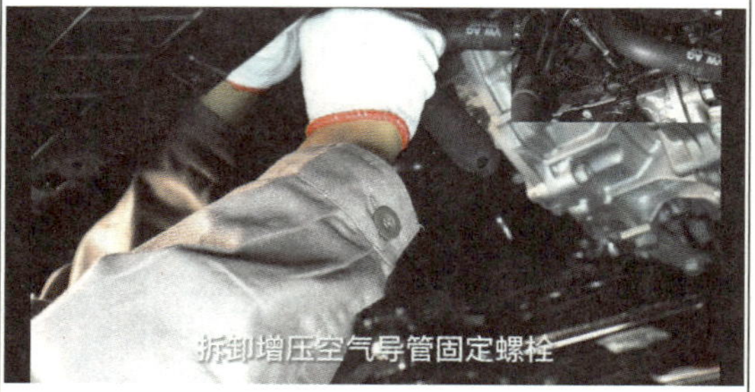		棘轮扳手、T30套筒
	解锁冷却液管固定卡子并脱开冷却液管	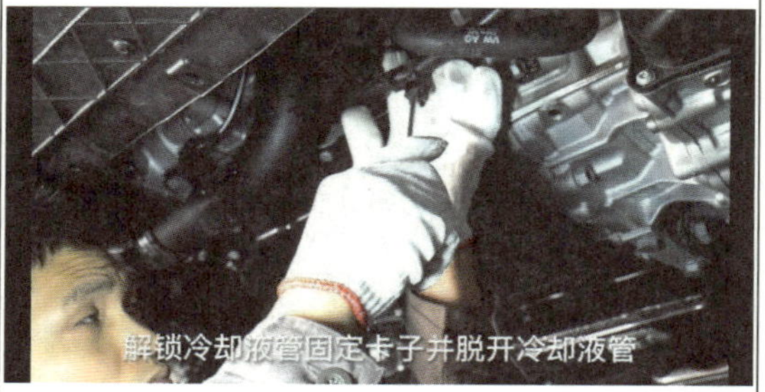		
	将冷却水管从增压空气管上脱开	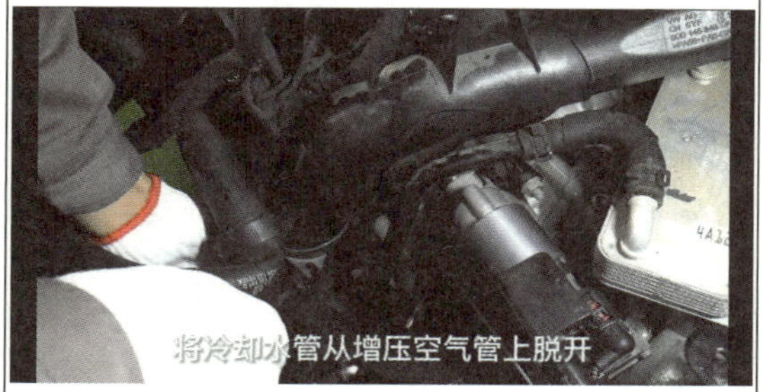		
	使用平口改刀解锁冷却水管固定装置	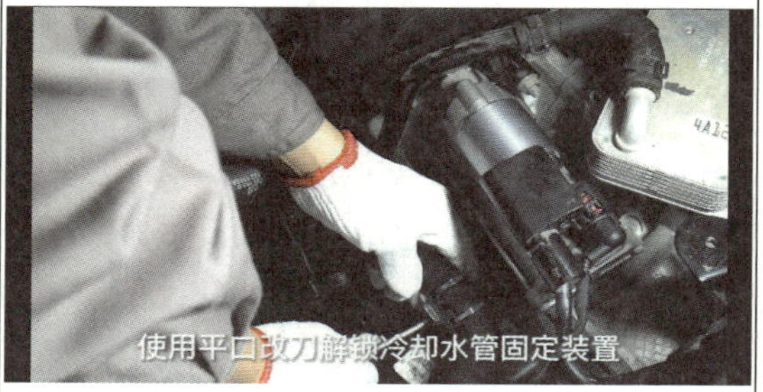		

续表

操作步骤	操作细节	展示图	操作注意事项	使用工具
拆卸附件	取下冷却水管	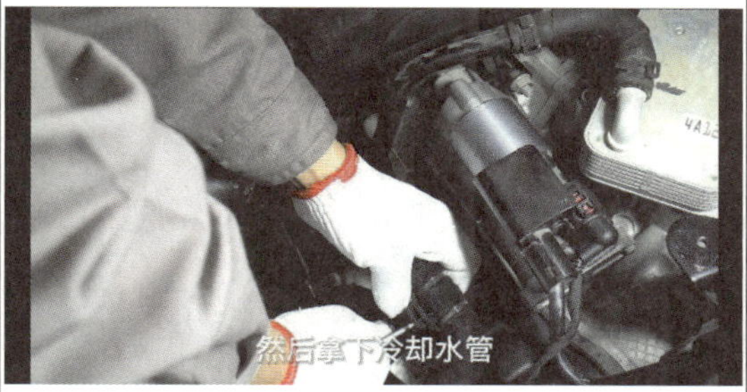		
	取下空气导管			
	空气导管结构展示			
	拆卸线束支架固定螺母	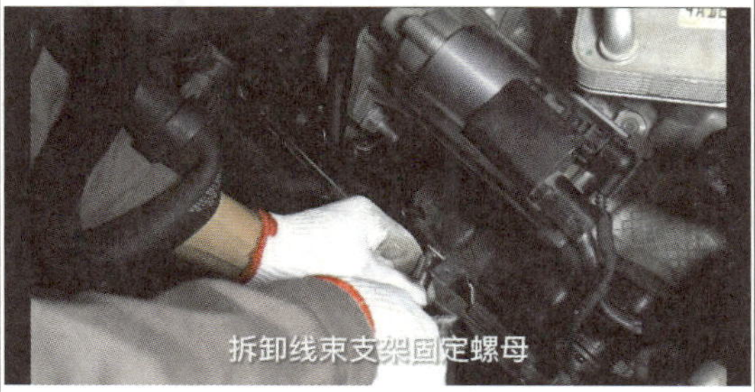		棘轮扳手、10 mm套筒
	取下线束支架	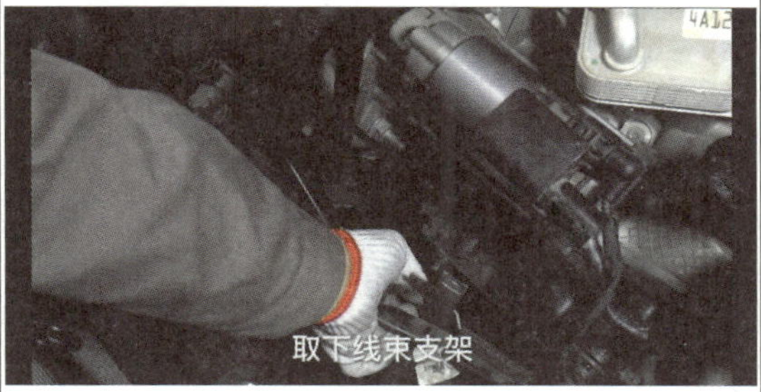		

续表

操作步骤	操作细节	展示图	操作注意事项	使用工具
拆卸附件	拆卸冷却水管卡箍	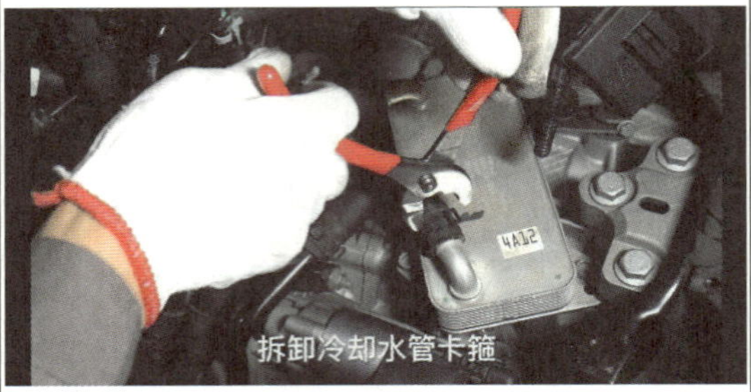		
	拔下冷却水管			
	拆卸另一端水管卡箍	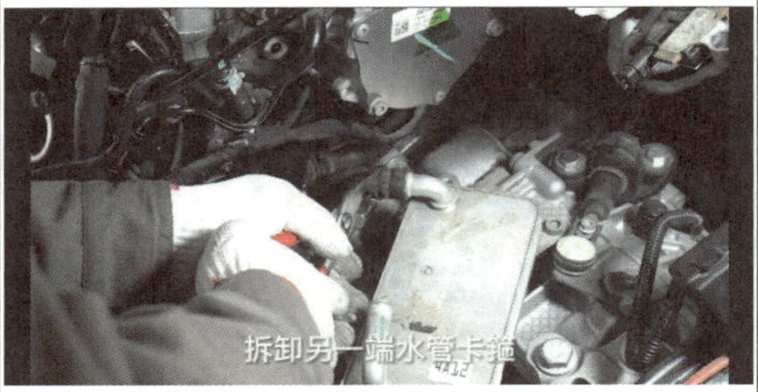		
	拔下变速箱电控单元电器插头			
	拆卸搭铁线			棘轮扳手、13 mm套筒

续表

操作步骤	操作细节	展示图	操作注意事项	使用工具
拆卸附件	撬下选挡杆拉索			
	拆卸拉索固定螺栓			棘轮扳手、13 mm套筒
	取下拉索	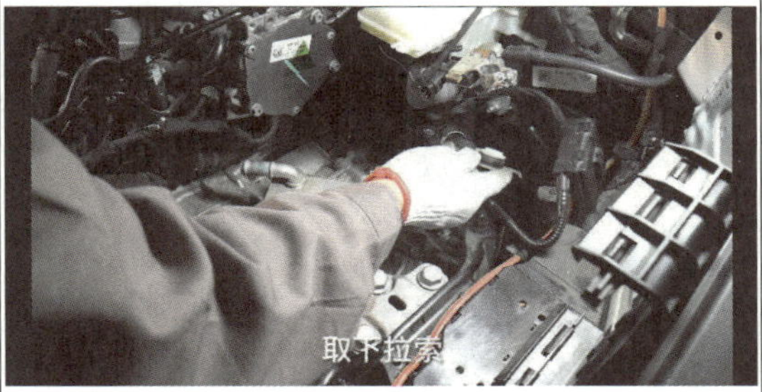		
	拆卸变速箱通风装置	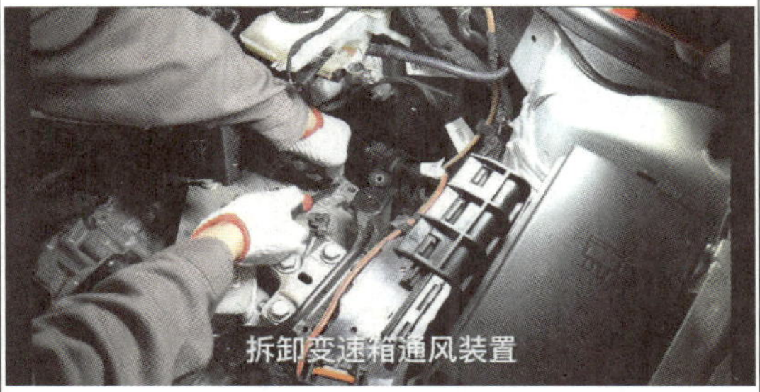		
	拆卸发动机控制单元固定支架	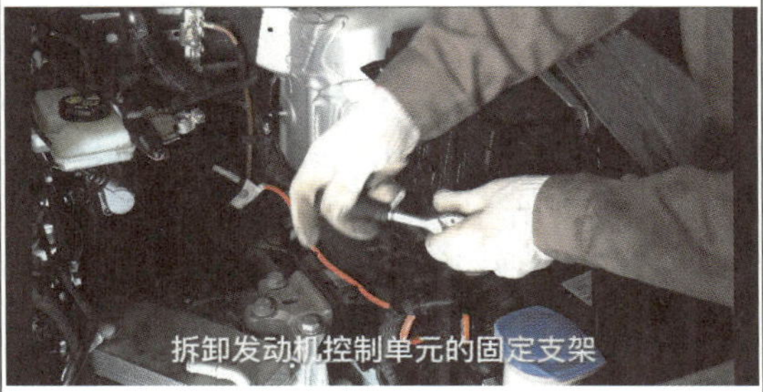		棘轮扳手、10 mm套筒

续表

操作步骤	操作细节	展示图	操作注意事项	使用工具
拆卸变速箱	拆卸变速箱固定螺栓			棘轮扳手、18 mm长套筒
	拆卸变速箱下托架固定螺栓			公斤扳手、18 mm套筒
	将托架安装至变速箱下方			
	拆卸变速箱上方固定螺栓	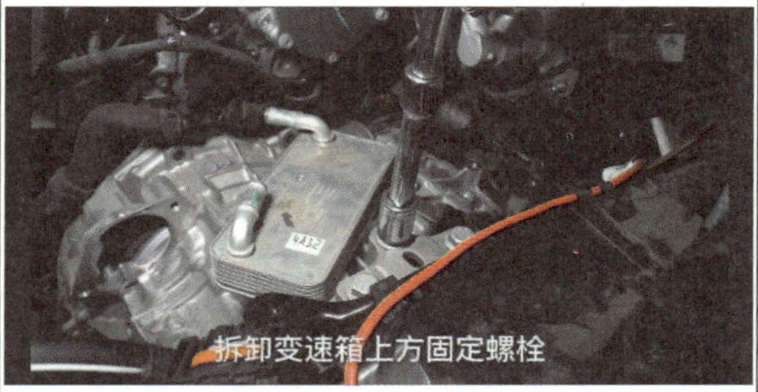		
	拆卸变速箱与发动机侧的连接螺栓			公斤扳手、18 mm套筒

续表

操作步骤	操作细节	展示图	操作注意事项	使用工具
拆卸变速箱	拆卸下方连接螺栓	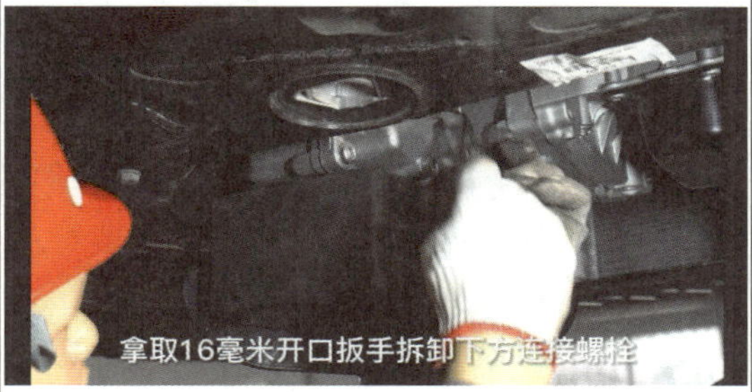		16 mm 开口扳手
	拆卸最后一颗连接螺栓		注意将变速箱扶稳后再拆卸	公斤扳手、18 mm 套筒
	分离变速箱与发动机			
	缓缓取下变速箱	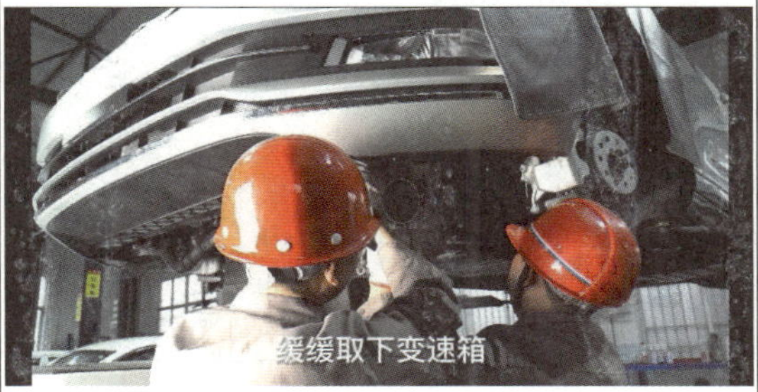		
	将变速箱放置于支撑架上		注意需要多人操作，注意安全	支撑架

续表

操作步骤	操作细节	展示图	操作注意事项	使用工具
安装变速箱	移动支撑架到相应的位置		移动时注意扶好变速箱	
	将支撑架升高至对应位置，准备安装变速箱。			
	安装变速箱	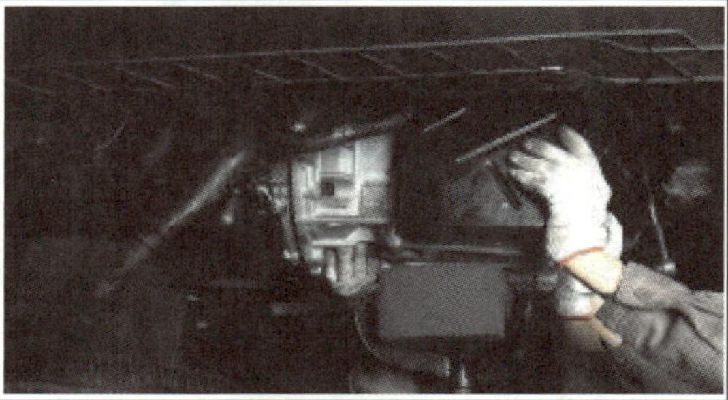	安装时注意对齐	
	安装变速箱固定螺栓	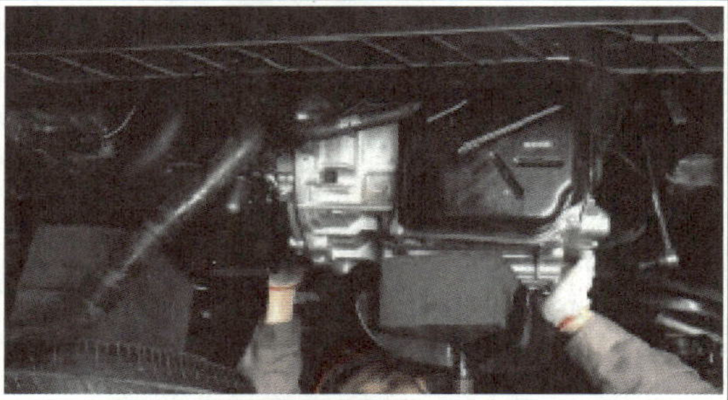		
	紧固螺栓	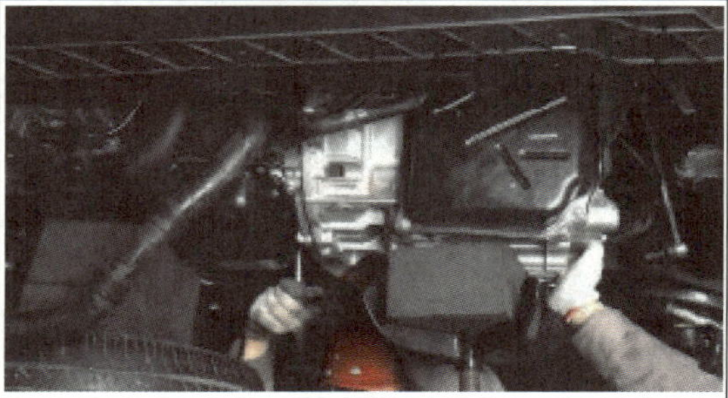		棘轮扳手

续表

操作步骤	操作细节	展示图	操作注意事项	使用工具
安装变速箱	调节扭力扳手的力矩，给螺栓拧上规定的力矩		注意调节至规定的力矩	扭力扳手
	安装变速箱托架	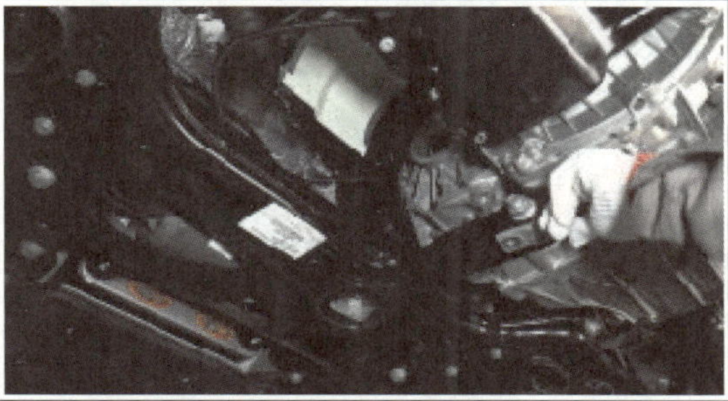		
	安装托架固定螺栓	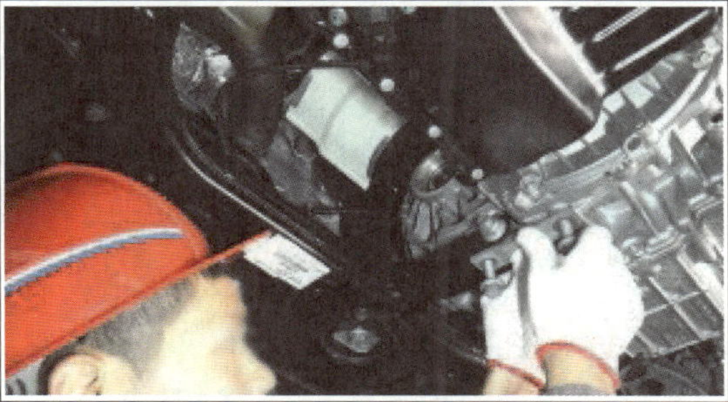		
	紧固螺栓	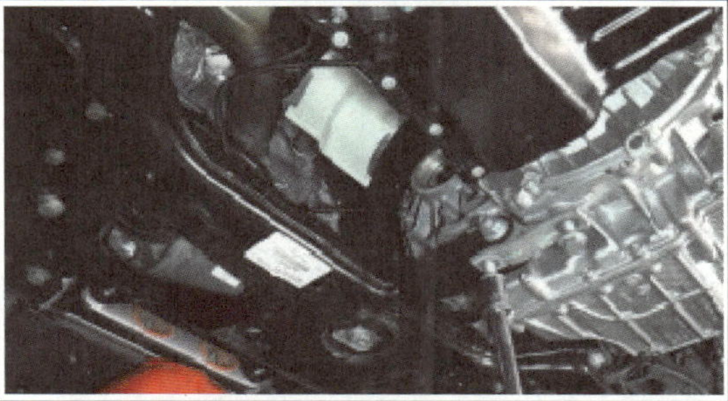		18 mm套筒棘轮扳手
	紧固支架下固定螺栓	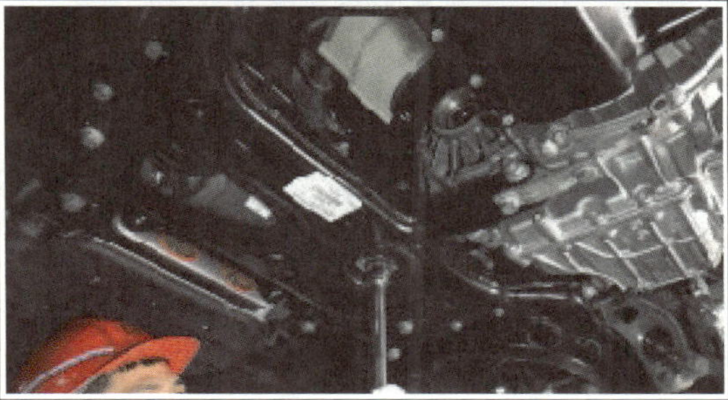		21 mm套筒棘轮扳手

续表

操作步骤	操作细节	展示图	操作注意事项	使用工具
安装变速箱	调节扭力扳手至规定力矩，然后给固定螺栓拧上规定的力矩	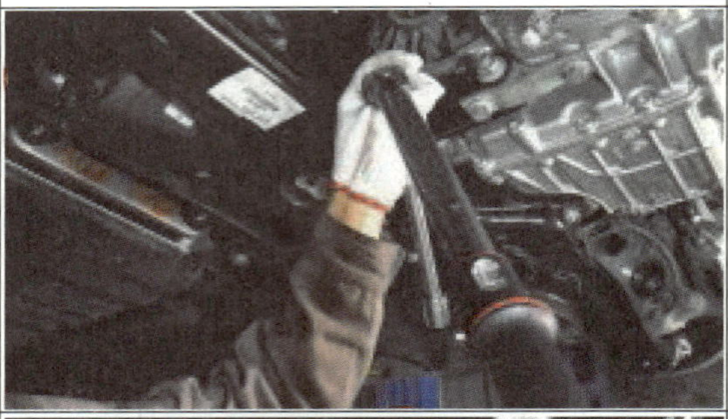		扭力扳手
	使用记号笔做记号			记号笔
安装附件	安装P挡拉索			
	安装并紧固螺栓			棘轮扳手
	使用扭力扳手给螺栓拧上规定的力矩			

续表

操作步骤	操作细节	展示图	操作注意事项	使用工具
安装附件	连接冷却液水管			
	使用鲤鱼钳固定冷却液水管卡箍	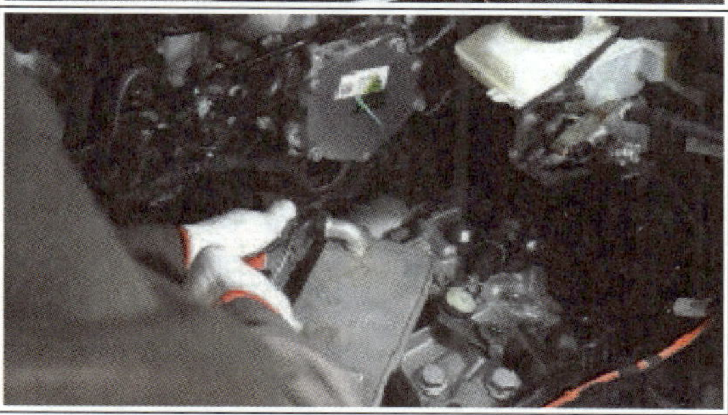	注意不要损坏卡箍	鲤鱼钳
	安装搭铁线	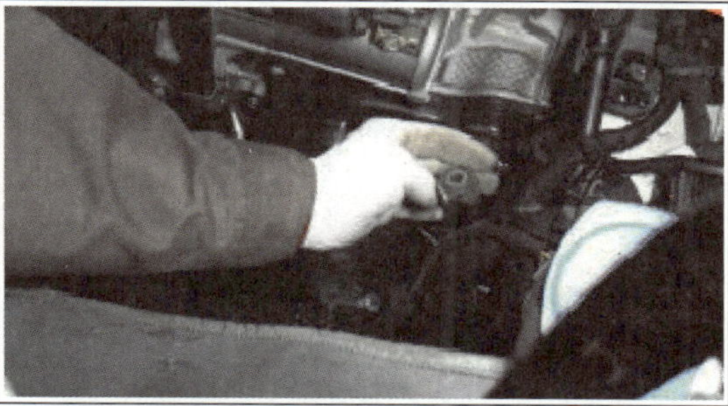		
	安装搭铁线螺栓	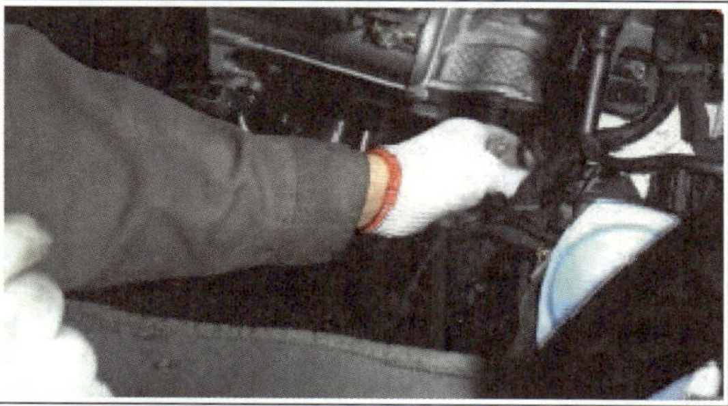		
	紧固螺栓	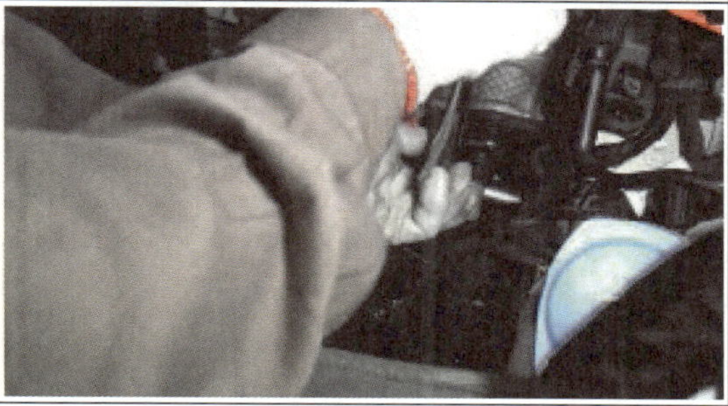		棘轮扳手

续表

操作步骤	操作细节	展示图	操作注意事项	使用工具
安装附件	调节扭力扳手力矩至规定力矩	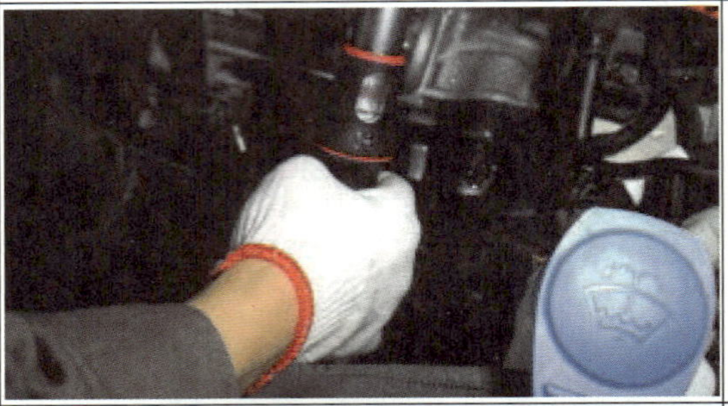		扭力扳手
	将搭铁线螺栓拧上规定的力矩	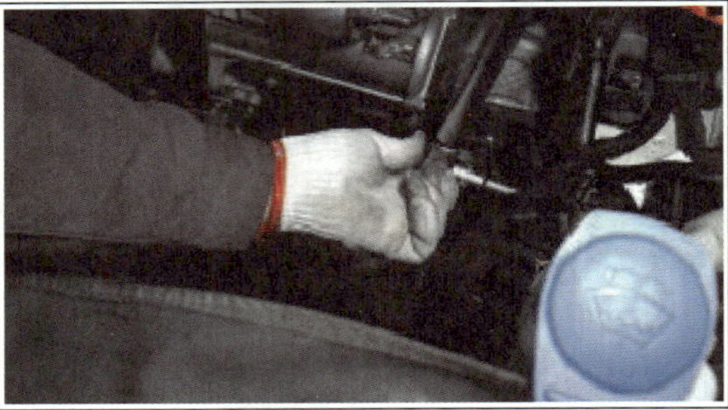		
	使用记号笔做标记	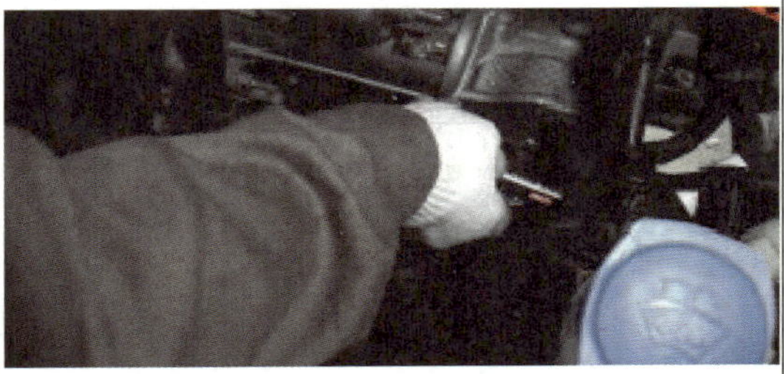		记号笔
	安装线束固定支架	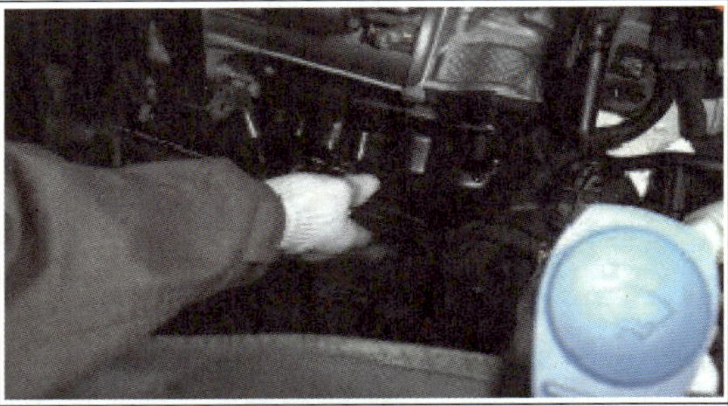		
	安装固定螺栓	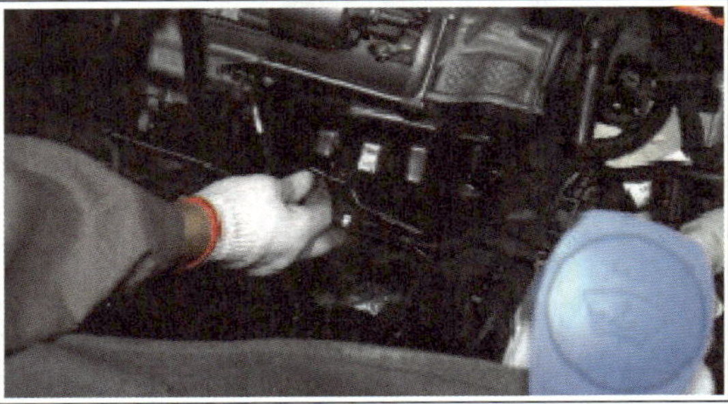		

续表

操作步骤	操作细节	展示图	操作注意事项	使用工具
安装附件	紧固螺栓	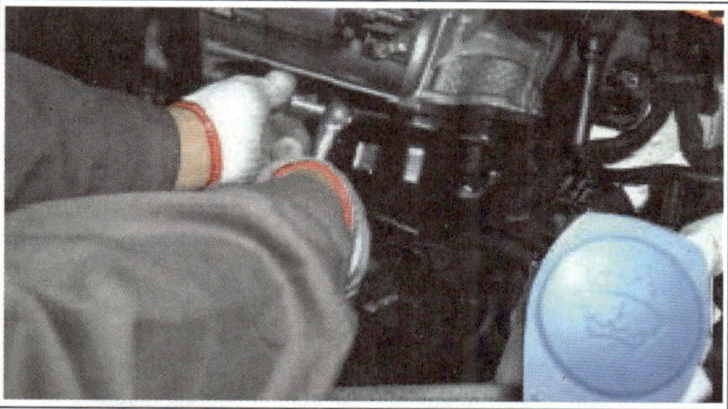		棘轮扳手
	连接插头			
	使用记号笔做标记			记号笔
	安装变速箱通风装置			
	安装发动机控制单元支架	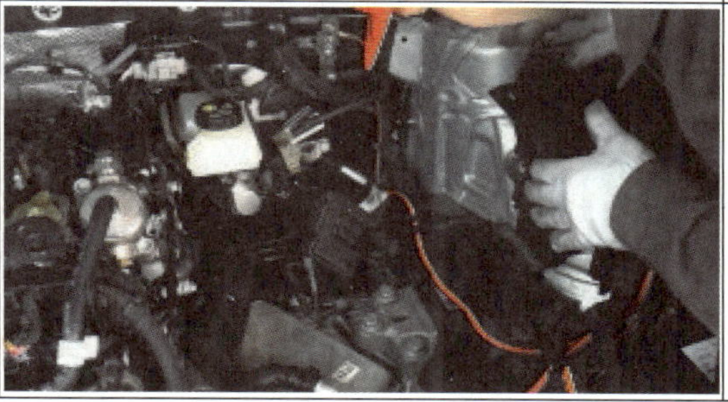		

续表

操作步骤	操作细节	展示图	操作注意事项	使用工具
安装附件	安装支架固定螺栓	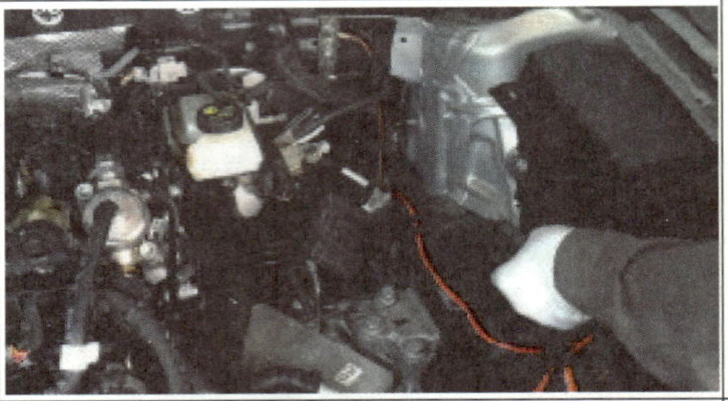		
	紧固螺栓	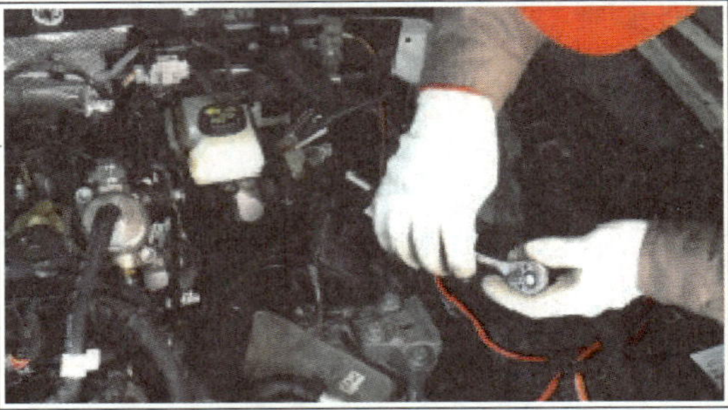		
	安装电瓶支架	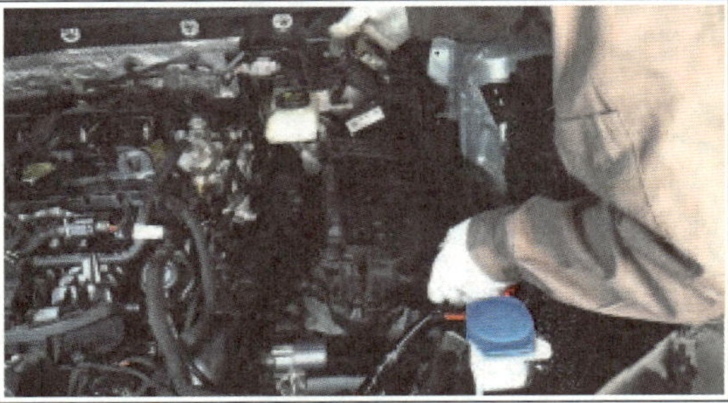		
	安装固定螺栓	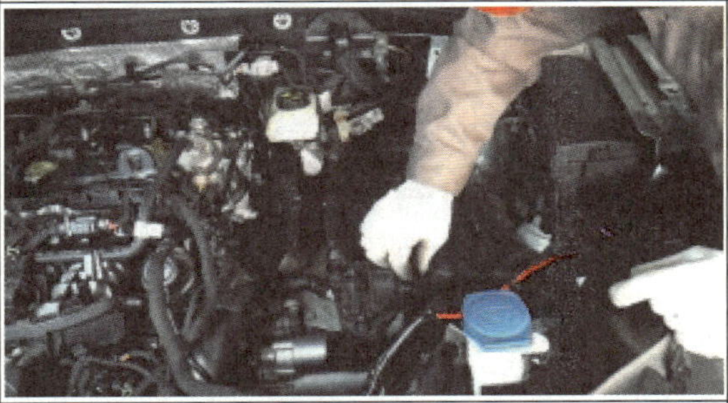		
	紧固螺栓	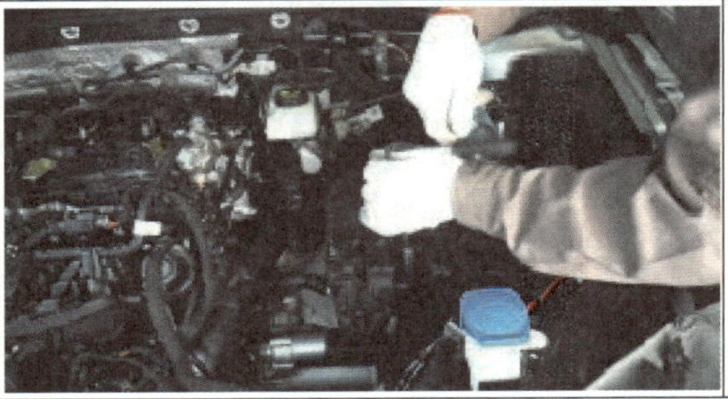		

续表

操作步骤	操作细节	展示图	操作注意事项	使用工具
安装附件	固定线束	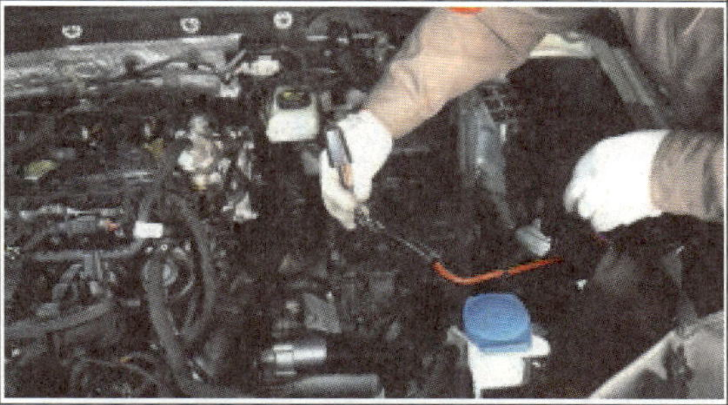		
	连接发动机控制单元线束			
	固定发动机控制单元	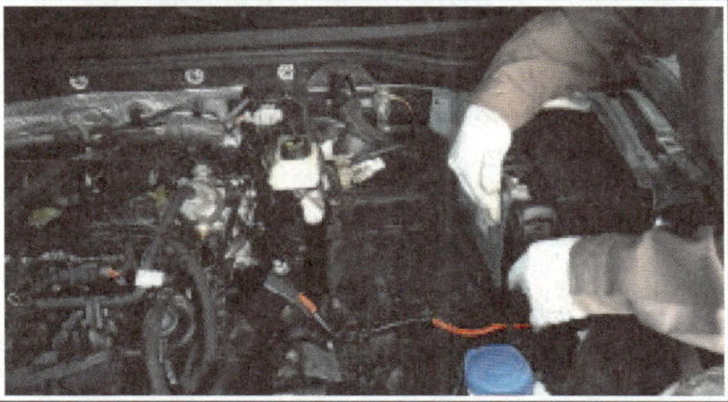	注意检查是否固定	
	固定变速箱通风装置	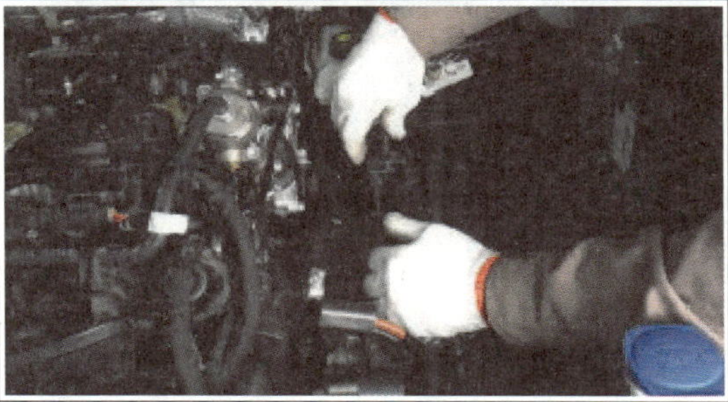		
安装蓄电池	安装电瓶防尘套			

续表

<table>
<tr><th>操作步骤</th><th>操作细节</th><th>展示图</th><th>操作注意事项</th><th>使用工具</th></tr>
<tr><td rowspan="4">安装蓄电池</td><td>安装电瓶固定支架</td><td>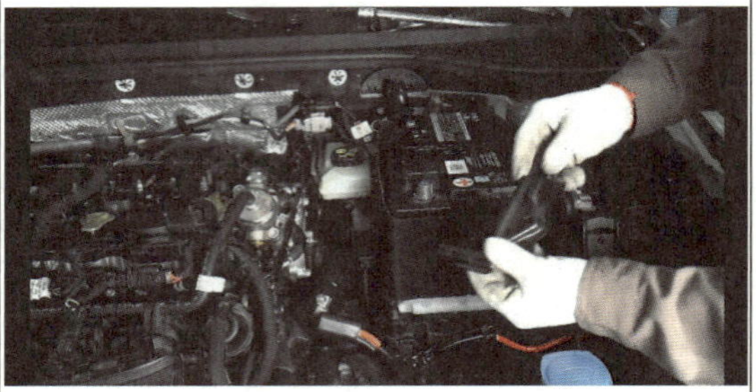</td><td>注意为了方便安装，需先将电瓶固定支架取下</td><td></td></tr>
<tr><td>紧固电瓶固定支架的螺栓</td><td></td><td></td><td>棘轮扳手、长接杆及13 mm套筒</td></tr>
<tr><td>安装蓄电池正极接线桩头</td><td></td><td rowspan="2">先安装正极再安装负极</td><td rowspan="2">棘轮扳手、10 mm套筒</td></tr>
<tr><td>安装蓄电池负极接线桩头</td><td></td></tr>
</table>

三、自动变速箱总成的吊装【实操报告】

项目：自动变速箱功能检查保养（初级）		考核时间：30 min	
姓名：	班级：	学号：	考评员签字：
初评：□合格□不合格	复评：□合格□不合格	师评：□合格□不合格	
日期：	日期：	日期：	
考核任务二　自动变速器总成的吊装【实操考核报告】			

1. 车辆信息记录

品牌		整车型号		生产日期	
发动机型号		变速器型号		行驶里程	
车辆识别码					

2. 变速器总成拆装

检查项目	检查项目	检查结果	检查项目	检查结果
蓄电池导线端头	□烧蚀 □无	□正常 □异常	导线外观	□正常 □异常
发动机控制单元插头针脚	□歪斜 □断裂 □无	□正常 □异常	发动机控制单元插头	□正常 □破损
冷却水管外观	□破损 □变形 □无	□正常 □异常	冷却水管管箍	□正常 □变形
挡杆拉索外观	□破损 □严重变形 □无	□正常 □异常	拉索固定螺栓	□正常 □螺纹损坏
变速箱固定螺栓外观	□变形 □断裂 □无	□正常 □异常	变速器外观	□正常 □异常

3. 查询用户手册记录变速器保养项目里程及周期

保养里程及周期	

4. 查阅维修手册，按照标准流程完成后变速器的吊装

作业项目	维修资料			
变速器总成吊装	变速器固定支架螺栓规格		变速器螺栓型号	

四、自动变速箱总成的吊装【评分细则】

<table>
<tr><th colspan="8">考核任务二　自动变速器总成的吊装【评分细则】</th></tr>
<tr><th>序号</th><th>评分项</th><th>得分条件</th><th>评分</th><th>评分要求</th><th>自评</th><th>互评</th><th>师评</th></tr>
<tr><td>1</td><td>安全、“7S”、态度</td><td>□1. 能进行工位“7S”操作
□2. 能进行设备和工具安全检查
□3. 能进行车辆安全防护操作
□4. 能进行工具清洁、校准、存放操作
□5. 能进行“三不落地”操作</td><td>15</td><td>未完成1项扣3分，扣分不得超15分</td><td>□熟练
□不熟练</td><td>□熟练
□不熟练</td><td>□合格
□不合格</td></tr>
<tr><td>2</td><td>专业技术能力</td><td>作业1：
□1. 能正确拆卸蓄电池导线
□2. 能正确拆装发动机控制单元
□3. 能正确拆装冷却水管、空气导管
□4. 能正确拆卸搭铁线
□5. 能正确拆卸选挡杆拉索
□6. 能正确拆卸发动机控制单元固定支架
□7. 能正确拆卸变速箱固定螺栓
□8. 能正确分离变速箱与发动机
□9. 能正确拆下变速箱
作业2：
□1. 能正确安装变速箱
□2. 能正确装配变速器螺栓
□3. 能正确装配变速箱托架
□4. 能正确装配挡位拉索
□5. 能正确装配冷却液水管
□6. 能正确装配搭铁线
□7. 能正确连接插头</td><td>50</td><td>未完成1项扣5分，扣分不得超50分</td><td>□熟练
□不熟练</td><td>□熟练
□不熟练</td><td>□合格
□不合格</td></tr>
</table>

续表

序号	评分项	得分条件	评分	评分要求	自评	互评	师评
2	专业技术能力	□8. 能正确装配变速箱通风装置 □9. 能正确装配发动机控制单元支架 □10. 能正确装配电瓶支架 □11. 能正确连接发动机控制单元线束 □12. 能正确装配发动机控制单元	50	未完成1项扣5分，扣分不得超50分	□熟练 □不熟练	□熟练 □不熟练	□合格 □不合格
3	工具及设备的使用能力	□1. 能正确使用棘轮扳手 □2. 能正确使用鲤鱼钳 □3. 能正确使用数显扳手 □4. 能正确使用变速器托举装置	10	未完成1项扣3分，扣分不得超10分	□熟练 □不熟练	□熟练 □不熟练	□合格 □不合格
4	资料、信息查询能力	□1. 能正确使用维修手册查询资料 □2. 能在规定时间内查询所需资料 □3. 能正确记录所查询资料章节页码 □4. 能正确记录所需维修信息	10	未完成2项扣3分，扣分不得超10分	□熟练 □不熟练	□熟练 □不熟练	□合格 □不合格
5	数据判读和分析能力	□1. 能正确判断变速器外观情况 □2. 能正确判断变速器拆装过程的危险情况	10	未完成1项扣5分，扣分不得超10分	□熟练 □不熟练	□熟练 □不熟练	□合格 □不合格
6	表单填写与报告撰写能力	□1. 字迹清晰 □2. 语句通顺 □3. 无错别字 □4. 无涂改 □5. 无抄袭	5	未完成1项扣1分，扣分不得超5分	□熟练 □不熟练	□熟练 □不熟练	□合格 □不合格
总分							

任务三　双离合器系统检查保养

一、双离合器系统检查保养【工作页】

双离合器系统检查保养【工作页】			
班级		姓名	

一、填空题

1. 双离合变速器按离合器工作原理不同分为＿＿＿＿＿＿和＿＿＿＿＿＿两类。

2. 双离合器变速器主要由＿＿＿＿＿＿、＿＿＿＿＿＿。＿＿＿＿＿＿、和四部分组成。

二、判断题

1. 双离合变速器的基本工作原理与自动变速器相同。(　　)

2. 双离合器自动变速器采用两套离合器，通过两套离合器的相互交替工作，实现无间隙换挡。(　　)

三、识图题

请指出2-3-1中各零部件的名称，并填写在横线上。

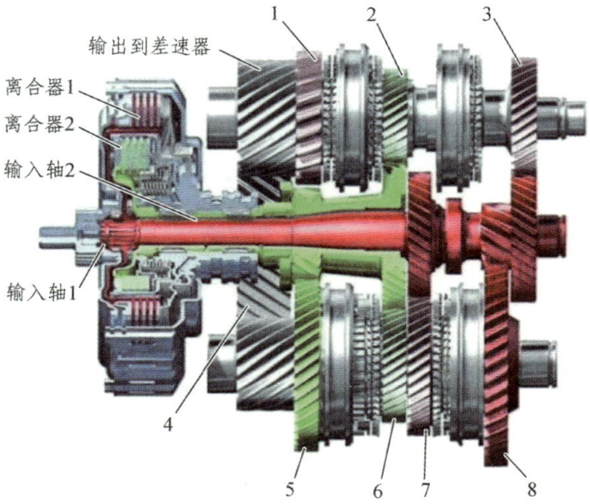

图2-3-1　识图题

1. ＿＿＿＿＿＿　　2. ＿＿＿＿＿＿

3. ＿＿＿＿＿＿　　4. ＿＿＿＿＿＿

5. ＿＿＿＿＿＿　　6. ＿＿＿＿＿＿

7. ＿＿＿＿＿＿　　8. ＿＿＿＿＿＿

二、双离合器系统检查保养【操作手册】

操作步骤	操作细节	展示图	操作注意事项	使用工具
工具准备	所需工具：零件盒、接油盆、双离合变速器油、扭力扳手、大号棘轮扳手、中号棘轮扳手、组合工具、T系列套筒、滴管			
双离合变速器检查	使用手电筒检查变速壳体密封性		观察有无泄漏，壳体有无破损	手电筒
	检查变速箱油位	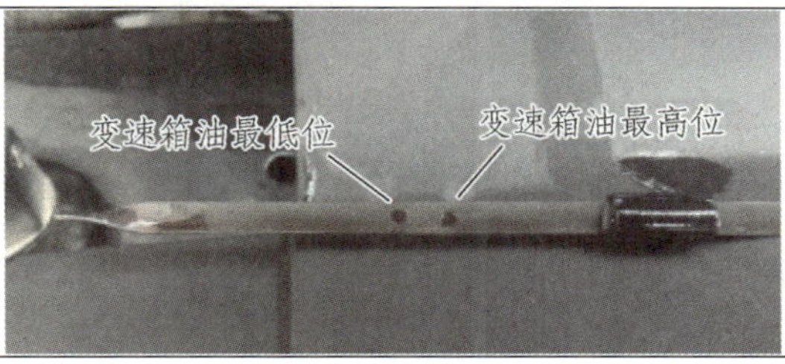	车辆停在水平位置怠速时检查	
	取出变速器油液滴在测试纸上观察油质			测试纸
	目测检查内外万向节保护套情况，检查内外万向节保护套是否泄漏和损坏		如果内外万向节保护套泄漏和损坏，表明密封性能不合格，必须更换	

续表

操作步骤	操作细节	展示图	操作注意事项	使用工具
双离合变速器检查	目测检查内外万向节保护套情况，检查内外万向节保护套是否泄漏和损坏	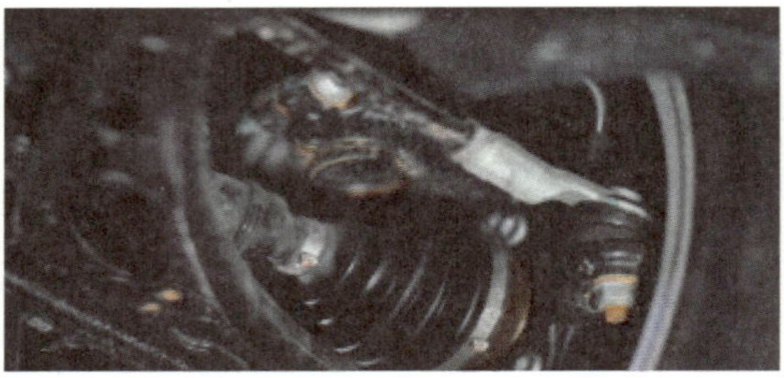	如果内外万向节保护套泄漏和损坏，表明密封性能不合格，必须更换	
排放变速器油液	放置废油存储装置至变速器下方	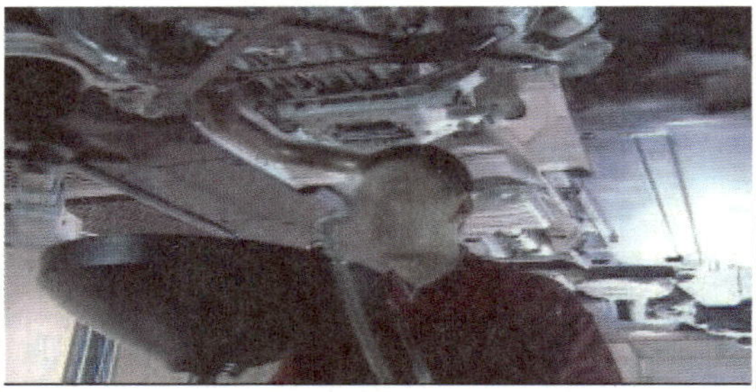		
	用棘轮扳手将变速器放油螺栓拧开，开始排放变速器油液			大号棘轮扳手、M14套筒
	再将变速器溢流管拆下，继续排放油液			大号棘轮扳手、M8套筒
连接加注头	待油液排放完毕，将溢流管重新装入排放孔内	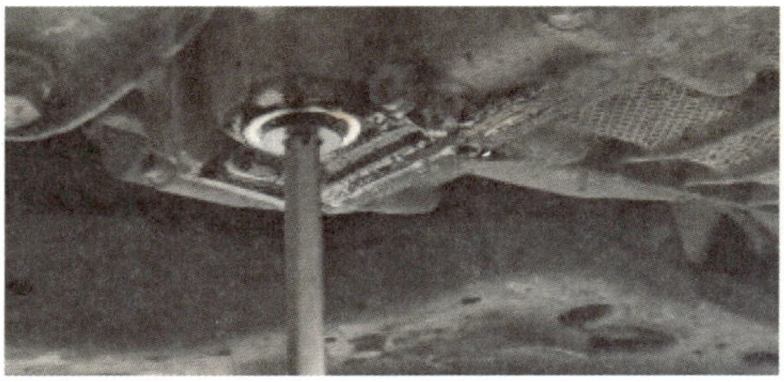		大号棘轮扳手、M8套筒

续表

操作步骤	操作细节	展示图	操作注意事项	使用工具
连接加注头	将油液加注接口安装至排放孔位置	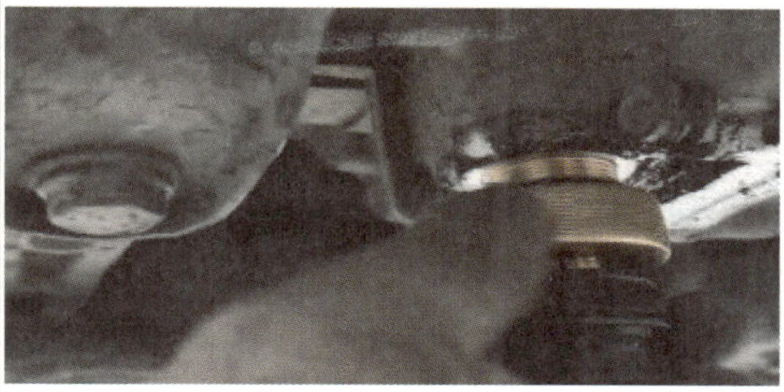		
更换变速器油液滤芯	拆下变速器油液滤芯	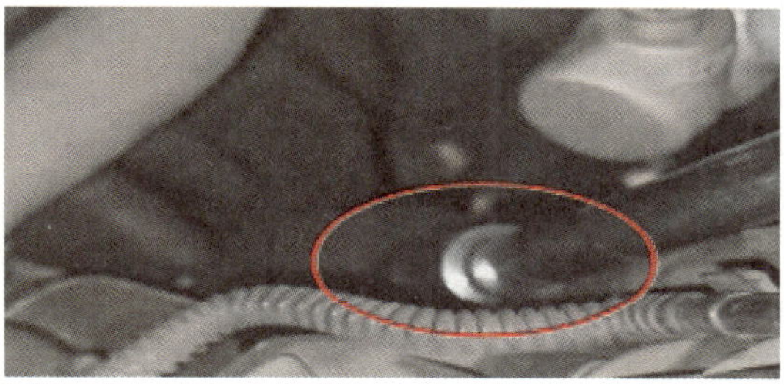		大号棘轮扳手、大号接杆、24 mm 套筒
	将新的变速器油液滤芯安装至变速器，再将外壳安装好，用扳手紧固	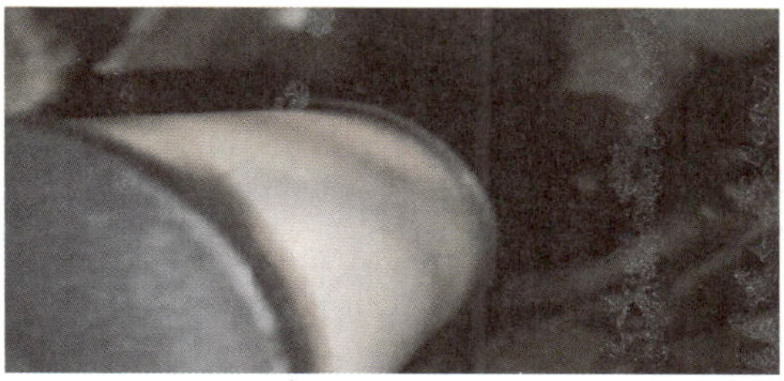		大号棘轮扳手、大号接杆、24 mm 套筒
加注变速器油液	使用重力加注方法加注变速器油液			
	待油液加注完成，上车发动变速器，调整挡位，各个挡位停留2～3 s，使油液充分流动			

续表

操作步骤	操作细节	展示图	操作注意事项	使用工具
读取变速器油液温度	连接解码仪，读取变速器油液的温度	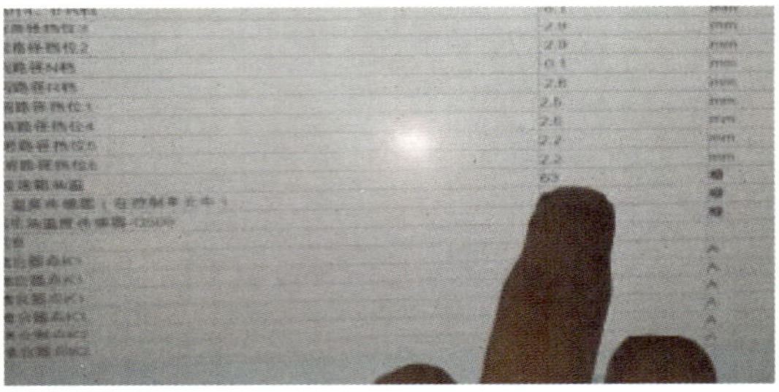	变速器油液的温度超过 35 °C 即可	
安装排放螺栓	拆下变速器加注头	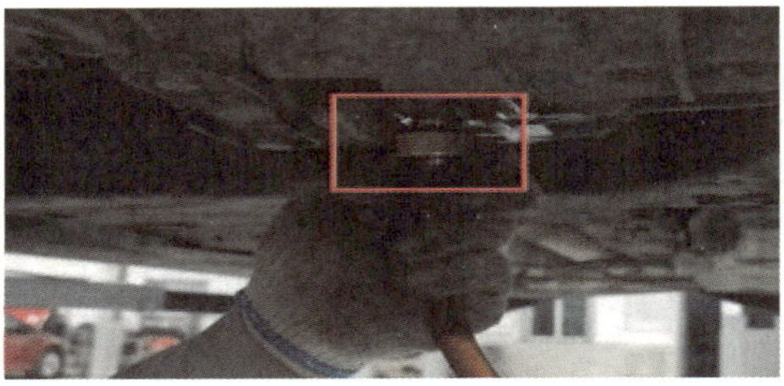		
	安装排放螺栓，并拧紧	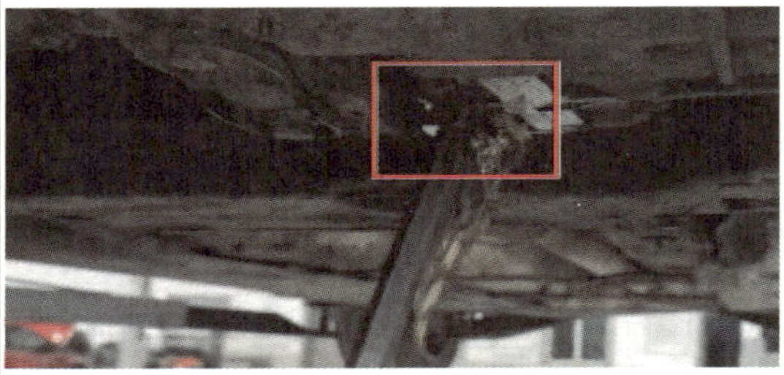		大号棘轮扳手、M14套筒
	用抹布清洁排放口附近的油液		及时清洁地面和排放口的油液，避免踩到滑倒	抹布
	再用力矩扳手将排放螺栓标定至规定力矩		力矩：22 N · m	力矩扳手、M14套筒

三、双离合器系统检查保养【实操报告】

项目：自动变速箱功能检查保养（初级）		考核时间：30 min	
姓名：	班级：	学号：	考评员签字：
初评：□合格□不合格	复评：□合格□不合格	师评：□合格□不合格	
日期：	日期：	日期：	
考核任务三　双离合器系统检查保养【实操考核报告】			

1．车辆信息记录

品牌		整车型号		生产日期	
发动机型号		发动机排量			
车辆识别码					

2．双离合器系统检查保养

传动系统检查				更换□　清洁□
作业项目	维修资料			
传动系统检查	传动系统检查			
变速箱密封性	正常□　异常□			
变速箱油液液位	正常□　异常□			
变速箱油液质量	正常□　异常□			

3．更换变速器油液滤芯

作业项目	维修资料			
更换变速器油液滤芯	更换变速器油液滤芯			

4．变速器油液更换

作业项目	维修资料			
变速器油液更换	排放变速器油液		变速器油液温度要求	
	加注设备安装、连接		排放孔螺栓力矩要求	
	变速器油液加注		正常□　异常□	
	变速器油液温度读取		正常□　异常□	
	加注设备拆解与清洁		正常□　异常□	
	排放孔螺栓安装与校订		正常□　异常□	

四、双离合器系统检查保养【评分细则】

考核任务三　双离合器系统检查保养【评分细则】							
序号	评分项	得分条件	评分	评分要求	自评	互评	师评
1	安全、“7S”、态度	□1. 能进行工位“7S”操作 □2. 能进行设备和工具安全检查 □3. 能进行车辆安全防护操作 □4. 能进行工具清洁、校准、存放操作 □5. 能进行三不落地操作	15	未完成1项扣3分，扣分不得超15分	□熟练 □不熟练	□熟练 □不熟练	□合格 □不合格
2	专业技术能力	作业1： □1. 能正确进行传动系统检查 □2. 能正确检查变速箱壳体及密封性 □3. 能正确检查变速箱油液液位 □4. 能正确检查变速箱油液质量 □5. 能正确排放变速器油液 □6. 能正确更换变速器油液滤芯 □7. 能正确加注变速器油液 □8. 能正确读取变速器油液温度 □9. 能正确校订油液排放螺栓力矩	50	未完成1项扣10分，扣分不得超50分	□熟练 □不熟练	□熟练 □不熟练	□合格 □不合格
3	工具及设备的使用能力	□1. 能正确选用维修工具 □2. 能正确使用维修工具拆卸 □3. 能正确使用变速器油液更换使用的拆卸工具 □4. 能正确使用举升机	10	未完成1项扣5分，扣分不得超10分	□熟练 □不熟练	□熟练 □不熟练	□合格 □不合格

续表

序号	评分项	得分条件	评分	评分要求	自评	互评	师评
4	资料、信息查询能力	□1. 能正确使用维修手册查询资料 □2. 能正确使用用户手册查询资料 □3. 能在规定时间内查询所需资料 □4. 能正确记录所查询资料章节页码 □5. 能正确记录所需维修信息	10	未完成1项扣2分，扣分不得超10分	□熟练 □不熟练	□熟练 □不熟练	□合格 □不合格
5	数据判读和分析能力	□1. 能判断变速器油液滤清器是否更换 □2. 能判断零件是否需要更换 □3. 处理作业过程中的异常情况	10	未完成1项扣5分，扣分不得超10分	□熟练 □不熟练	□熟练 □不熟练	□合格 □不合格
6	表单填写与报告撰写能力	□1. 字迹清晰 □2. 语句通顺 □3. 无错别字 □4. 无涂改 □5. 无抄袭	5	未完成1项扣1分，扣分不得超5分	□熟练 □不熟练	□熟练 □不熟练	□合格 □不合格
总分							

任务四　无级变速系统检查保养

一、无级变速系统检查保养【工作页】

无级变速系统检查保养【工作页】			
班级		姓名	

一、填空题

1. 为实现无级变速，按传动方式可采用__________、__________和__________三种方式。

2. 常见的金属带式 CVT（无级变速器）由__________、__________、__________、__________和中间减速机构组成。

二、判断题

1. 无级变速器采用传动带和工作直径可变的主、从动轮相配合来传递动力，可以实现传动比的连续改变。(　　)

2. 无级变速器的挡位设置与自动变速器和双离合变速器不一样。(　　)

三、识图题

请指出图 2-4-1 中各零部件的名称，并填写在横线上。

图 2-4-1　识图题

1. ________________　2. ________________

3. ________________　4. ________________

5. ________________

二、无级变速系统检查保养【操作手册】

操作步骤	操作细节	展示图	操作注意事项	使用工具
工具准备	所需工具：零件盒、接油盆、无级变速器油、扭力扳手、大号棘轮扳手、中号棘轮扳手、小号棘轮扳手、大号接杆、中号接杆、24 mm 六角套筒、10 mm 六角套筒、12 mm 六角套筒、HW6 旋具、滴管	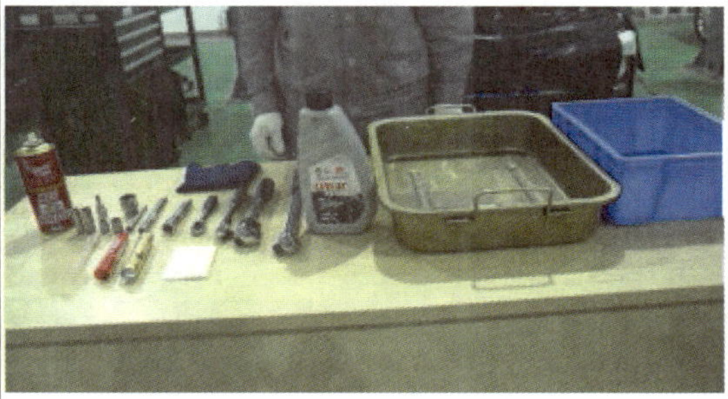		
油液检查与排放	举升车辆			
	检查举升机拖盘是否与车辆举升点对齐		托盘中心点对准车辆举升点	
	按压车身，检查车辆是否稳定		按压薄的覆盖件不要过于用力	

续表

操作步骤	操作细节	展示图	操作注意事项	使用工具
油液检查与排放	将车辆举升到合适高度后锁止举升机		举升机锁止后人员才可进入车下操作	
	检查无级变速器外部，有无撞击或渗油现象	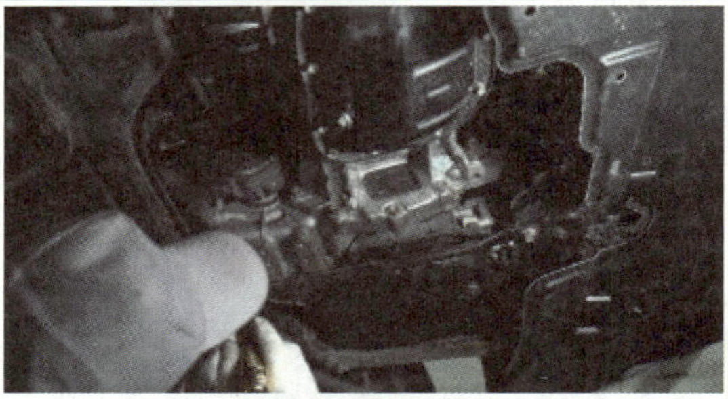		
	拧松油底壳溢流塞和衬垫	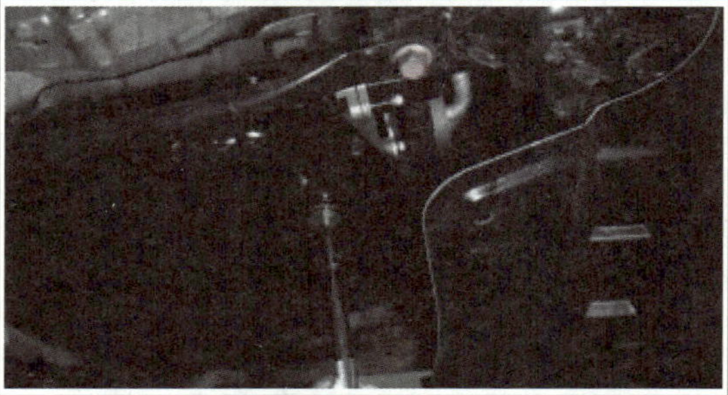		中号棘轮扳手、中号接杆、HW6旋具
	吸取无级变速箱油液并拧紧螺塞	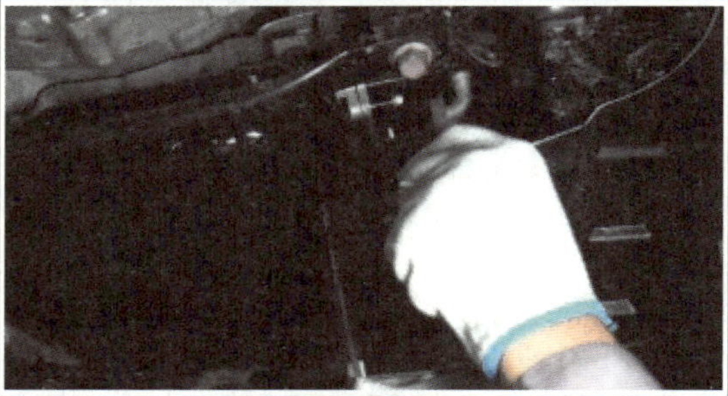		中号棘轮扳手、中号接杆、HW6旋具、滴管
	将油液滴落在测试纸上检查油质			滴管、试纸

续表

操作步骤	操作细节	展示图	操作注意事项	使用工具
油液检查与排放	拆卸发动机下护板	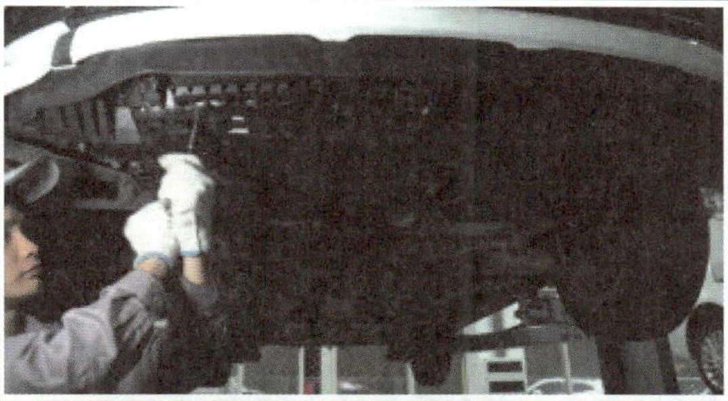		小号棘轮扳手、10 mm 六角套筒、短接杆
	放置废油存储装置至变速器下方			
	拆卸变速器加油螺栓		注意垫片	大号棘轮扳手、大号短接杆、24 mm 六角套筒
	拆卸油底壳溢流塞和衬垫		注意衬垫	中号棘轮扳手、中号接杆、HW6 旋具
	拆卸变速器 1 号油管	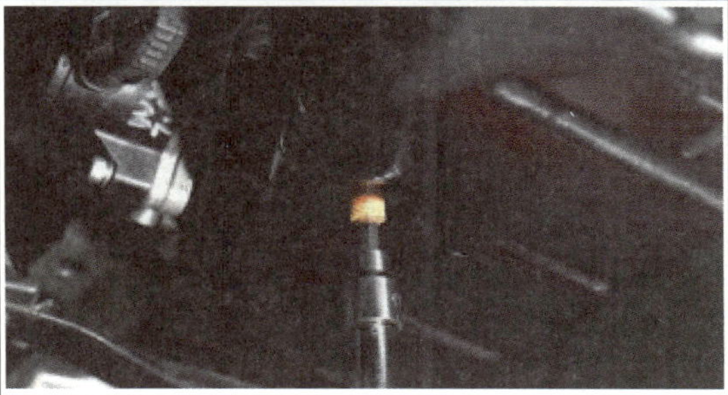		中号棘轮扳手、中号接杆、HW6 旋具

续表

操作步骤	操作细节	展示图	操作注意事项	使用工具
油液检查与排放	将油液排放到回收桶中排空油液			
拆卸滤清器	拆卸油底壳固定螺栓			中号棘轮扳手、中号接杆、10 mm六角套筒
	取下油底壳	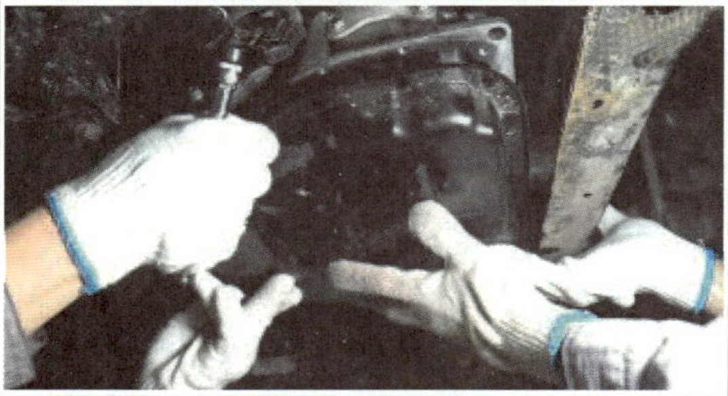	注意油液不要到处洒落	
	拆卸变速箱滤清器固定螺栓	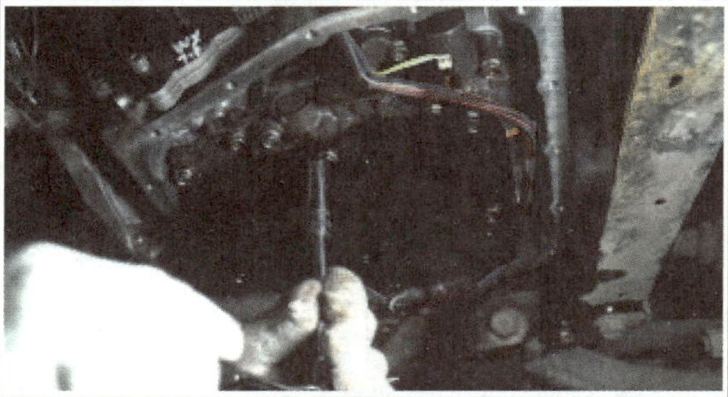		小号棘轮扳手、小号接杆、10 mm六角套筒
	拆卸变速箱滤清器	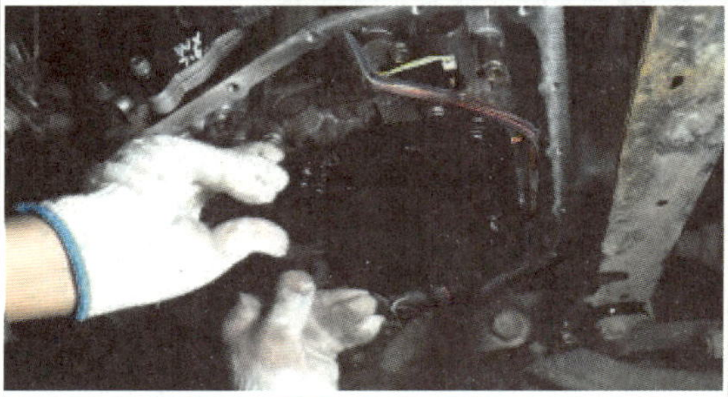		

续表

操作步骤	操作细节	展示图	操作注意事项	使用工具
拆卸滤清器	取下并检查油底壳磁铁	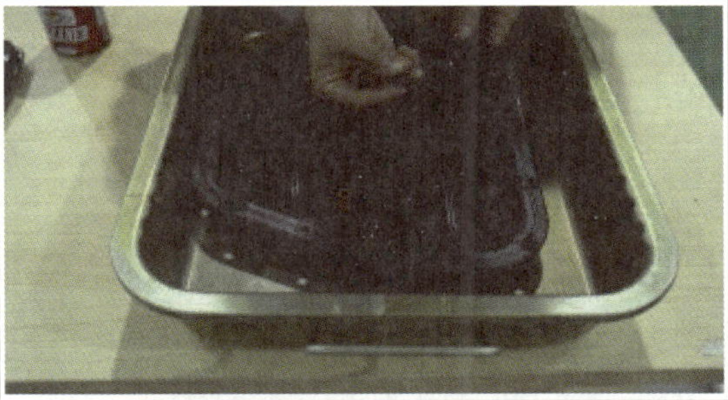	检查有无铁屑等杂质	
	清洗变速器油底壳	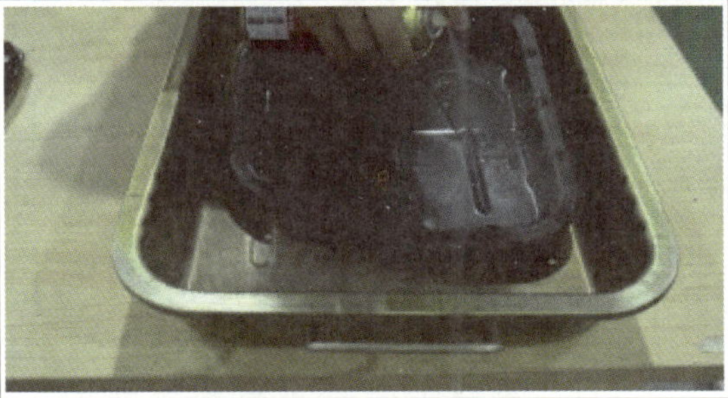		清洗剂
	清洁并安装油底壳磁铁	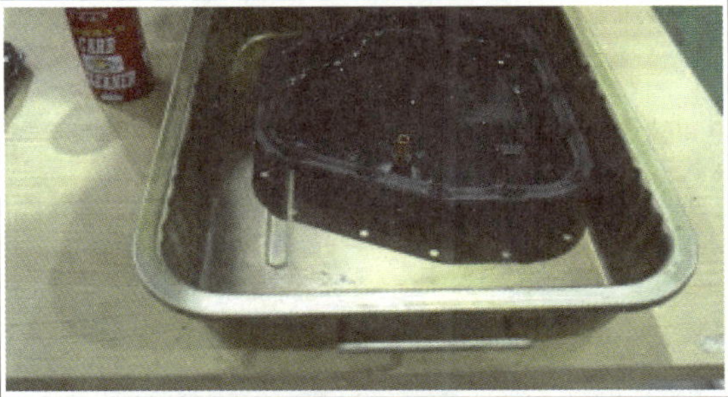	注意磁铁要完全放置在卡槽内	
	安装滤清器胶圈		胶圈安装到位	
滤清器安装	安装变速箱滤清器		确保 O 形圈未扭曲	

续表

操作步骤	操作细节	展示图	操作注意事项	使用工具
滤清器安装	安装变速箱滤清器固定螺栓，并按规定力矩紧固螺栓		紧固力矩：10.8 N·m	小号棘轮扳手、小号接杆、中号10 mm六角套筒、扭力扳手、转接头、中号号接杆、中号10 mm六角套筒
	安装变速箱油底壳	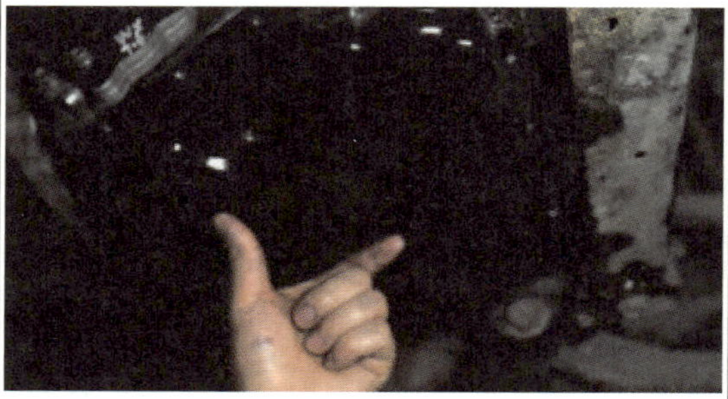		
	安装油底壳固定螺栓，并按规定扭矩紧固螺栓	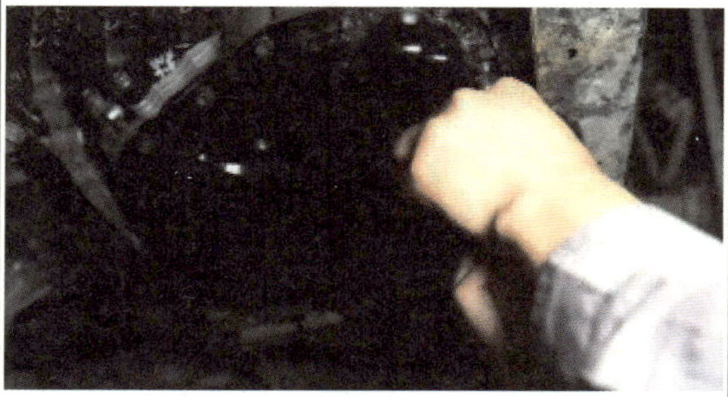	紧固力矩：7.8 N·m	中号棘轮扳手、扭力扳手、转接头、中号号接杆、中号10 mm六角套筒

续表

操作步骤	操作细节	展示图	操作注意事项	使用工具
滤清器安装	安装1号油管	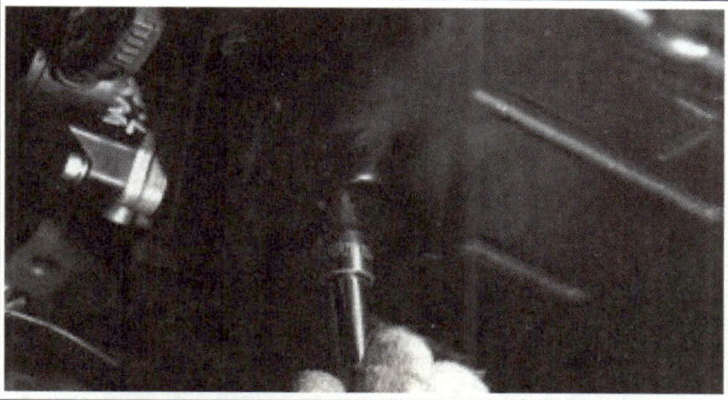	参考力矩：1.7 N·m	中号棘轮扳手、中号接杆、HW6旋具
	检查油底壳溢流塞和衬垫并紧固螺栓			中号棘轮扳手、中号接杆、HW6旋具
加注油液	检查变速箱循环机	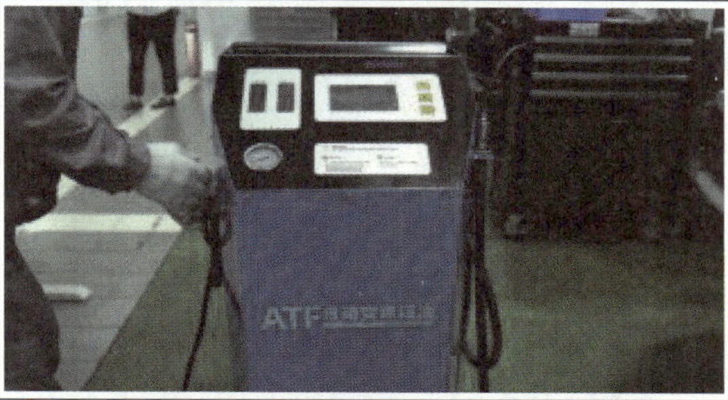		
	将循环机的正极红色鳄形钳夹在电池正极上，将循环机的负极黑色鳄形钳夹在电池负极上		注意不要接反	
	打开循环机电源开关	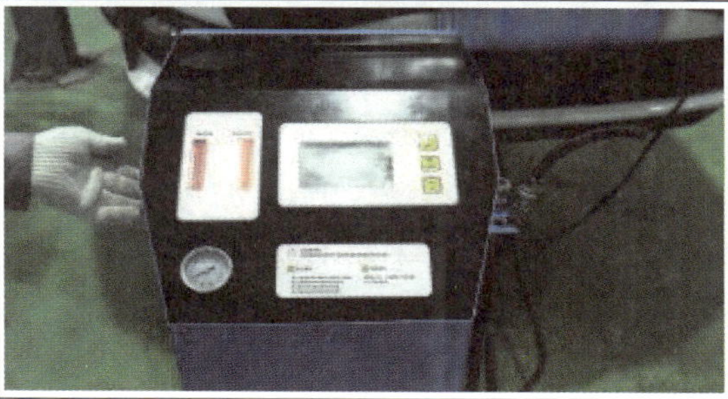		

续表

操作步骤	操作细节	展示图	操作注意事项	使用工具
加注油液	将循环机油管插入无级变速箱加油孔中	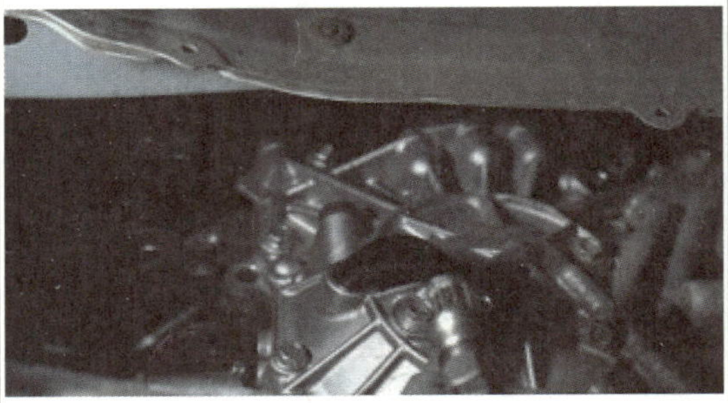	确保油管稳固	
	选择加注新油选项，点击“确认”键	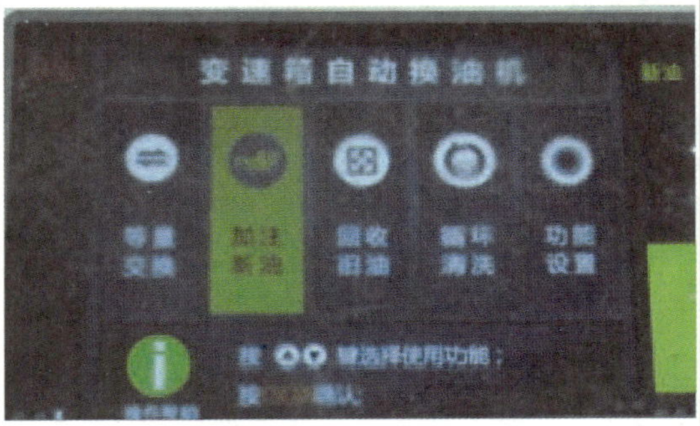		
	选择新油加注量，点击“确认”键	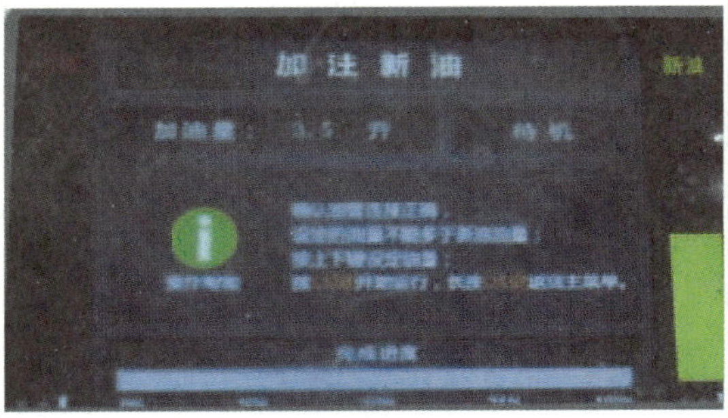		
	等待屏幕显示完成加注即可	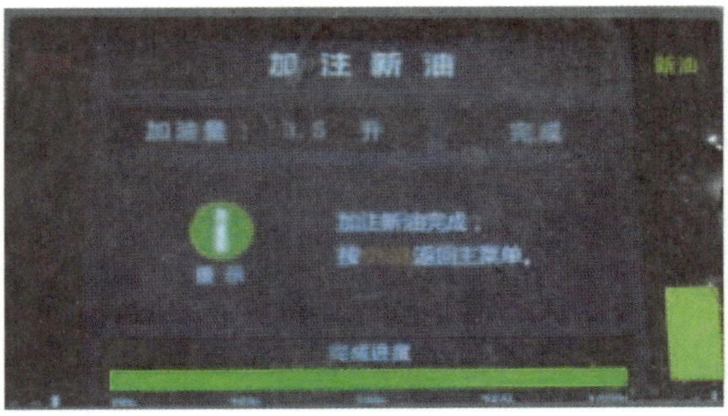		

续表

操作步骤	操作细节	展示图	操作注意事项	使用工具
加注油液	取下循环机油管	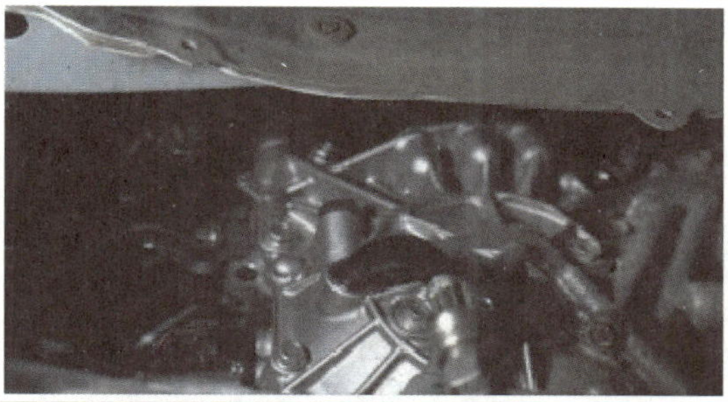		
	安装变速箱加油孔螺栓，并按规定力矩紧固螺栓	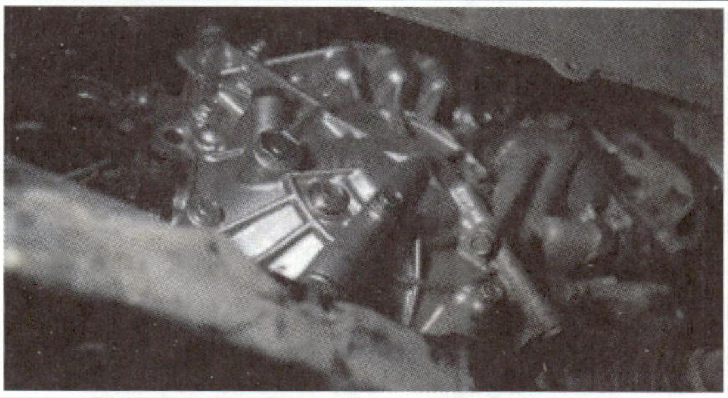	坚固力矩：49 N · m	大号棘轮扳手、大号短接杆、24 mm 六角套筒
循环机油液清洗及更换	拆卸变速箱散热器	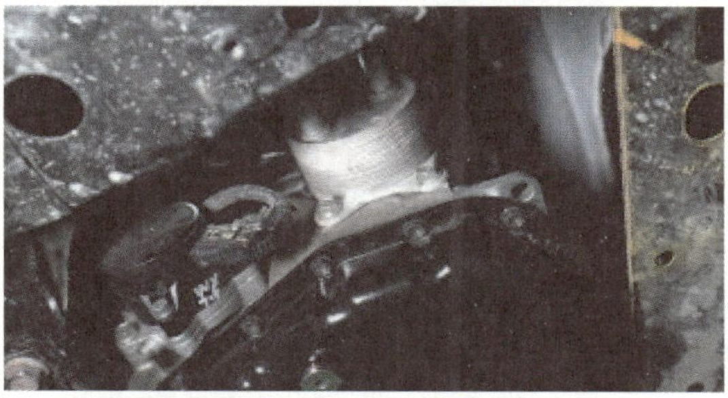		中号棘轮扳手、中号短接杆、中号 12 mm 六角套筒
	检查接头组件		胶圈、管路是否正常	
	组装变速器接头组件	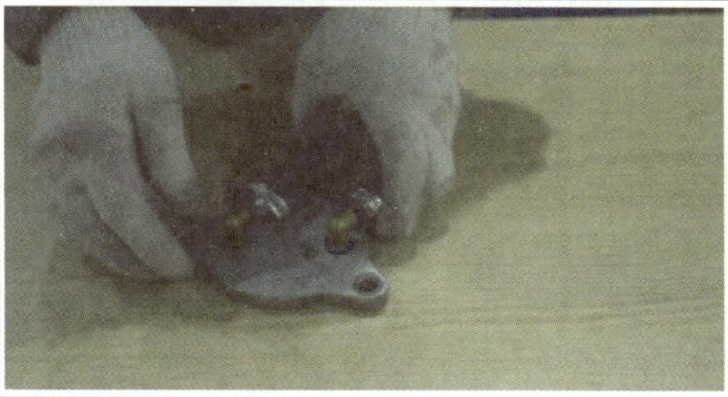	注意卡箍安装到位	螺丝刀

续表

操作步骤	操作细节	展示图	操作注意事项	使用工具
循环机油液清洗及更换	将组件安装在原来散热器位置，并拧紧螺栓	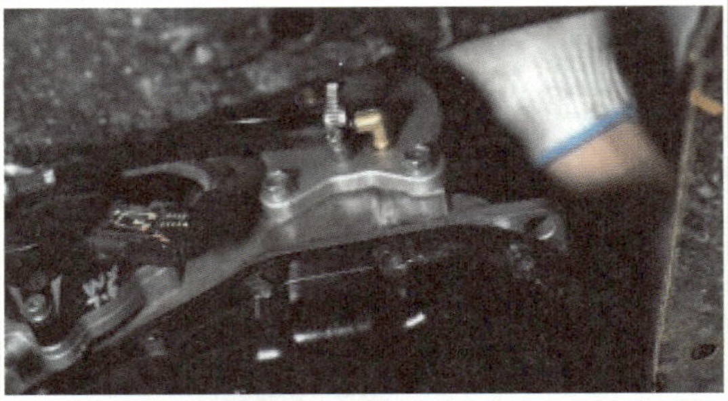		中号棘轮扳手、中号短接杆、中号 12 mm 六角套筒
	连接循环机管路至组件接头	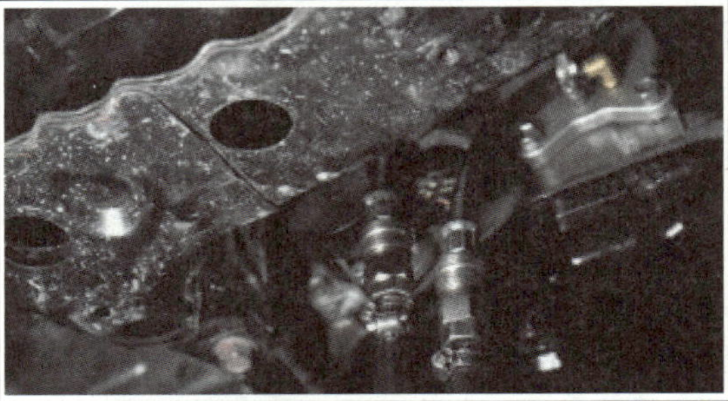	注意连接稳固	
	起动发动机	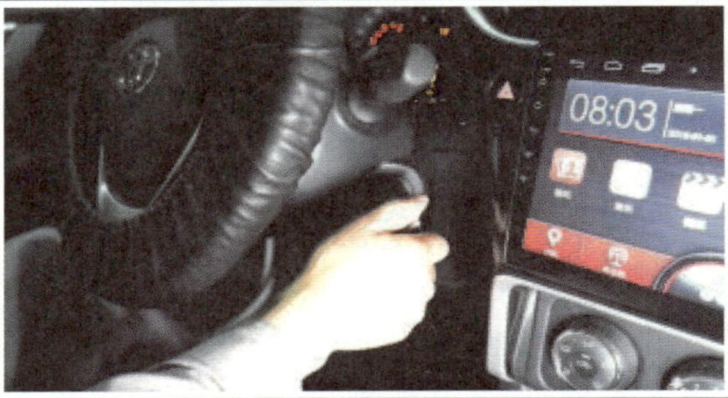		
	选择循环清洗，点击“确认”键	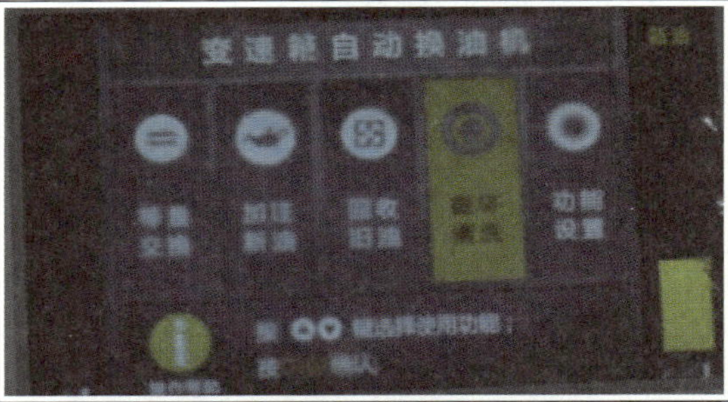		
	选择清洗时间	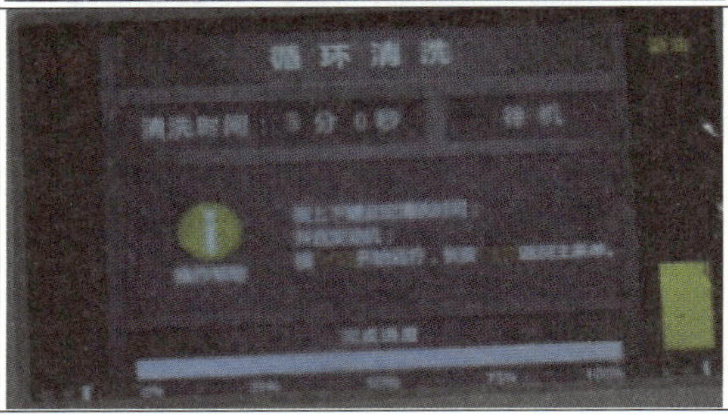		

续表

操作步骤	操作细节	展示图	操作注意事项	使用工具
循环机油液清洗及更换	等待清洗完毕，屏幕显示清洗完成	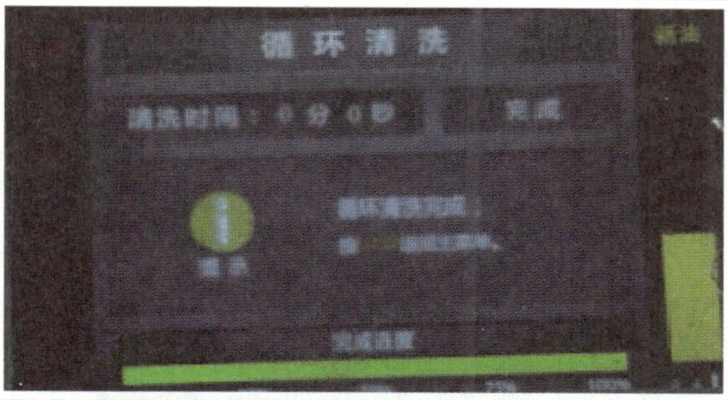		
	选择等量交换	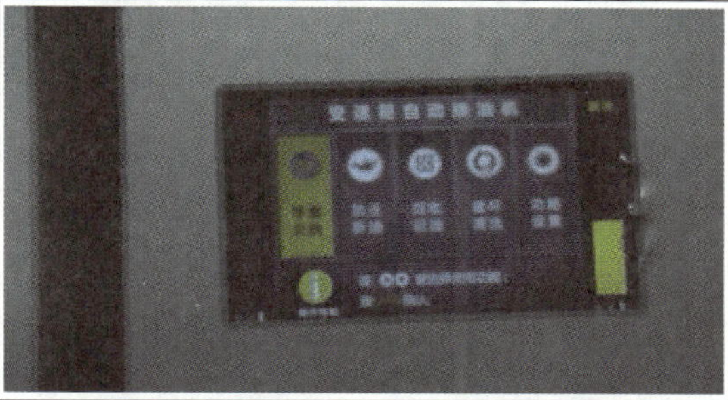		
	油液新旧对比	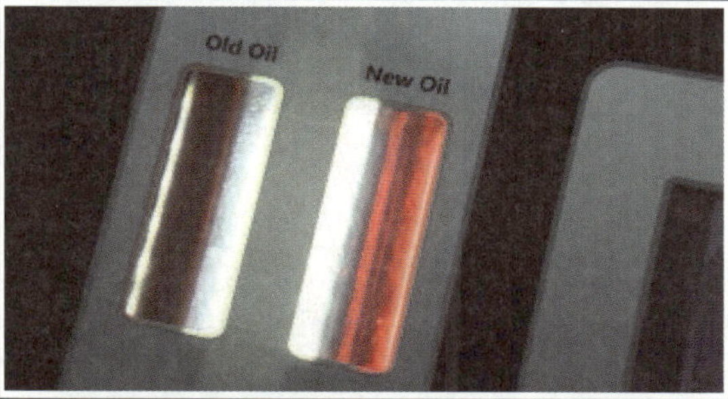		
	等待交换完毕，屏幕显示完成	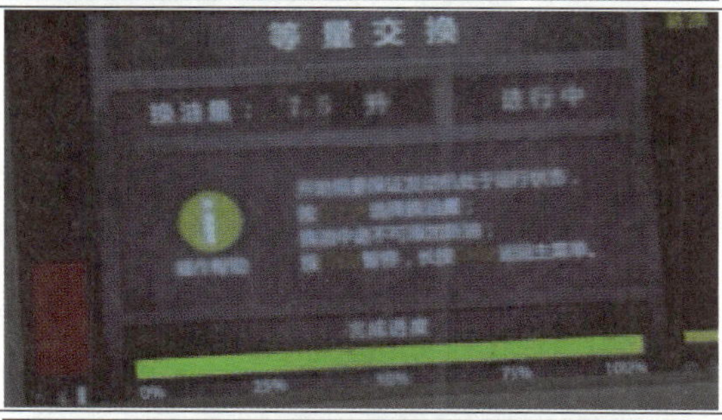		
	关闭发动机，取下交换机电源连接线	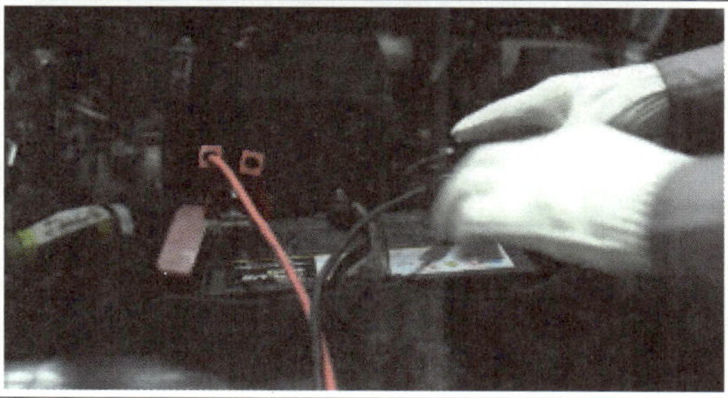		

续表

操作步骤	操作细节	展示图	操作注意事项	使用工具
循环机油液清洗及更换	拆卸循环机油管	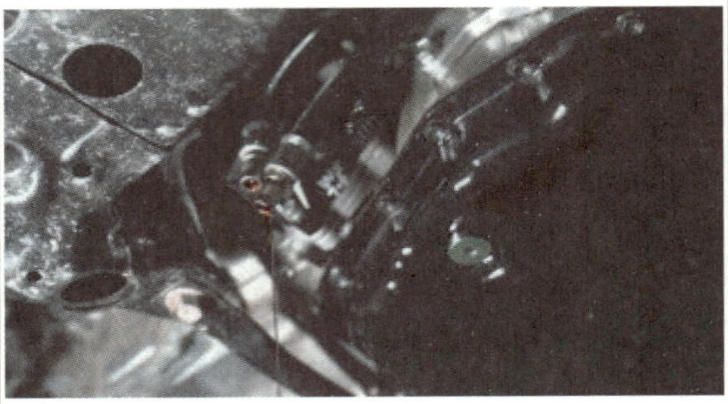		
	拆卸接头组件固定螺栓，取下接头组件	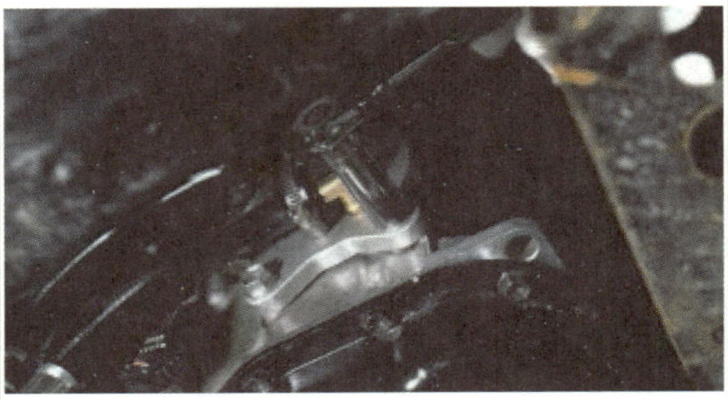		中号棘轮扳手、中号短接杆、中号12 mm六角套筒
	安装变速器散热器，并按力矩紧固螺栓	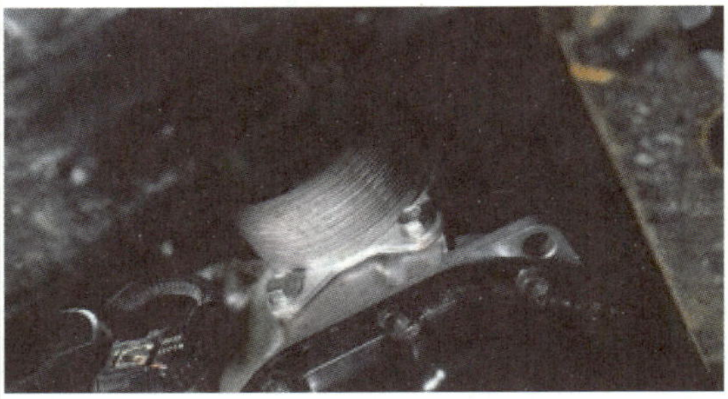	紧固力矩：21 N·m	中号棘轮扳手、中号短接杆、中号12 mm六角套筒、转换头、扭力扳手
	拆卸油底壳溢流塞和衬垫，观察油液是否溢出	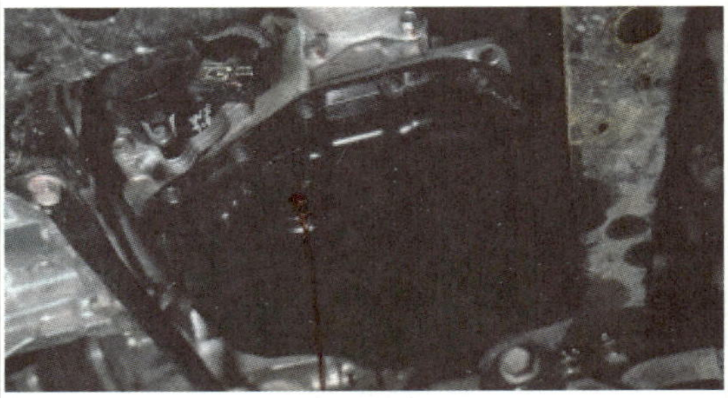		

续表

操作步骤	操作细节	展示图	操作注意事项	使用工具
	安装油底壳溢流塞和衬垫，并按规定力矩紧固螺栓	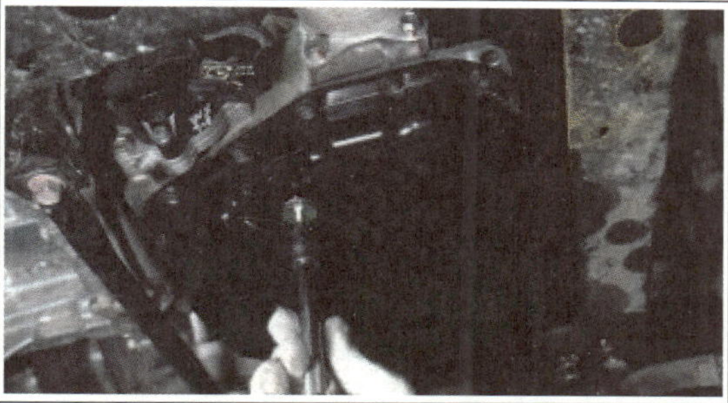	参考力矩：1.7 N·m	中号棘轮扳手、中号接杆、HW6旋具
	安装发动机下护板	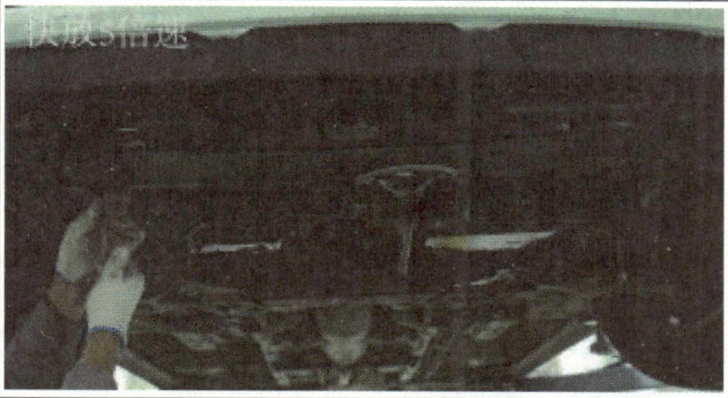		小号棘轮扳手、10 mm六角套筒、短接杆
	起动发动机检查挡位是否正常	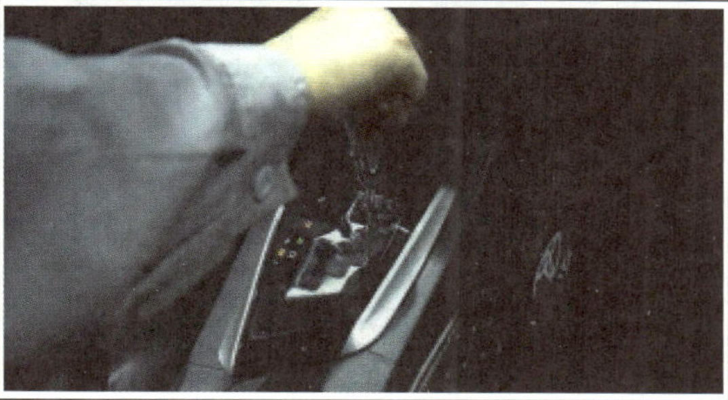	挡位无卡滞等现象	

三、无级变速系统检查保养【实操报告】

项目：自动变速箱功能检查保养（初级）		考核时间：30 min	
姓名：	班级：	学号：	考评员签字：
初评：□合格□不合格	复评：□合格□不合格	师评：□合格□不合格	
日期：	日期：	日期：	
考核任务四　无级变速系统检查保养【实操考核报告】			

1．车辆信息记录

品牌		整车型号		生产日期	
发动机型号		发动机排量			
车辆识别码					

2．无级变速器油液更换

作业项目	维修资料			
无级变速器油液更换	油液更换周期		变速器油液型号	
	加油螺栓力矩		溢流孔螺栓力矩	
	变速器油底壳固定螺栓力矩		变速器滤清器固定螺栓力矩	

3．无级变速器油液检查

作业项目	维修资料
变速箱密封性	正常□ 异常□
变速箱油液液位	正常□ 异常□
变速箱油液质量	正常□ 异常□

四、无级变速系统检查保养【评分细则】

考核任务四　无级变速系统检查保养【评分细则】							
序号	评分项	得分条件	评分	评分要求	自评	互评	师评
1	安全、“7S”、态度	□1. 能进行工位“7S”操作 □2. 能进行设备和工具安全检查 □3. 能进行车辆安全防护操作 □4. 能进行工具清洁、校准、存放操作 □5. 能进行“三不落地”操作	15	未完成1项扣3分，扣分不得超15分	□熟练 □不熟练	□熟练 □不熟练	□合格 □不合格
2	专业技术能力	作业1： □1. 能正确准备维修工具和接油桶 □2. 能正确举升车辆 □3. 能正确拆装放油螺栓 □4. 能正确拆装油底壳 □5. 能正确拆装变速箱滤清器 □6. 能正确下降车辆	50	未完成1项扣5分，扣分不得超50分	□熟练 □不熟练	□熟练 □不熟练	□合格 □不合格

续表

序号	评分项	得分条件	评分	评分要求	自评	互评	师评
2	专业技术能力	作业 2: □1. 能正确排空循环机油液 □2. 能正确给循环机加注足量油液 □3. 能正确拆装冷却器变速箱油管路 □4. 能正确将循环机管路连接至冷却器 □5. 能正确开启设备进行循环操作 作业 3: □1. 能正确查询自动变速箱油液型号 □2. 能正确查询循环机使用手册 □3. 能正确查询螺栓扭力规格 □4. 能正确检查变速箱油液质量 □5. 能正确检查变速箱油液液位 □6. 能正确检查变速箱壳体及密封性	50	未完成1项扣5分,扣分不得超50分	□熟练 □不熟练	□熟练 □不熟练	□合格 □不合格
3	工具及设备的使用能力	□1. 能正确选用维修工具 □2. 能正确使用维修工具拆装 □3. 能正确使用油液加注工具 □4. 能正确使用举升机 □5. 能正确使用变速油循环机	10	未完成1项扣3分,扣分不得超10分	□熟练 □不熟练	□熟练 □不熟练	□合格 □不合格
4	资料、信息查询能力	□1. 能正确使用维修手册查询资料 □2. 能正确使用用户手册查询资料 □3. 能在规定时间内查询所需资料 □4. 能正确记录所查询资料章节页码 □5. 能正确记录所需维修信息	10	未完成1项扣2分,扣分不得超10分	□熟练 □不熟练	□熟练 □不熟练	□合格 □不合格

续表

序号	评分项	得分条件	评分	评分要求	自评	互评	师评
5	数据判读和分析能力	□1. 能判读变速箱液质是否正常 □2. 能判读变速箱循环更换油量 □3. 能判读下次保养时间及里程	10	未完成1项扣5分，扣分不得超10分	□熟练 □不熟练	□熟练 □不熟练	□合格 □不合格
6	表单填写与报告撰写能力	□1. 字迹清晰 □2. 语句通顺 □3. 无错别字 □4. 无涂改 □5. 无抄袭	5	未完成1项扣1分，扣分不得超5分	□熟练 □不熟练	□熟练 □不熟练	□合格 □不合格
总分							

任务五　自动换挡机构检查保养

自动换挡机构检查保养

一、自动换挡机构检查保养【工作页】

自动换挡机构检查保养【工作页】			
班级		姓名	

一、填空题

1. 行星齿轮变速器的换挡执行机构起＿＿＿＿＿＿、＿＿＿＿＿＿和锁止作用。

2. 自动变速器换挡执行机构与普通手动变速器换挡执行机构不同，自动变速器的＿＿＿＿＿＿、＿＿＿＿＿＿、＿＿＿＿＿＿代替了普通手动变速器中的同步器。

二、判断题

1. 自动变速器换挡机构离合器只起到连接作用。(　　)

2. 自动变速器换挡机构常用的制动器有片式制动器和带式制动器两种。(　　)

三、识图题

请指出图 2-5-1 中各挡位的名称，并填写在横线上。

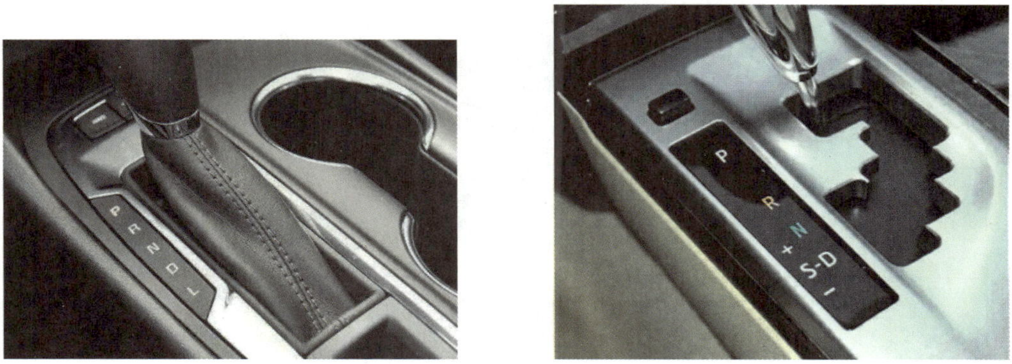

图 2-5-1　识图题

P 位＿＿＿＿＿＿　R 位＿＿＿＿＿＿

N 位＿＿＿＿＿＿　D 位＿＿＿＿＿＿

L 位＿＿＿＿＿＿　S 位＿＿＿＿＿＿

＋位＿＿＿＿＿＿　一位＿＿＿＿＿＿

二、自动换挡机构检查保养【操作手册】

操作步骤	操作细节	展示图	操作注意事项	使用工具
工具准备	十字螺丝刀、小号棘轮扳手、套筒、塑料撬片、诊断计算机			
检查变速器各个挡位是否顺畅，各个挡位仪表显示的挡位信息是否正常	检查P挡显示是否正常	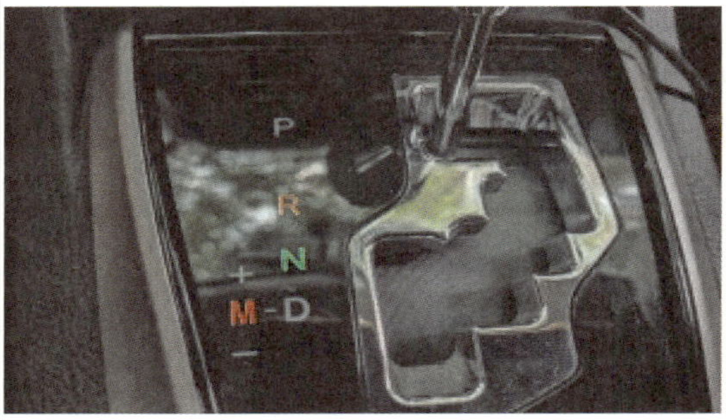		

	检查R挡显示是否正常			

续表

操作步骤	操作细节	展示图	操作注意事项	使用工具
检查变速器各个挡位是否顺畅，各个挡位仪表显示的挡位信息是否正常	检查R挡显示是否正常	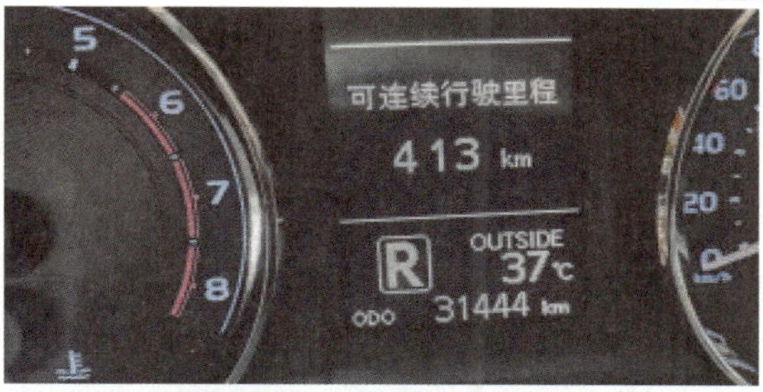		
	检查N挡显示是否正常	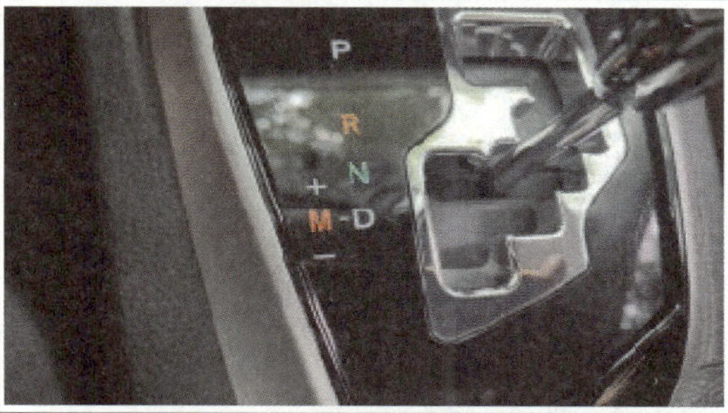		

	检查D挡显示是否正常	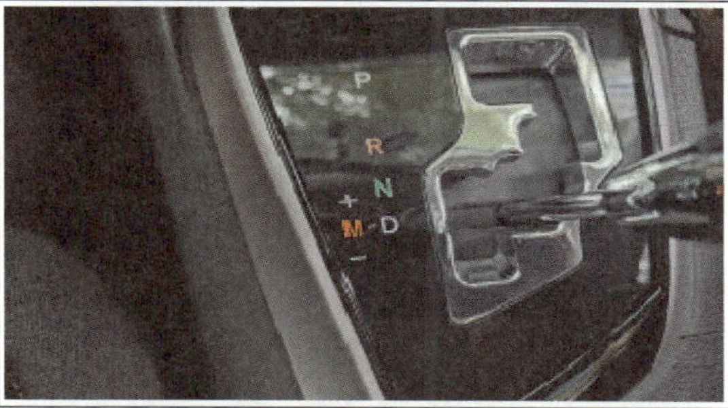		
		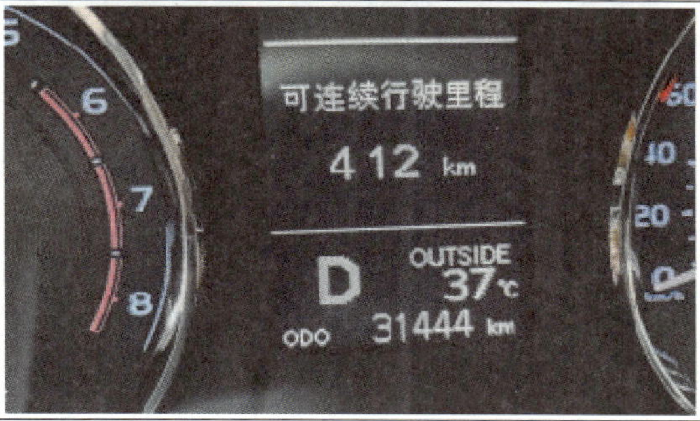		

续表

操作步骤	操作细节	展示图	操作注意事项	使用工具
拆装挡位面板	使用头部缠有保护胶带的螺丝刀分离卡爪，以从换挡杆位置壳体上拆卸换挡锁止解除按钮盖	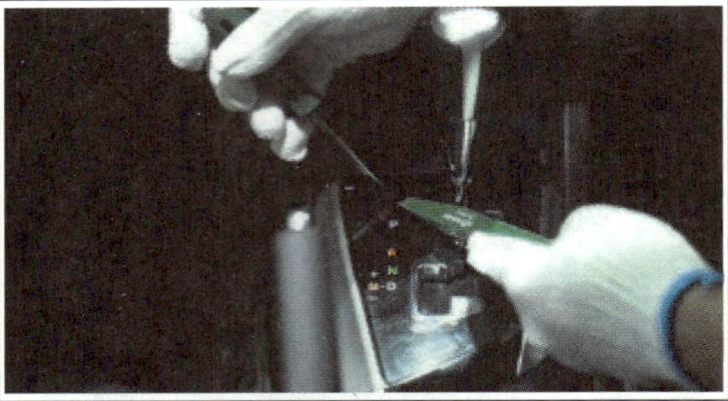		缠有保护胶带的螺丝刀、撬片
	拆卸面板外圈装饰板	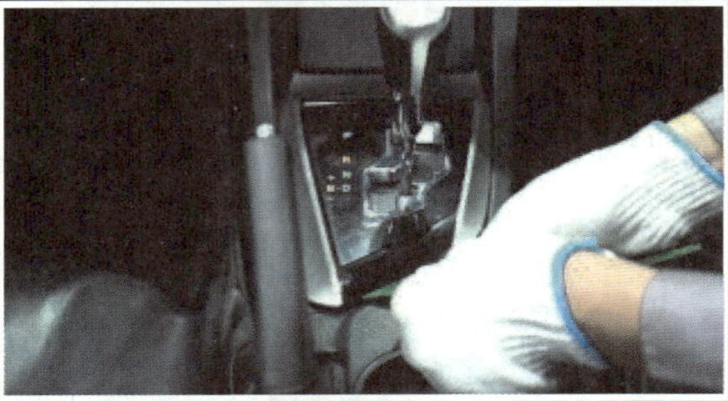		撬片
	分离卡爪以断开换挡杆孔盖总成			
	顺时针转动换挡杆把手并将其拆下	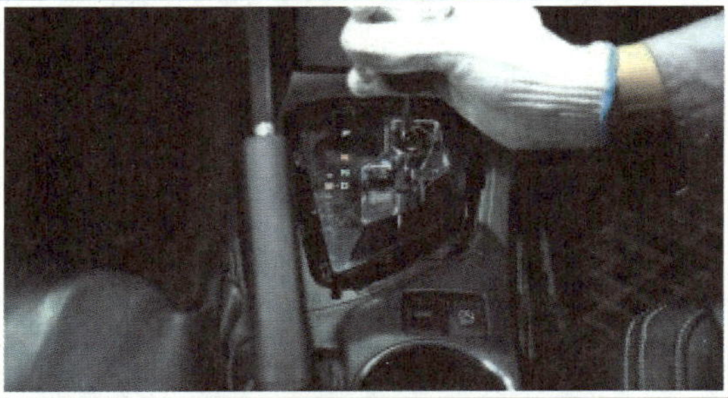		
	拆卸后地板控制台总成	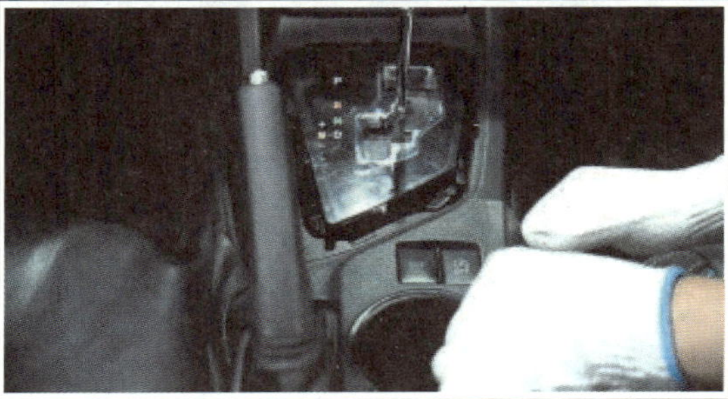		撬片

续表

操作步骤	操作细节	展示图	操作注意事项	使用工具
拆装挡位面板	拆卸前地板控制台控制板	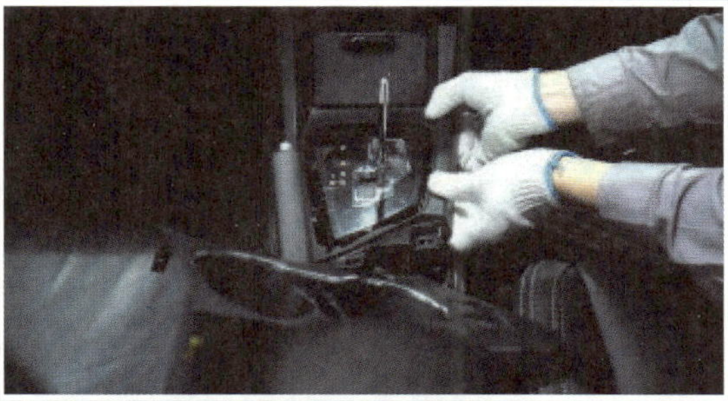		
	拆卸换挡显示面板	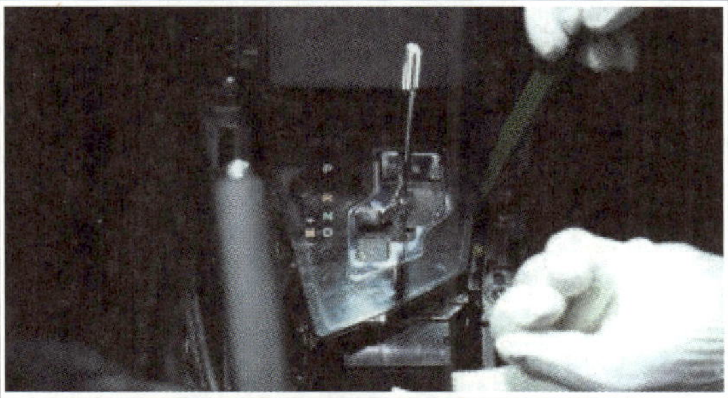		撬片
	安装换挡显示面板	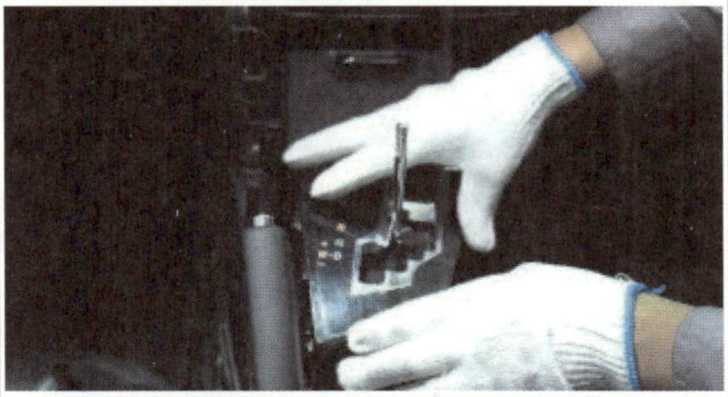		
	安装前地板控制台控制板	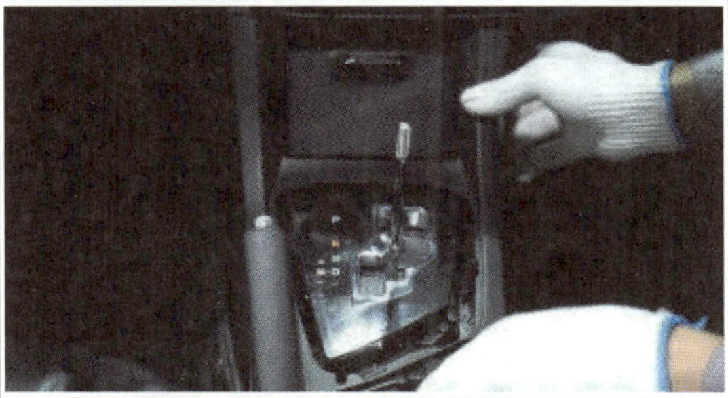		
	安装后地板控制台总成	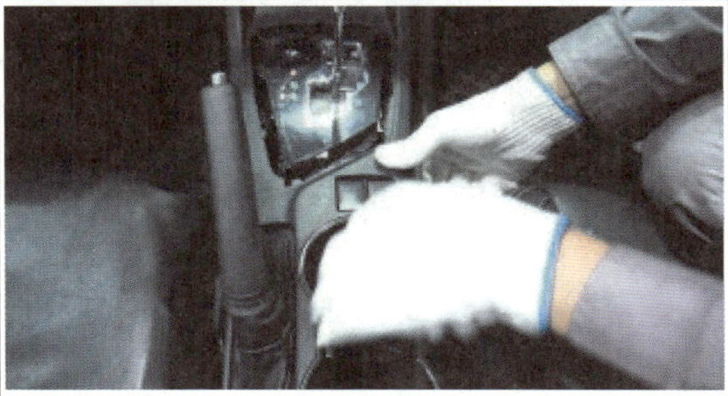		

续表

操作步骤	操作细节	展示图	操作注意事项	使用工具
拆装挡位面板	安装面板外圈装饰板	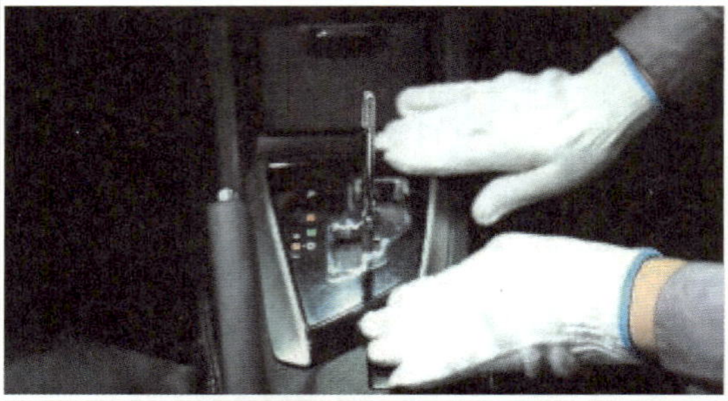		
	放置分离卡爪，顺时针拧紧换挡把手			
	调整把手位置，接合卡爪固定把手	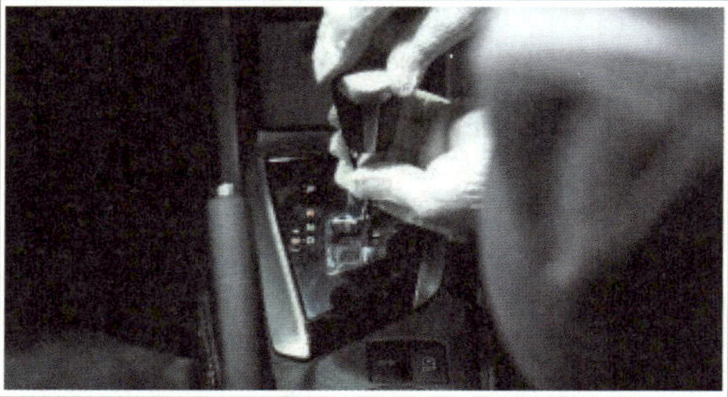	注意：不要过度旋转把手螺母，以免损坏内部弹簧	
	安装卡爪	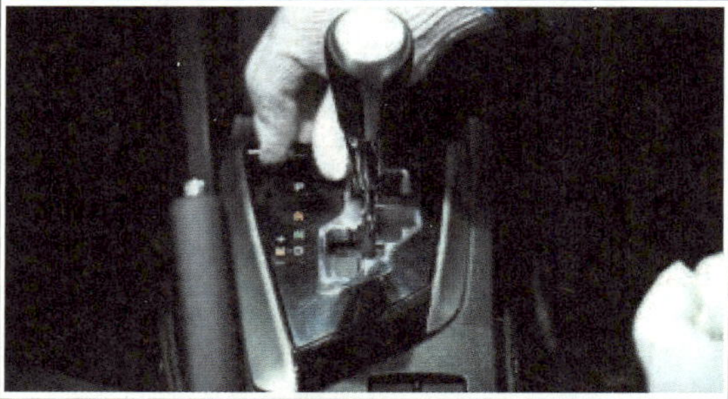		
紧急释放P挡操作	拆卸卡扣			

续表

操作步骤	操作细节	展示图	操作注意事项	使用工具
紧急释放P挡操作	顶住释放开关将挡位调至N挡	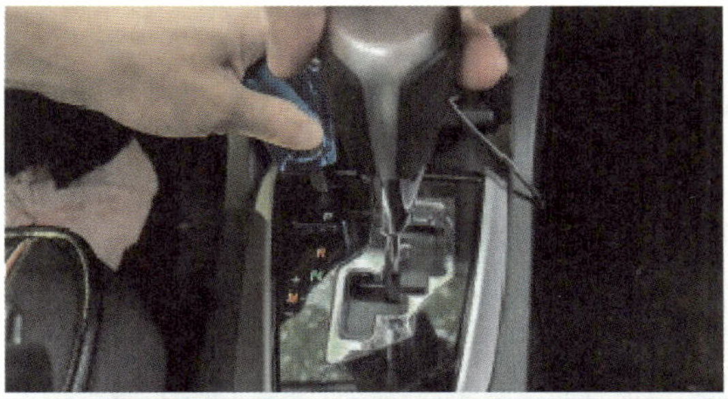		
	安装卡扣	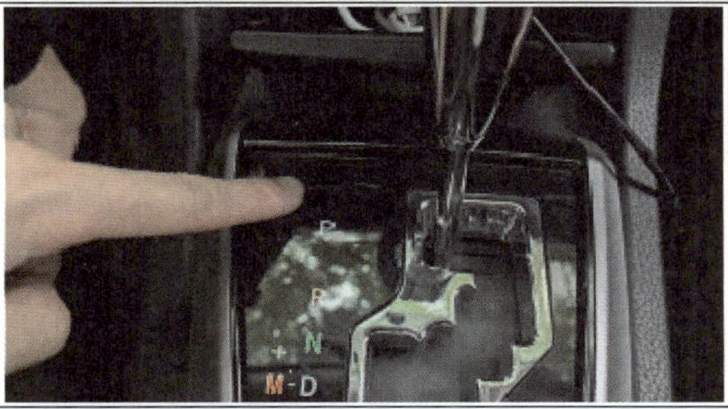		
读取数据	连接诊断仪接头，打开点火开关			
	选择相应车型	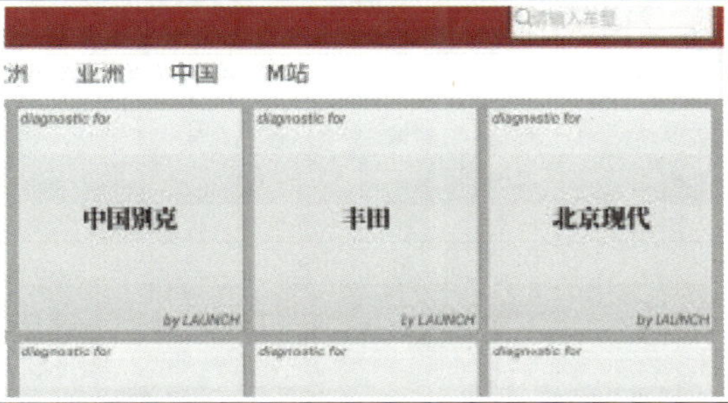		
		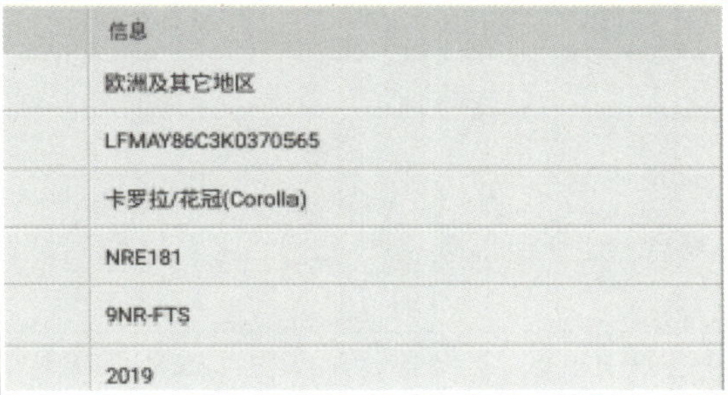		

续表

<table>
<tr><th>操作步骤</th><th>操作细节</th><th>展示图①</th><th>操作注意事项</th><th>使用工具</th></tr>
<tr><td rowspan="4">读取数据</td><td rowspan="2">检查P挡数据是否正常</td><td>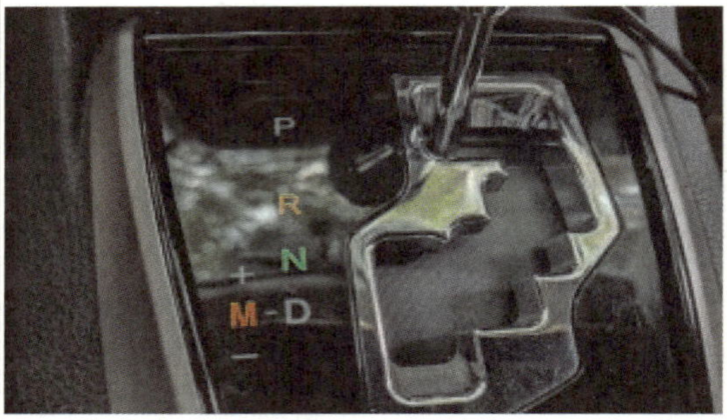</td><td></td><td></td></tr>
<tr><td>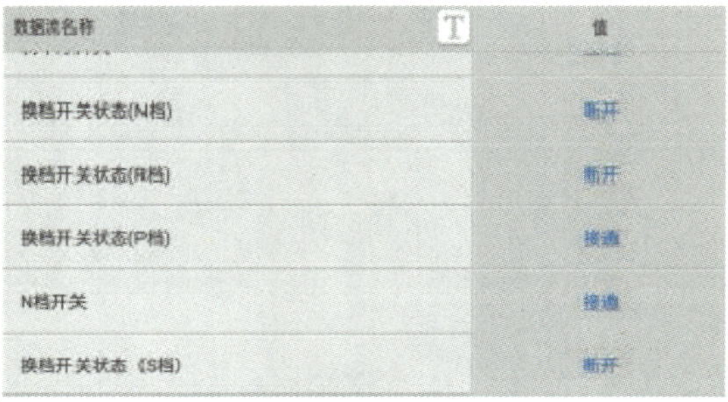数据流名称 | 值
换档开关状态(N档) | 断开
换档开关状态(R档) | 断开
换档开关状态(P档) | 接通
N档开关 | 接通
换档开关状态（S档） | 断开</td><td></td><td></td></tr>
<tr><td rowspan="2">检查R挡数据是否正常</td><td>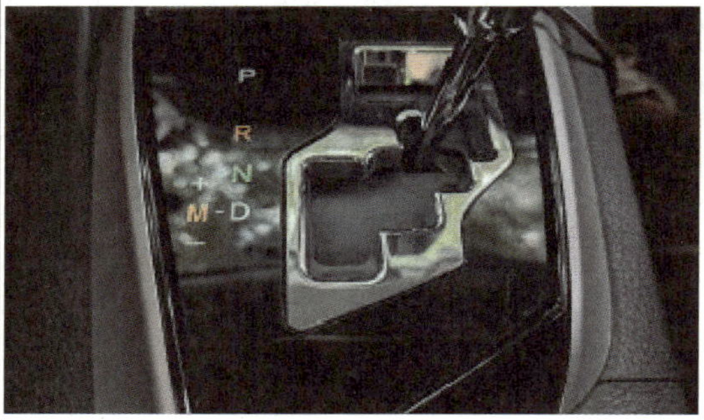</td><td></td><td></td></tr>
<tr><td>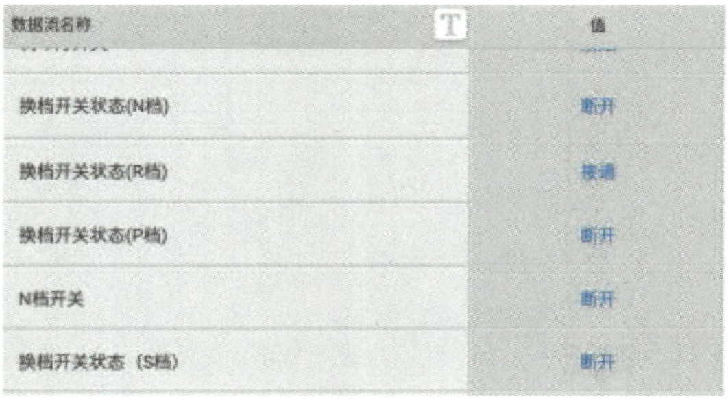数据流名称 | 值
换档开关状态(N档) | 断开
换档开关状态(R档) | 接通
换档开关状态(P档) | 断开
N档开关 | 断开
换档开关状态（S档） | 断开</td><td></td><td></td></tr>
</table>

① 图中“N档”“R档”中“档”的正确写法应为“挡”，表示挡位。

续表

<table>
<tr><th>操作步骤</th><th>操作细节</th><th>展示图</th><th>操作注意事项</th><th>使用工具</th></tr>
<tr><td rowspan="4">读取数据</td><td rowspan="2">检查N挡数据是否正常</td><td>
</td><td></td><td></td></tr>
<tr><td><table><tr><th>数据流名称</th><th>值</th></tr><tr><td>换档开关状态(N档)</td><td>接通</td></tr><tr><td>换档开关状态(R档)</td><td>断开</td></tr><tr><td>换档开关状态(P档)</td><td>断开</td></tr><tr><td>N档开关</td><td>接通</td></tr><tr><td>换档开关状态（S档）</td><td>断开</td></tr><tr><td>换档开关状态(D档)</td><td>断开</td></tr></table></td><td></td><td></td></tr>
<tr><td rowspan="2">检查D挡数据是否正常</td><td>
</td><td></td><td></td></tr>
<tr><td><table><tr><th>数据流名称</th><th>值</th></tr><tr><td>换档开关状态(N档)</td><td>断开</td></tr><tr><td>换档开关状态(R档)</td><td>断开</td></tr><tr><td>换档开关状态(P档)</td><td>断开</td></tr><tr><td>N档开关</td><td>断开</td></tr><tr><td>换档开关状态（S档）</td><td>接通</td></tr><tr><td>换档开关状态(D档)</td><td>接通</td></tr></table></td><td></td><td></td></tr>
</table>

三、自动换挡机构检查保养【实操手册】

项目：自动变速箱功能检查保养（初级）		考核时间：30 min	
姓名：	班级：	学号：	考评员签字：
初评：□合格□不合格	复评：□合格□不合格	师评：□合格□不合格	
日期：	日期：	日期：	
考核任务五　自动换挡机构检查保养【实操考核报告】			

1．车辆信息记录

品牌		整车型号		生产日期	
发动机型号		发动机排量			
车辆识别码					

2．仪表显示的挡位信息检查

P 挡显示	正常□异常□	D 挡显示	正常□异常□
R 挡显示	正常□异常□	M-1 挡显示	正常□异常□
N 挡显示	正常□异常□	M-2 挡显示	正常□异常□

3．挡位数据流检查

P 挡数据	正常□异常□	D 挡数据	正常□异常□
R 挡数据	正常□异常□	M-1 挡数据	正常□异常□
N 挡数据	正常□异常□	M-2 挡数据	正常□异常□

四、自动换挡机构检查保养【评分细则】

考核任务五　自动换挡机构检查保养【评分细则】							
序号	评分项	得分条件	评分	评分要求	自评	互评	师评
1	安全、“7S”、态度	□1. 能进行工位“7S”操作 □2. 能进行设备和工具安全检查 □3. 能进行车辆安全防护操作 □4. 能进行工具清洁、校准、存放操作 □5. 能进行“三不落地”操作	15	未完成1项扣3分，扣分不得超15分	□熟练 □不熟练	□熟练 □不熟练	□合格 □不合格

续表

序号	评分项	得分条件	评分	评分要求	自评	互评	师评
2	专业技术能力	作业 1： □1. 能正确进行挡位及挡位指示灯检查 □2. 能正确紧急释放 P 挡操作 作业 2： □1. 能正确检查变速器各个挡位是否顺畅 □2. 能正确检查各个挡位仪表显示的挡位信息是否正常 □3. 能正确拆装挡杆附件 □4. 能正确拆装挡杆把手 □5. 能正确拆装挡杆面板 □6. 能正确连接解码器 □7. 能正确选择车型及系统 □8. 能正确读取挡位数据	50	未完成 1 项扣 5 分，扣分不得超 50 分	□熟练 □不熟练	□熟练 □不熟练	□合格 □不合格
3	工具及设备的使用能力	□1. 能正确使用拆卸工具 □2. 能正确使用解码器	10	未完成 1 项扣 5 分，扣分不得超 10 分	□熟练 □不熟练	□熟练 □不熟练	□合格 □不合格
4	资料、信息查询能力	□1. 能正确使用维修手册查询资料 □2. 能在规定时间内查询所需资料 □3. 能正确记录所查询资料章节页码 □4. 能正确记录所需维修信息	10	未完成 1 项扣 3 分，扣分不得超 10 分	□熟练 □不熟练	□熟练 □不熟练	□合格 □不合格
5	数据判读和分析能力	□1. 能判断仪表挡位信息是否正常 □2. 能判断挡位数据流是否正常	10	未完成 1 项扣 5 分，扣分不得超 10 分	□熟练 □不熟练	□熟练 □不熟练	□合格 □不合格
6	表单填写与报告撰写能力	□1. 字迹清晰 □2. 语句通顺 □3. 无错别字 □4. 无涂改 □5. 无抄袭	5	未完成 1 项扣 1 分，扣分不得超 5 分	□熟练 □不熟练	□熟练 □不熟练	□合格 □不合格
总分							

考核项目二 自动变速箱功能检查保养

自动变速箱功能检查保养

一、自动变速箱功能检查保养【实操报告】

项目：自动变速箱功能检查保养（初级）		考核时间：50 分钟	
姓名：	班级：	学号：	考评员签字：
初评：□合格□不合格	复评：□合格□不合格	师评：□合格□不合格	
日期：	日期：	日期：	
自动变速箱功能检查保养（考核项目）【实操考核报告】			

1．车辆信息记录

品牌		整车型号		生产日期	
发动机型号		发动机排量			
车辆识别码					

2．自动变速器油液泄漏检查

检查项目	泄漏检查情况	泄漏部件名称	维修措施
自动变速箱油	泄漏□ 正常□		更换□ 调整□ 紧固□ 无□

3．自动变速器油位、油质检查

检查项目	液位情况	变速箱油质
自动变速箱油	太高□ 太低□ 无□	正常□ 异常□

4．查阅维修手册，完成自动变速器油液更换

作业项目	维修资料			
自动变速器油液更换	保养里程及周期		变速器油液型号	
	自动变速箱容量		加油螺栓力矩	

5．自动变速箱挡位检查

挡位	仪表挡位指示灯检查情况	换挡杆挡位指示灯检查情况	挡位功能判断
P 挡	正常□　异常□	正常□　异常□	正常□　异常□
R 挡	正常□　异常□	正常□　异常□	正常□　异常□
N 挡	正常□　异常□	正常□　异常□	正常□　异常□
D 挡	正常□　异常□	正常□　异常□	正常□　异常□
M＋	正常□　异常□	正常□　异常□	正常□　异常□
M－	正常□　异常□	正常□　异常□	正常□　异常□

二、自动变速箱功能检查保养【评分表】

自动变速箱功能检查保养【评分细则】							
序号	评分项	得分条件	评分	评分要求	自评	互评	师评
1	安全、“7S”、态度	□1. 能进行工位“7S”操作 □2. 能进行设备和工具安全检查 □3. 能进行车辆安全防护操作 □4. 能进行工具、清洁、校准、存放操作 □5. 能进行“三不落地”操作	15	未完成1项扣3分，扣分不得超15分	□熟练 □不熟练	□熟练 □不熟练	□合格 □不合格
2	专业技术能力	作业1： □1. 能正确检查变速箱液位 □2. 能正确检查变速箱油质 □3. 能正确检查变速箱是否泄漏 作业2： □1. 能正确举升车辆 □2. 能正确拆装放油螺栓 □3. 能正确拆装油底壳 □5. 能正确拆装变速箱滤清器 □6. 能正确下降车辆	50	未完成1项5分，扣分不得超50分	□熟练 □不熟练	□熟练 □不熟练	□合格 □不合格

续表

序号	评分项	得分条件	评分	评分要求	自评	互评	师评
2	专业技术能力	作业3： □1. 能正确排空循环机油液 □2. 能正确给循环机加注足量油液 □3. 能正确开启设备进行循环操作 作业4： □1. 能正确操作变速箱挡杆 □2. 能正确检查仪表挡位指示灯 □3. 能正确检查换挡杆挡位指示灯	50	未完成1项5分，扣分不得超50分	□熟练 □不熟练	□熟练 □不熟练	□合格 □不合格
3	工具及设备使用能力	□1. 能正确选用维修工具 □2. 能正确使用维修工具拆装 □3. 能正确使用油液加注工具 □4. 能正确使用举升机 □5. 能正确使用变速油循环机	10	未完成1项扣5分，扣分不得超10分	□熟练 □不熟练	□熟练 □不熟练	□合格 □不合格
4	资料、信息查询能力	□1. 能正确使用维修手册查询资料 □2. 能正确使用用户手册查询资料 □3. 能在规定时间内查询所需资料 □4. 能正确记录所查询资料章节页码 □5. 能正确记录所需维修信息	10	未完成1项扣2分，扣分不得超10分	□熟练 □不熟练	□熟练 □不熟练	□合格 □不合格
5	数据判读和分析能力	□1. 能判读变速箱液位是否正常 □2. 能判读变速箱液质是否正常 □3. 能判读变速箱循环更换油量 □4. 能判读下次保养时间及里程	10	未完成1项扣5分，扣分不得超10分	□熟练 □不熟练	□熟练 □不熟练	□合格 □不合格

续表

序号	评分项	得分条件	评分	评分要求	自评	互评	师评
6	表单填写与报告的撰写能力	□1. 字迹清晰 □2. 语句通顺 □3. 无错别字 □4. 无涂改 □5. 无抄袭	5	未完成1项扣1分，扣分不得超5分	□熟练 □不熟练	□熟练 □不熟练	□合格 □不合格
总　分							

项目三 传动与分动功能检查保养

任务一 手动变速系统检查保养

手动变速系统检查保养

一、手动变速系统检查保养【工作页】

手动变速系统检查保养【工作页】			
班级		姓名	

一、填空题

1. 变速器的基本作用是__________、__________、__________和__________。

2. 手动变速器是一种变速装置，用来改变发动机传到驱动轮上的__________和__________。

二、判断题

1. 手动变速器的某个挡位传动比大于 1，说明该挡位是超速挡。(　　)

2. 手动变速器的倒挡传动比通常小于 1。(　　)

三、计算传动比

根据图 3-1-1 确定传动比、旋转方向和传动速度。

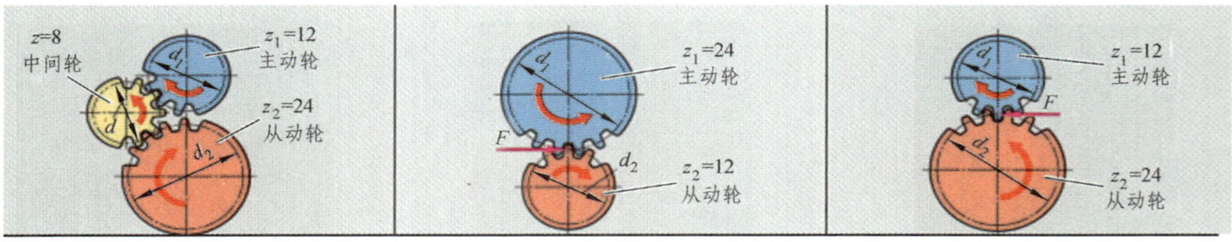

(a)　　(b)　　(c)

图 3-1-1　计算传动比

(a)	(b)	(c)
传动比为__________	传动比为__________	传动比为__________
旋转方向__________	旋转方向__________	旋转方向__________
传动速度__________	传动速度__________	传动速度__________

续表

四、识图题

请指出图 3-1-2 中各零部件的名称，并填写在横线处。

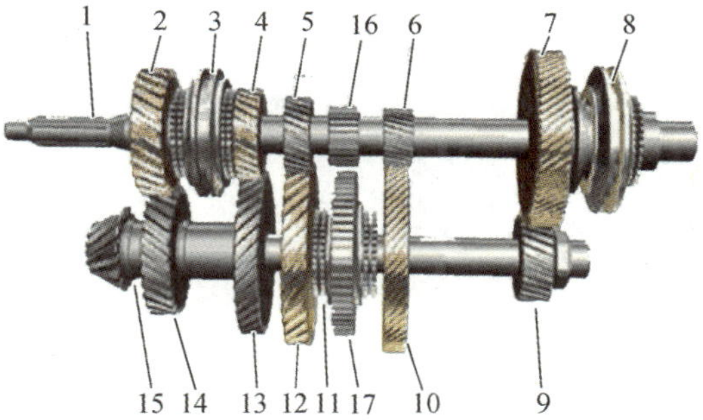

图 3-1-2　识图题

1. ____________　2. ____________

3. ____________　4. ____________

5. ____________　6. ____________

7. ____________　8. ____________

9. ____________　10. ____________

11. ____________　12. ____________

13. ____________　14. ____________

15. ____________　16. ____________

17. ____________

五、各挡位传动路线

请说明以下各挡位的传动路线。

1 挡传动路线____

2 挡传动路线____

3 挡传动路线____

4 挡传动路线____

5 挡传动路线____

倒挡传动路线____

二、手动变速器系统检查保养【操作手册】

操作步骤	操作细节	展示图	操作注意事项	使用工具
工具准备	需要的工具设备有：扭力扳手、大号 24 mm 六角套筒、大号棘轮扳手、记号笔、抹布、滴管、测试纸、油液加注机、废油回收桶； 目视检查工具设备外观有无损伤，刻度是否清晰		注意检查扭力扳手刻度显示是否清晰，调节器是否正常	
车辆举升	调整举升机四个支撑托盘位置和高度，使托盘中心点对准车辆举升点		调整支臂时，同侧支臂尽量张开，使重心更稳，两侧支撑点最好对称	
	将车辆举升离地后，再次检查支臂托盘位置是否正确	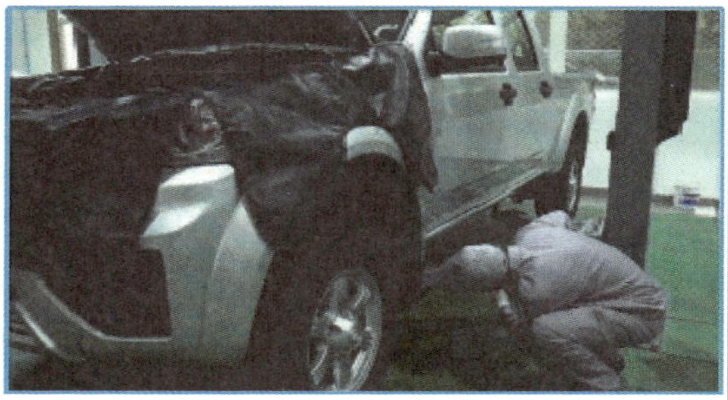	如位置不正确需放下车辆重新调整	
	前后摇晃车身，检查车辆是否稳固	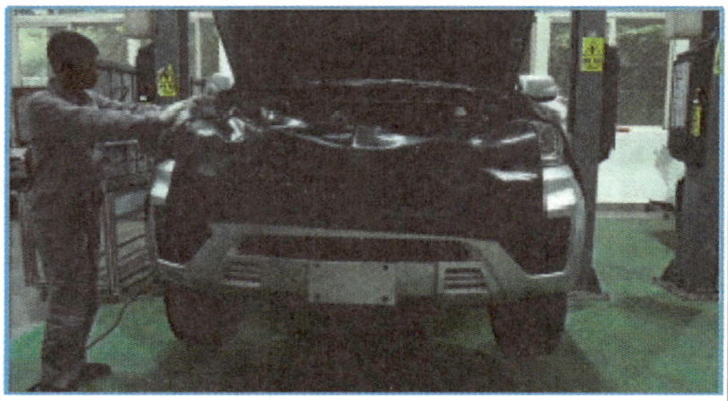	按压薄的覆盖件，注意不要过于用力	

续表

操作步骤	操作细节	展示图	操作注意事项	使用工具
车辆举升	操作举升机将车辆举升到合适高度后进行锁止	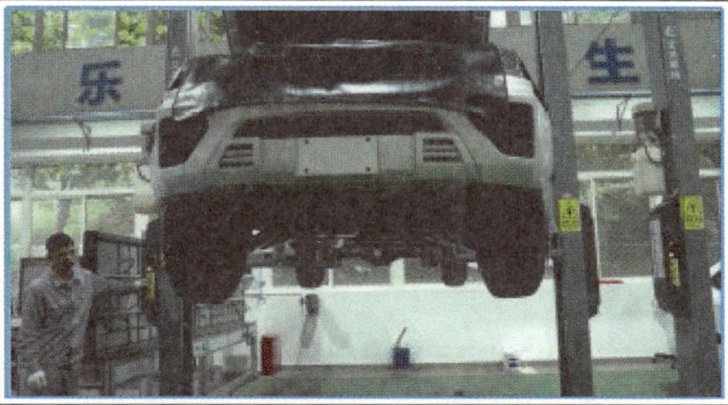	确定举升机锁止后才可进入车下进行作业	
手动变速器油液排放	检查变速器外观有无撞击损坏或油液渗漏现象			
	拆卸手动变速器加油螺栓	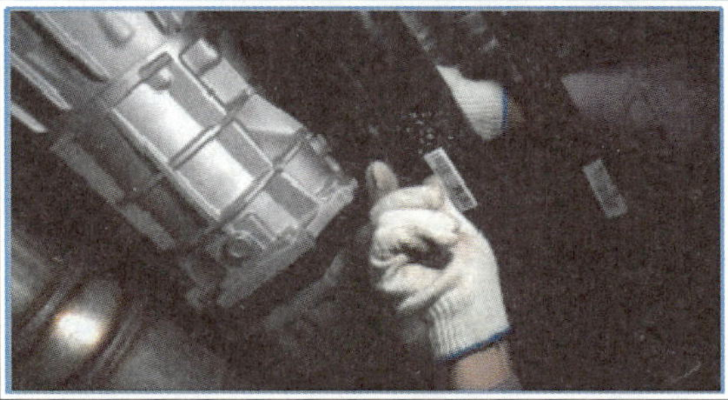	注意螺栓垫片不要遗落	大号24mm六角套筒、大号棘轮扳手
	使用滴管吸取少量油液	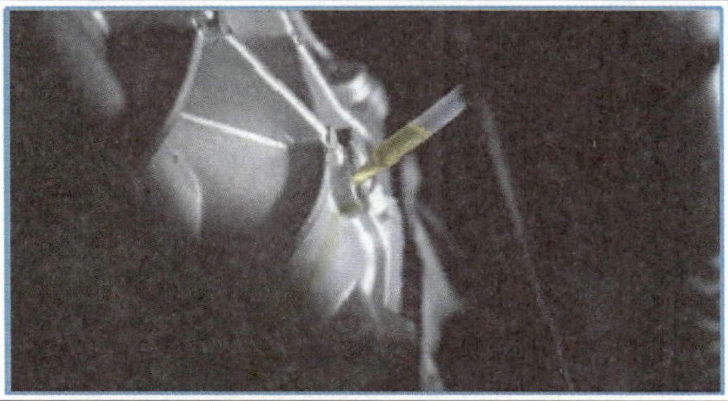	注意清洁油渍	滴管
	将油液滴在测试纸上，观察油质情况		如油液有杂质或稀释、结胶、脏污、变质等现象，则需要更换油液	滴管、测试纸

续表

操作步骤	操作细节	展示图	操作注意事项	使用工具
	拆卸变速器放油螺栓	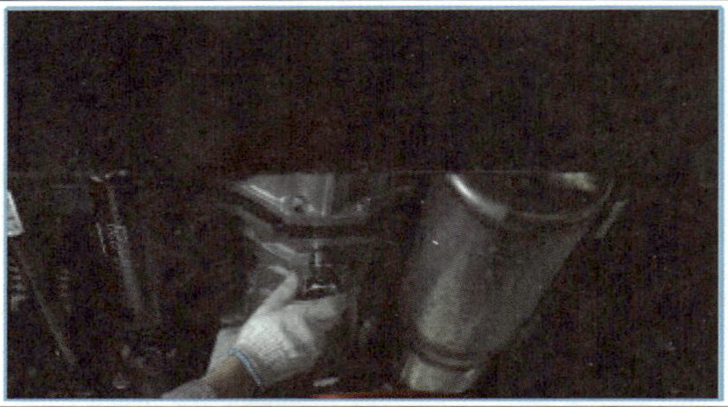		大号24 mm六角套筒、大号棘轮扳手
	将变速器油液排放到油液回收桶中	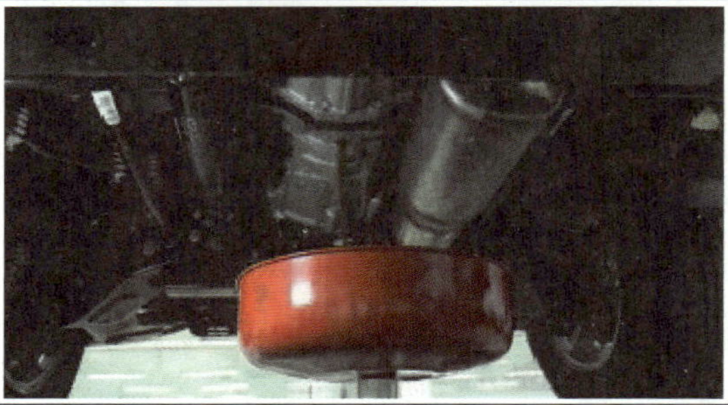	观察放油螺栓有无铁屑等其他杂质	油液回收桶
手动变速器油液排放	安装变速器放油螺栓	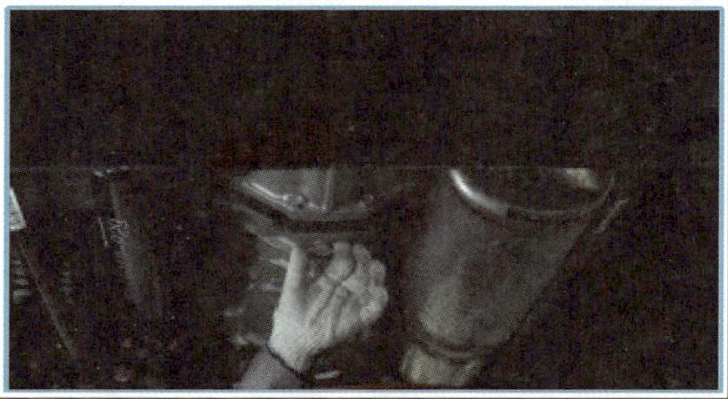	注意垫圈不要遗漏	
	调整扭力扳手力矩，拧紧变速器放油螺栓		注意变速器放油螺栓的拧紧力矩为30～50 N·m	扭力扳手、24 mm六角套筒
	使用记号笔标注螺栓	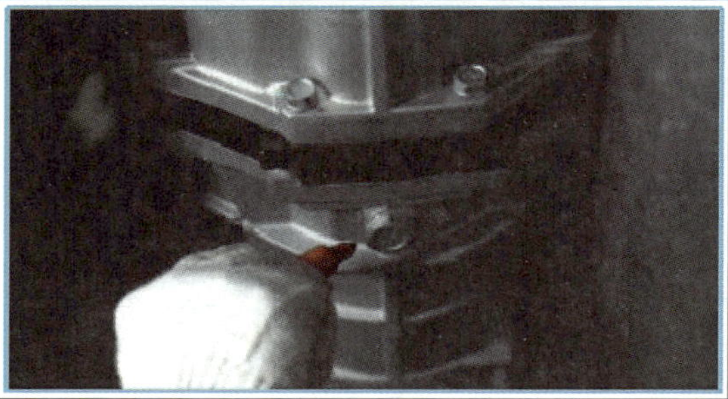		记号笔

续表

操作步骤	操作细节	展示图	操作注意事项	使用工具
手动变速器油液加注	将油液加注管插入变速箱加油孔，使用变速箱油液加注机加注变速箱油液，直至润滑油刚好从加油口溢出为止		参考加注量为 2.7 L	油液加注机
	安装变速器加油螺栓	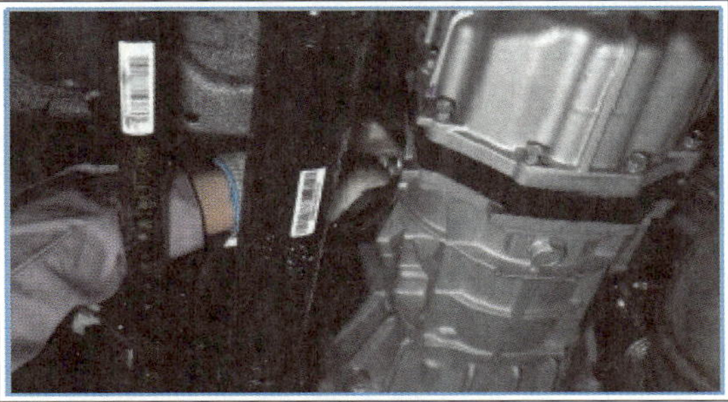	注意垫圈不要遗漏	
	调整扭力扳手力矩，拧紧变速器加油螺栓	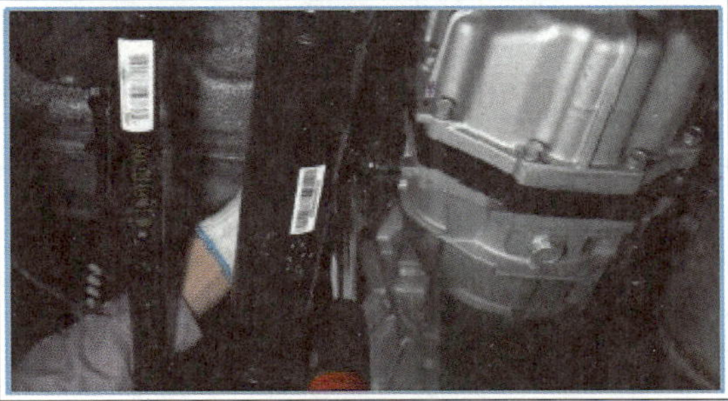	将变速器加油螺塞拧紧至规定力矩	扭力扳手、24 mm 六角套筒
	使用记号笔标注螺栓	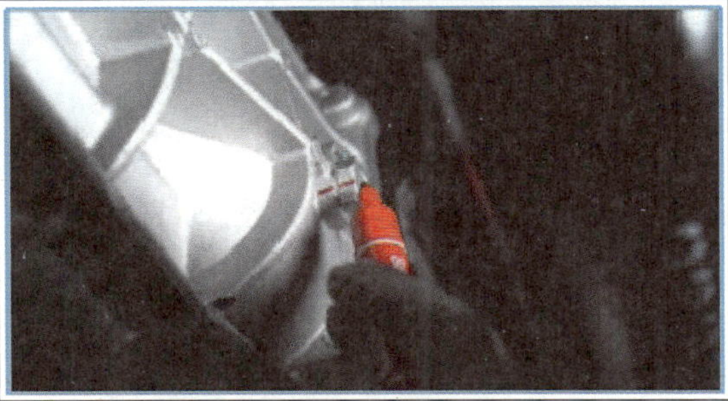		记号笔
	解除举升机锁止功能，下降车辆			

三、手动变速器系统检查保养【实操报告】

项目：传动与分动功能检查保养（初级）			考核时间：30 min
姓名：	班级：	学号：	考评员签字：
初评：□合格□不合格	复评：□合格□不合格	师评：□合格□不合格	
日期：	日期：	日期：	
考核任务一　手动变速器系统检查保养【实操考核报告】			

1. 车辆信息记录

品牌		整车型号		生产日期	
发动机型号		发动机排量		行驶里程	
车辆识别码					

2. 手动变速箱油质检查

检查项目	液位检查情况	检查结果		检测项目	结果
变速箱	太低□太高□无□	正常□异常□		油质	正常□异常□

3. 变速箱外观检查

检查项目	泄漏检查情况	泄漏部件名称	维修措施
变速箱壳体	泄漏□正常□		更换□调整□紧固□无□
变速箱油封	泄漏□正常□		更换□调整□紧固□无□

4. 查询用户手册记录手动变速器保养项目里程及周期

保养项目	保养里程及周期		
手动变速器油液更换			

5. 查阅维修手册，按照标准流程完成手动变速器油液更换

作业项目	维修资料			
手动变速器油液更换	变速器油液更换量		油液型号	
	加油螺栓紧固规格		放油螺栓紧固规格	

四、手动变速器系统检查保养【评分细则】

考核任务一　手动变速器系统检查保养【评分细则】							
序号	评分项	得分条件	评分	评分要求	自评	互评	师评
1	安全、“7S”、态度	□1. 能进行工位“7S”操作 □2. 能进行设备和工具安全检查 □3. 能进行车辆安全防护操作 □4. 能进行工具清洁、校准、存放操作 □5. 能进行“三不落地”操作	15	未完成1项扣3分，扣分不得超15分	□熟练 □不熟练	□熟练 □不熟练	□合格 □不合格
2	专业技术能力	作业1： □1. 能正确检查变速箱外观 □2. 能正确拆装手动变速箱加油螺栓 □3. 能正确拆装手动变速箱放油螺栓 □4. 能正确排放手动变速箱油液 □5. 能正确加注手动变速箱油 □6. 能正确判断油液加注量 □7. 能正确查询螺栓紧固力矩 作业2： □1. 能正确获取手动变速箱油液样品 □2. 能正确检查变速箱油质 作业3： □1. 能正确查询手动变速箱油液型号 □2. 能正确查询手动变速器油液更换量	50	未完成1项扣5分，扣分不得超50分	□熟练 □不熟练	□熟练 □不熟练	□合格 □不合格

续表

序号	评分项	得分条件	评分	评分要求	自评	互评	师评
3	工具及设备的使用能力	□1. 能正确使用滴管 □2. 能正确使用油液加注机	10	未完成1项扣5分，扣分不得超10分	□熟练 □不熟练	□熟练 □不熟练	□合格 □不合格
4	资料、信息查询能力	□1. 能正确使用维修手册查询资料 □2. 能在规定时间内查询所需资料 □3. 能正确记录所查询资料章节页码 □4. 能正确记录所需维修信息	10	未完成1项扣3分，扣分不得超10分	□熟练 □不熟练	□熟练 □不熟练	□合格 □不合格
5	数据判读和分析能力	□1. 能正确判断变速箱外观情况 □2. 能正确判断变速箱油质情况	10	未完成1项扣5分，扣分不得超10分	□熟练 □不熟练	□熟练 □不熟练	□合格 □不合格
6	表单填写与报告撰写能力	□1. 字迹清晰 □2. 语句通顺 □3. 无错别字 □4. 无涂改 □5. 无抄袭	5	未完成1项扣1分，扣分不得超5分	□熟练 □不熟练	□熟练 □不熟练	□合格 □不合格
总分							

任务二　传动系离合器检查保养

传动系离合器检查保养

一、传动系离合器检查保养【工作页】

传动系离合器检查保养【工作页】			
班级		姓名	

一、填空题

1. 传动离合器有________、________、________和降低扭振冲击等作用。

2. 离合器总成由________、________、________和四部分组成。

3. 离合器操纵机构有________和________两种形式。

二、判断题

1. 离合器类似于开关，接合或断离动力传递作用，离合器机构其主动部分与从动部分可以暂时分离，又可以逐渐接合，并且在传动过程中还要有可能相对转动。(　　)

2. 离合器位于发动机和变速箱之间的飞轮壳内，用螺钉将离合器总成固定在飞轮的后平面上，离合器的输出轴就是变速箱的输出轴。(　　)

三、识图题

请指出 3-2-1 中各零部件的名称，并填写在横线处。

1. ________

2. ________

3. ________

4. ________

5. ________

6. ________

7. ________

图 3-2-1　识图题

续表

四、工作原理

1. 接合状态工作过程：

____

____

____

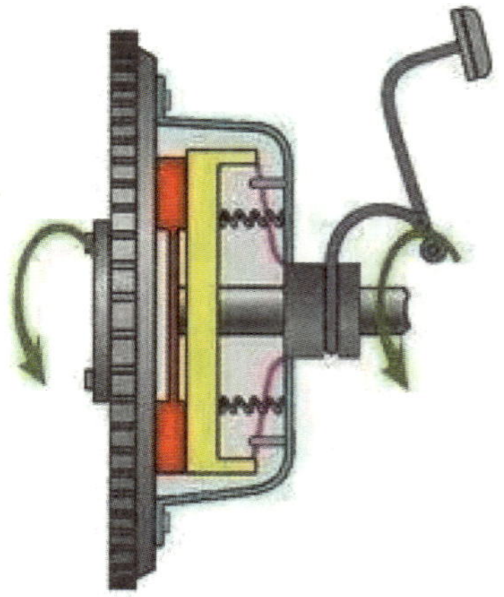

(a) 踩离合前

2. 分离工作过程：

____

____

____

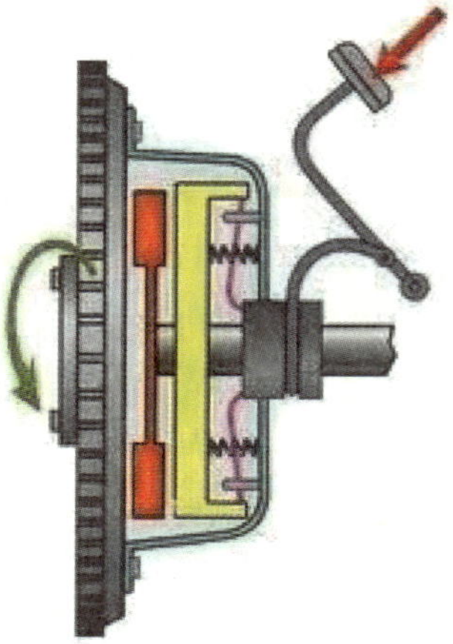

(b) 踩离合后

图 3-2-2　离合器工作过程

二、传动系统离合器检查保养【操作手册】

操作步骤	操作细节	展示图	操作注意事项	使用工具
工具准备	需要的工具设备有：扭力扳手、小号棘轮扳手、小号接杆、小号10 mm六角套筒、小号 13 mm 六角套筒、小号万向节、平口螺丝刀、尖嘴钳、鲤鱼钳、13 mm开口扳手、8 mm 开口扳手、手电筒、制动液油液分析仪、油液清洁剂、制动液更换机	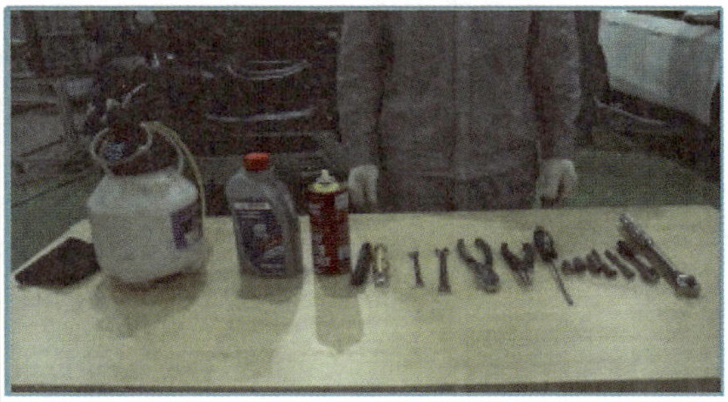	注意检查扭力扳手刻度显示是否清晰，调节器是否正常	
检测油液	检查液压管路是否破损，是否有渗漏现象，检查管路接头是否松动	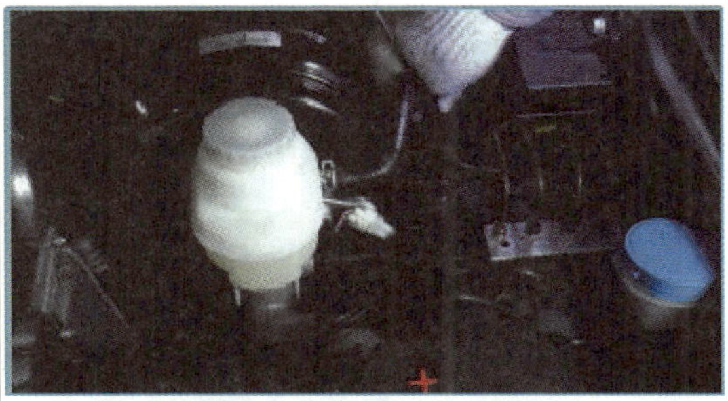		
	将制动液分析仪下端金属部分放入制动液中，按下测试按钮，观察指示灯是否正常	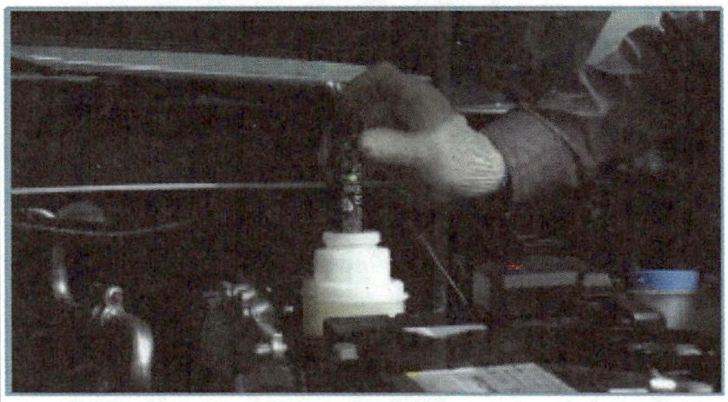	注意清洁仪器	
抽取油液	连接制动液更换机气管	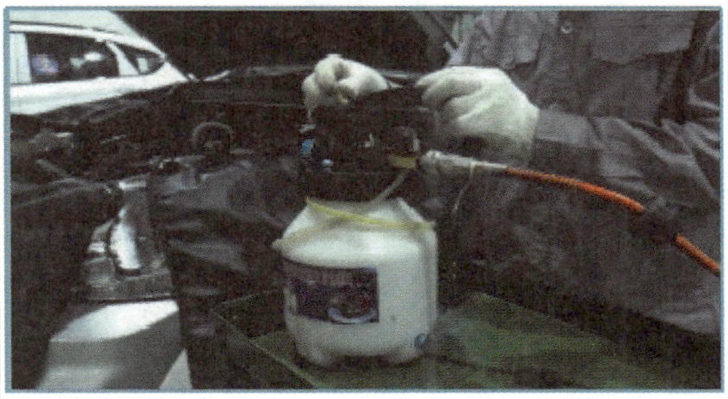		

续表

操作步骤	操作细节	展示图	操作注意事项	使用工具
抽取油液	将制动液更换机的软管插入油壶，按下操作手柄抽取油壶内的油液	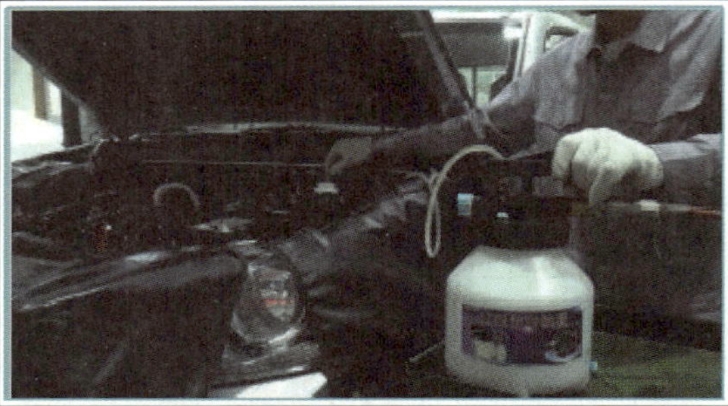	抽取完成后，将软管回收固定；注意不要将软管内附着的油液洒出	制动液更换机
拆装离合器总泵	使用鲤鱼钳，拆卸油管卡子，拔出油管	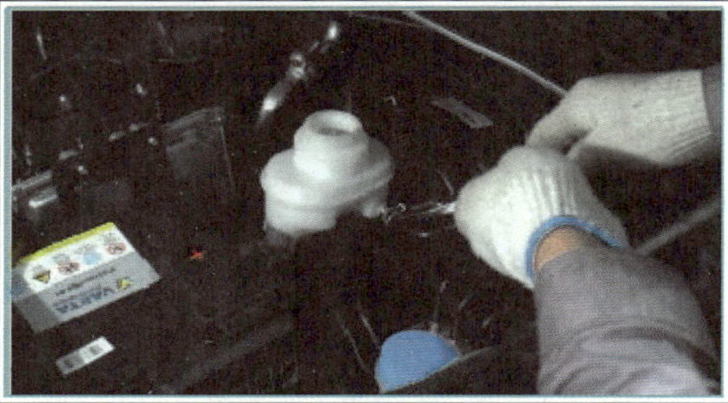	拆卸离合器油管前，在油管接头下面放置棉布	鲤鱼钳
	使用工具拆卸继电器盒		继电器盒拆卸后挪开放置稳定地方即可	小号棘轮扳手、6 mm六角套筒
	使用平口螺丝刀拆卸离合总泵油管卡子	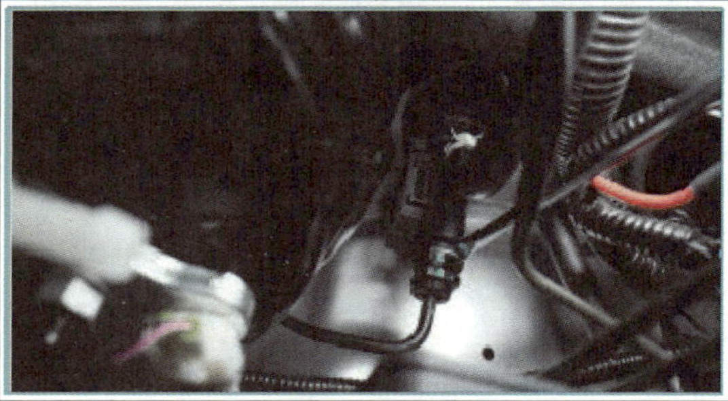	将卡子拨起即可，可以不用取下	平口螺丝刀
	脱开离合总泵油管	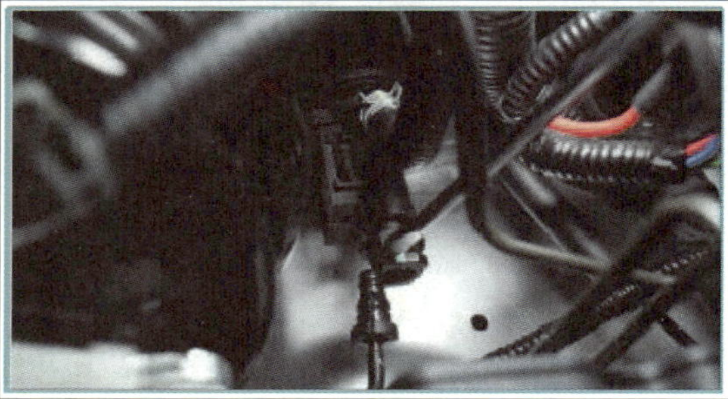	注意密封胶圈不要脱落	

续表

操作步骤	操作细节	展示图	操作注意事项	使用工具
拆装离合器总泵	使用工具拆卸离合器总泵固定螺母			小号棘轮扳手、小号接杆、13 mm 六角套筒
	取下离合器总泵，将残余油液放出	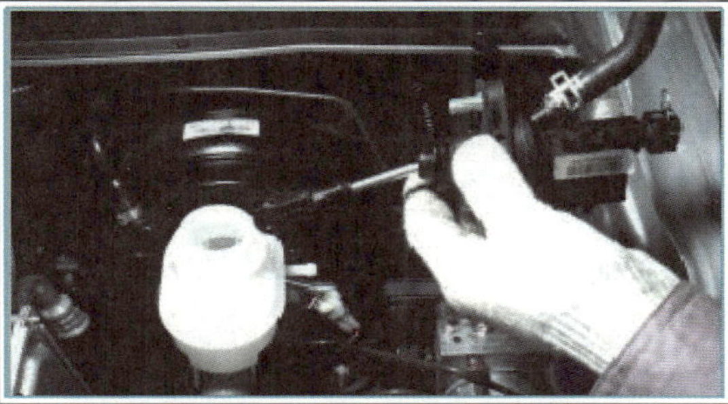	注意不要洒落残余油液	
	检查离合器外观有无损坏，塑料橡胶件是否老化	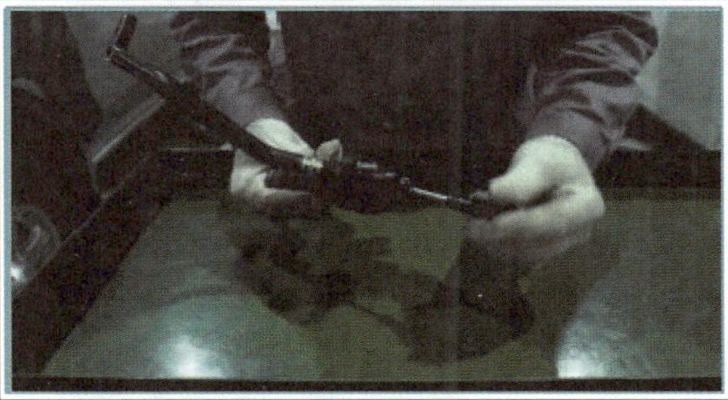		
	安装离合器总泵		注意螺杆与踏板孔对准	
	安装并使用工具紧固离合器总泵固定螺母	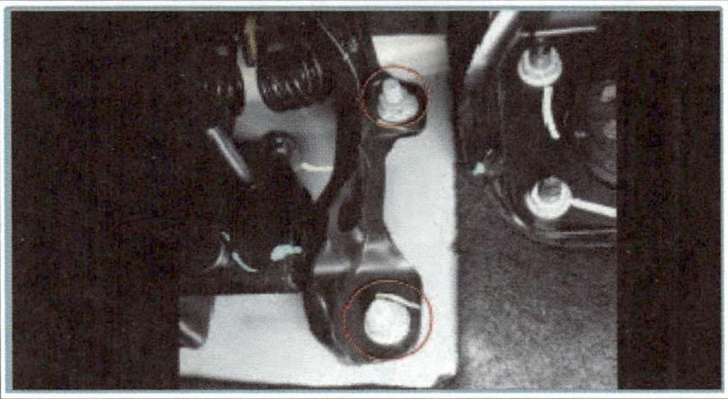		小号棘轮扳手、小号接杆、13mm 六角套筒

续表

操作步骤	操作细节	展示图	操作注意事项	使用工具
拆装离合器总泵	安装离合总泵油管及卡子	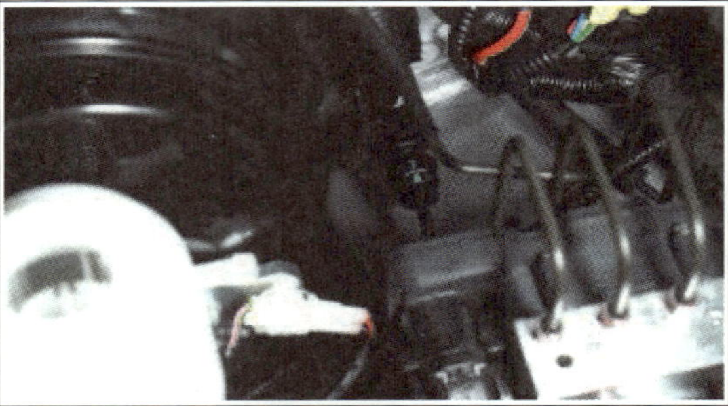	注意卡子安装到位	
	安装离合器总泵油管及油管卡子	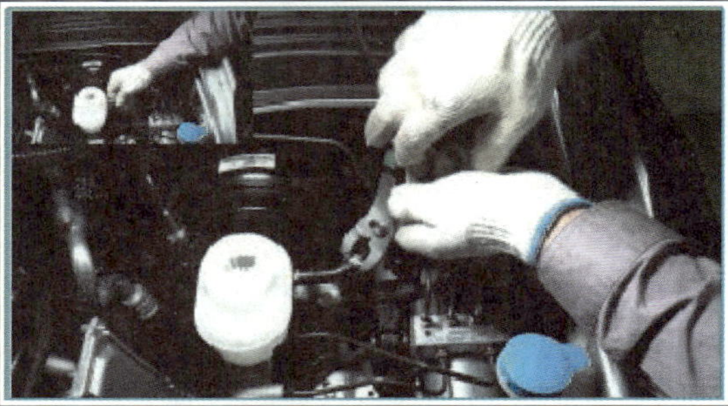	安装后检查油管是否安装到位，油管卡子是否安装牢固	鲤鱼钳
	安装继电器盒，使用工具紧固继电器盒固定螺栓	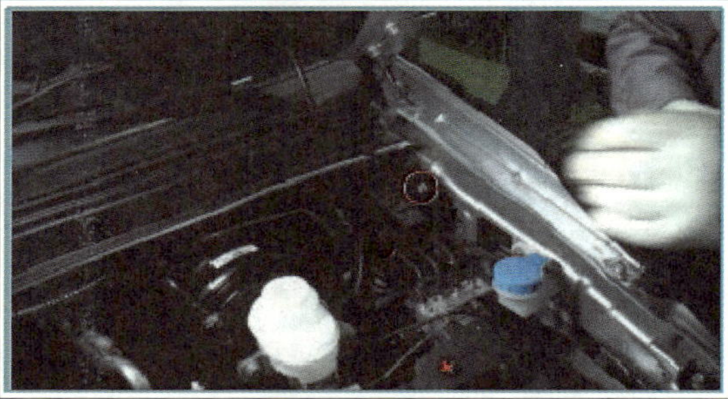		小号棘轮扳手、小号接杆、13 mm六角套筒
	添加制动液			
车辆举升	调整举升机四个支撑托盘位置和高度，使托盘中心点对准车辆举升点		调整支臂时，同侧支臂尽量张开，使重心更稳，两侧支撑点最好对称	

续表

操作步骤	操作细节	展示图	操作注意事项	使用工具
车辆举升	将车辆举升离地后，再次检查支臂托盘位置是否正确	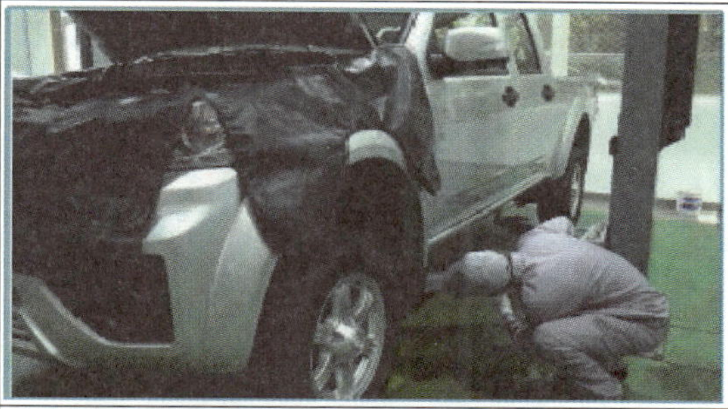	若位置不正确，需放下车辆重新调整	
	前后摇晃车身，检查车辆是否稳固		按压薄的覆盖件，注意不要过于用力	
	操作举升机将车辆举升到合适高度后进行锁止		确定举升机锁止后才可进入车下进行作业	
更换油液及排气	取下离合器分泵放油孔防尘帽，安装制动液更换机软管，使用开口扳手将放油孔螺栓拧松	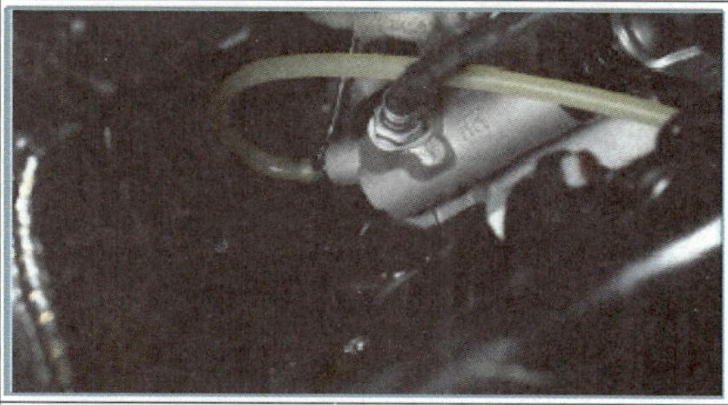		8 mm开口扳手
	按下制动液更换机手柄抽取管路中的油液及空气	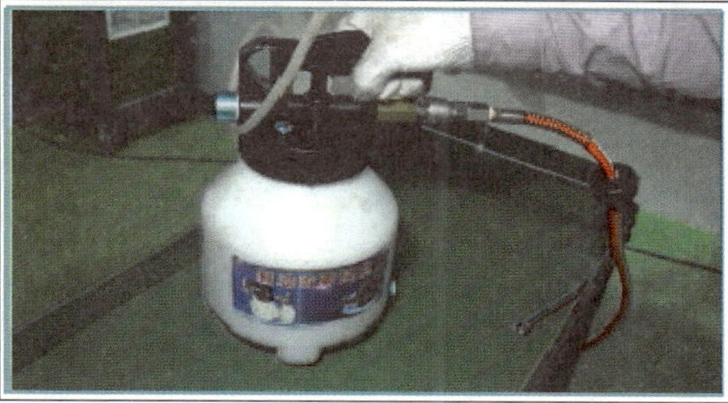	待软管内无气泡产生即可	制动液更换机

续表

操作步骤	操作细节	展示图	操作注意事项	使用工具
更换油液及排气	拧紧离合器分泵放油孔螺栓，取下软管，清洁放油孔，安装防尘帽	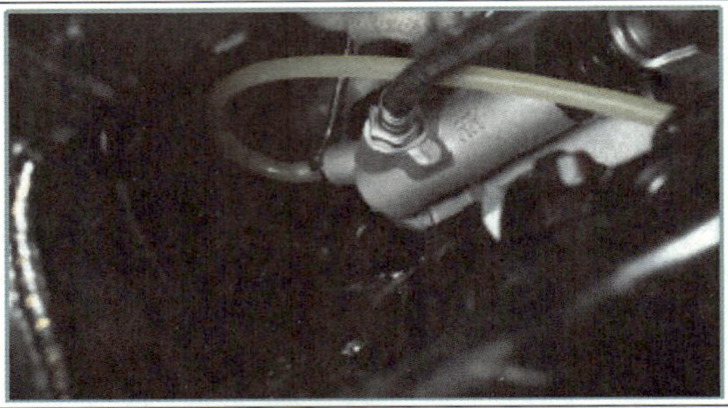		8 mm 开口扳手
	添加油液至刻度线内			
	观察周围环境，确认无误后降下举升车辆			
	再次检查油液液位，确认油液在标准范围内后安装油壶盖	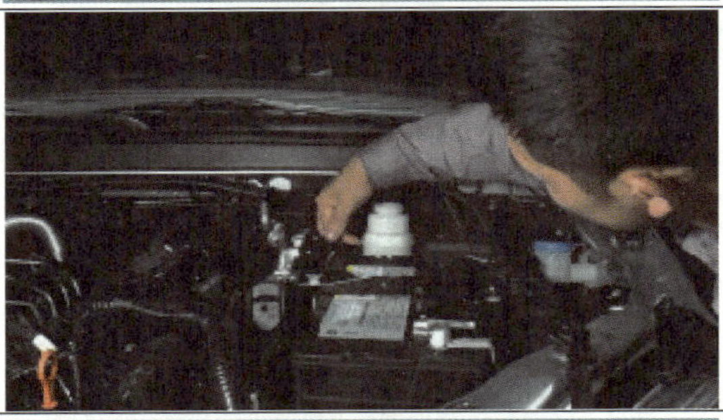		
检查离合功能	踩踏离合器踏板，检查离合器间隙及回位情况	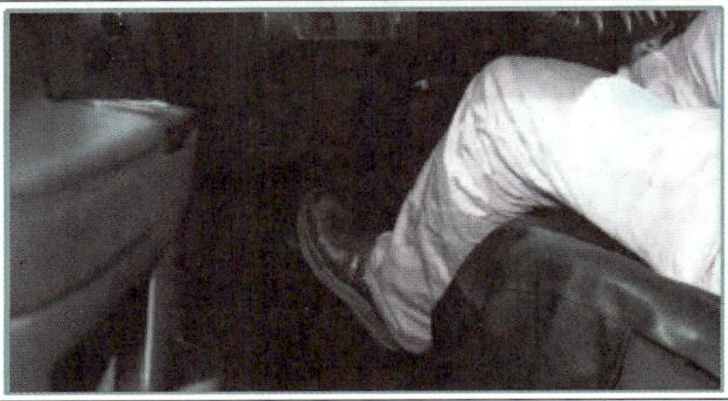	若踏板存在不回位或回位缓慢，应仔细检查油路是否存在泄漏或空气是否已排干净	

续表

操作步骤	操作细节	展示图	操作注意事项	使用工具
检查离合功能	起动发动机，踩下离合器踏板，检查各个挡位挂挡是否顺畅		换挡应平顺，无卡滞现象	

三、传动系统离合器检查保养【实操报告】

项目：传动与分动功能检查保养（初级）		考核时间：30 min	
姓名：	班级：	学号：	考评员签字：
初评：□合格□不合格	复评：□合格□不合格	师评：□合格□不合格	
日期：	日期：	日期：	
考核任务二　传动系统离合器检查保养【实操考核报告】			

1. 车辆信息记录

品牌		整车型号		生产日期	
发动机型号		发动机排量		行驶里程	
车辆识别码					

2. 传动系离合器检查保养

检查项目	液位检查情况	检查结果		检测项目	结果
离合器油液	太低□太高□无□	正常□异常□		油质	正常□异常□

3. 离合器油液泄漏检查

检查项目	泄漏检查情况	泄漏部件名称	维修措施
离合器管路、油壶	泄漏□正常□		更换□调整□紧固□无□
离合器总泵、分泵	泄漏□正常□		更换□调整□紧固□无□

4．查询用户手册记录离合器保养项目里程及周期

保养项目	保养里程及周期		
离合器油液更换			

5．查阅维修手册，按照标准流程完成离合器油液更换

作业项目	维修资料			
离合器油液更换	油液型号			
离合器总泵拆装	螺母力矩			

四、传动系统离合器检查保养【评分细则】

考核任务二　传动系统离合器检查保养【评分细则】							
序号	评分项	得分条件	评分	评分要求	自评	互评	师评
1	安全、“7S”、态度	□1. 能进行工位“7S”操作 □2. 能进行设备和工具安全检查 □3. 能进行车辆安全防护操作 □4. 能进行工具清洁、校准、存放操作 □5. 能进行“三不落地”操作	15	未完成1项扣3分，扣分不得超15分	□熟练 □不熟练	□熟练 □不熟练	□合格 □不合格
2	专业技术能力	作业 1： □1. 能正确检查离合系统油液是否泄漏 □2. 能正确测量油液油质 □3. 能正确检查离合器油液液位 作业 2： □1. 能正确抽取离合器油液 □2. 能正确拆卸离合器总泵 □3. 能正确安装离合器总泵 □4. 能按照规定力矩紧固螺栓 □5. 能正确进行离合器排气	50	未完成1项扣5分，扣分不得超50分	□熟练 □不熟练	□熟练 □不熟练	□合格 □不合格

续表

序号	评分项	得分条件	评分	评分要求	自评	互评	师评
2	专业技术能力	作业 3: □1. 能正确检查离合器回位情况 □2. 能正确检查换挡是否顺畅	50	未完成1项扣5分,扣分不得超50分	□熟练 □不熟练	□熟练 □不熟练	□合格 □不合格
3	工具及设备的使用能力	□1. 能正确使用制动液油液分析仪 □2. 能正确使用制动液更换机	10	未完成1项扣5分,扣分不得超10分	□熟练 □不熟练	□熟练 □不熟练	□合格 □不合格
4	资料、信息查询能力	□1. 能正确使用维修手册查询资料 □2. 能在规定时间内查询所需资料 □3. 能正确记录所查询资料章节页码 □4. 能正确记录所需维修信息	10	未完成1项扣3分,扣分不得超10分	□熟练 □不熟练	□熟练 □不熟练	□合格 □不合格
5	数据判读和分析能力	□1. 能判断油液油质是否正常 □2. 能判断离合器油是否进入空气 □3. 能判断离合器回位是否正常 □4. 能判断换挡是否顺畅	10	未完成1项扣3分,扣分不得超10分	□熟练 □不熟练	□熟练 □不熟练	□合格 □不合格
6	表单填写与报告撰写能力	□1. 字迹清晰 □2. 语句通顺 □3. 无错别字 □4. 无涂改 □5. 无抄袭	5	未完成1项扣1分,扣分不得超5分	□熟练 □不熟练	□熟练 □不熟练	□合格 □不合格
总分							

任务三　分动变速系统检查保养

一、分动变速系统检保养【工作页】

分动变速系统检查保养【工作页】			
班级		姓名	

一、填空题

1. 在多轴驱动的汽车上，为了将变速器输出的动力分配到各驱动桥，一般装有____________。

2. 分动器是一套齿轮传动系统，主要由____________、____________、____________、____________、____________等组成。

二、判断题

1. 分动器的操作要求是非先接上前桥不得挂上低速挡，非先退出低速挡，不得摘下前桥。(　　)

2. 分动器的操作要求是非先挂上低速挡不得接上前桥，非先摘下前桥，不得退出低速挡。(　　)

三、识图题

请指出图 3-3-1 中各零部件的名称，并填写在横线处。

图 3-3-1　识图题

1. ____________　　2. ____________

3. ____________　　4. ____________

5. ____________

二、分动变速系统检查保养【操作手册】

操作步骤	操作细节	展示图	操作注意事项	使用工具
工具准备	ATF 自动变速箱油、大转中接头、中号棘轮扳手、扭力扳手、抹布、试纸、滴管、手电筒、记号笔、密封胶、油液加注机		注意检查扭力扳手刻度显示是否清晰，调节器是否正常	
举升车辆	调整举升机四个支撑托盘位置和高度，使托盘中心点对准车辆举升点		调整支臂时，同侧支臂尽量张开，使重心更稳，两侧支撑点最好对称	
	将车辆举升离地后，再次检查支臂托盘位置是否正确	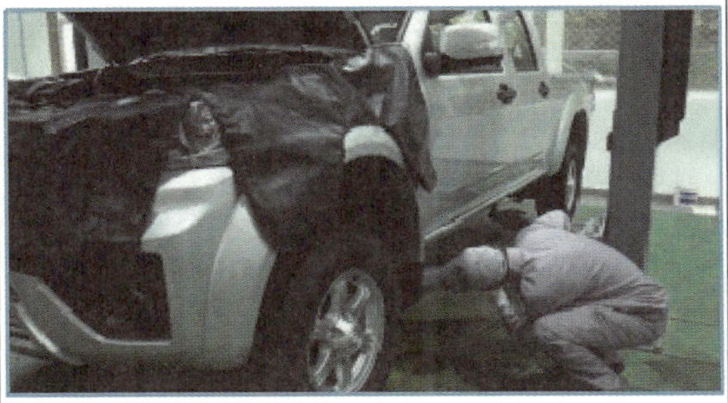	若位置不正确，需放下车辆重新调整	
	前后摇晃车身，检查车辆是否稳固		注意按压薄的覆盖件不要过于用力	

续表

操作步骤	操作细节	展示图	操作注意事项	使用工具
举升车辆	操作举升机将车辆举升到合适高度后进行锁止		确定举升机锁止后才可进入车下进行作业	
检查油液	检查分动箱外观是否有磕碰或渗油现象，检查分动箱油封是否有渗油现象	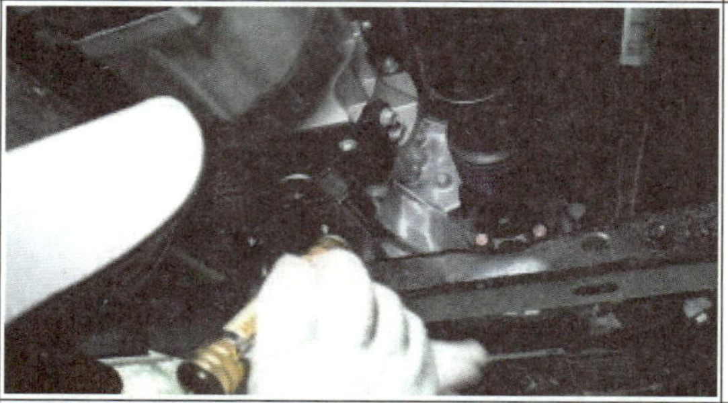		手电筒
	使用中号棘轮扳手拆卸分动箱加油螺塞			中号棘轮扳手
	使用滴管吸取少量油液	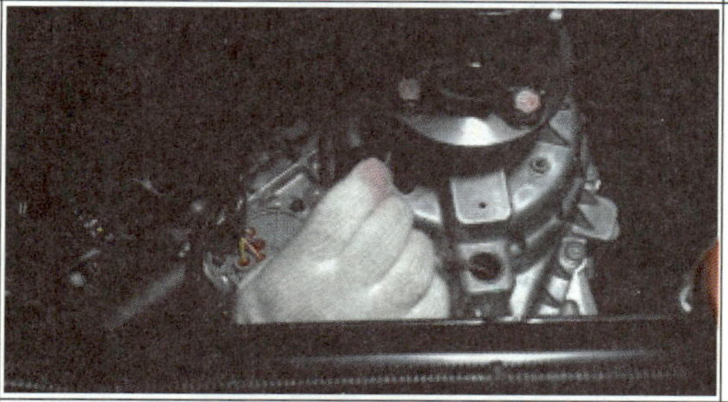	注意油液不要洒落	滴管
	将油液滴在测试纸上，观察油质情况	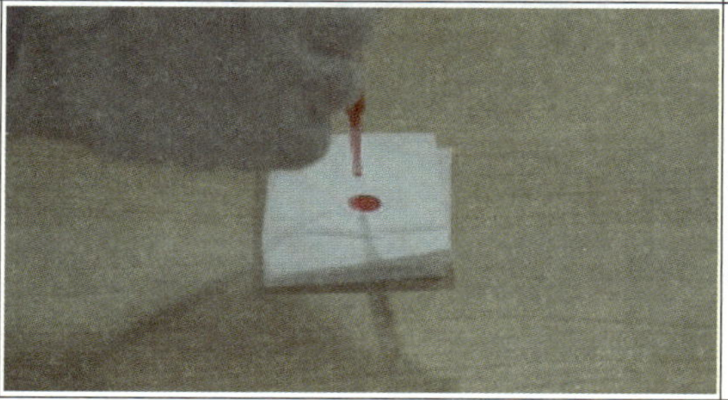	若油液有杂质或稀释、结胶、脏污、变质等现象，则需要更换油液	滴管、测试纸

续表

操作步骤	操作细节	展示图	操作注意事项	使用工具
更换油液	使用中号棘轮扳手拆卸分动箱放油螺塞	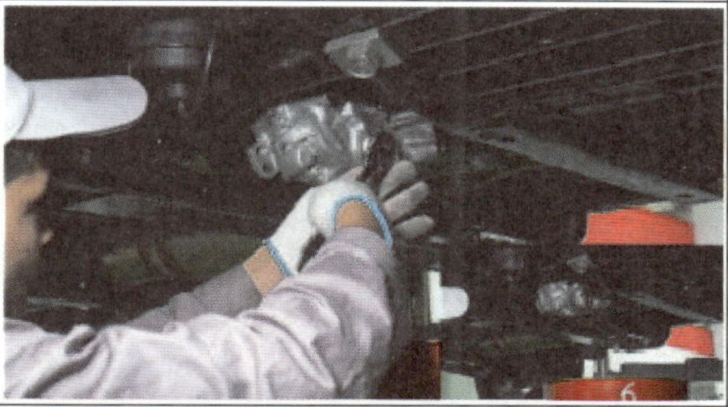		中号棘轮扳手
	将油液排放到油液回收桶中	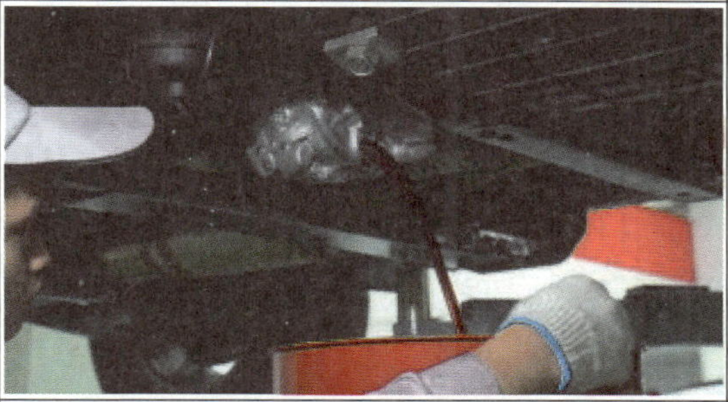	观察放油螺栓有无铁屑等其他杂质	油液回收桶
	在分动箱放油螺塞上涂抹密封胶，安装分动箱放油螺塞	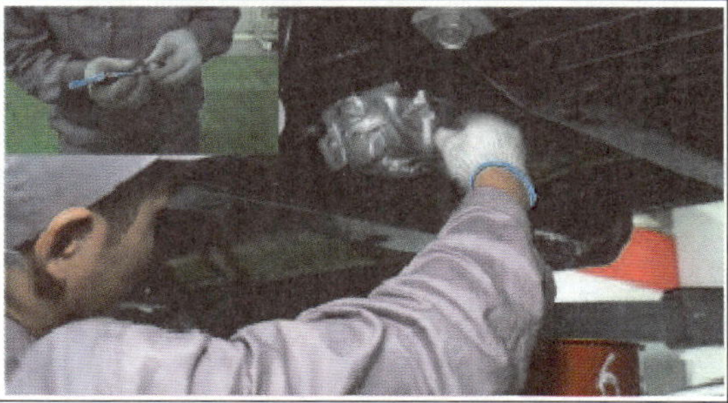		
	调整扭力扳手力矩，拧紧分动箱放油螺塞	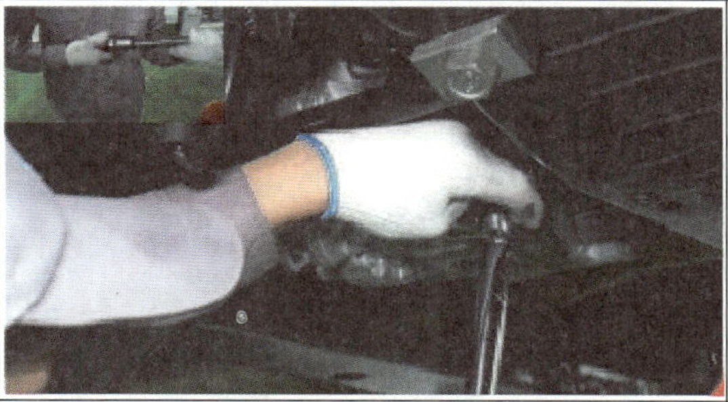	注意分动箱放油螺塞的拧紧力矩为 19～30 N·m	扭力扳手、大转中转换头
	使用记号笔标注螺栓	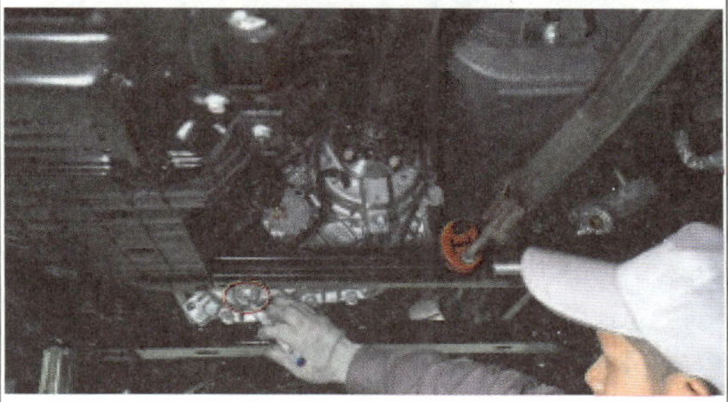		记号笔

续表

操作步骤	操作细节	展示图	操作注意事项	使用工具
更换油液	使用油液加注机在加油口中加注分动器润滑油，直至润滑油刚好从加油口流出为止		参考加注量为1.5 L	油液加注机
	在分动箱加油螺塞上涂抹密封胶，安装分动箱加油螺塞	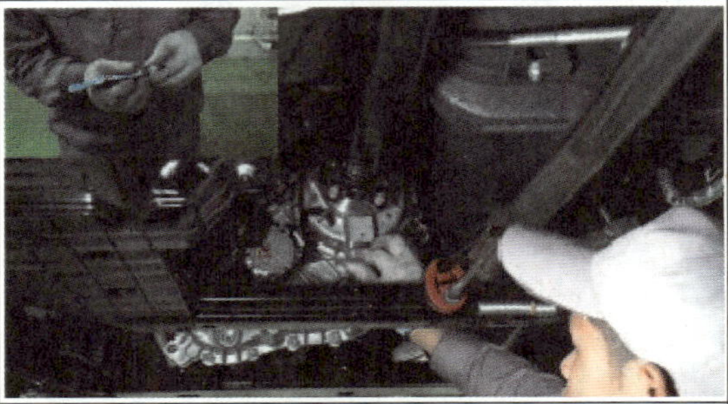		
	调整扭力扳手力矩，拧紧分动箱放油螺塞	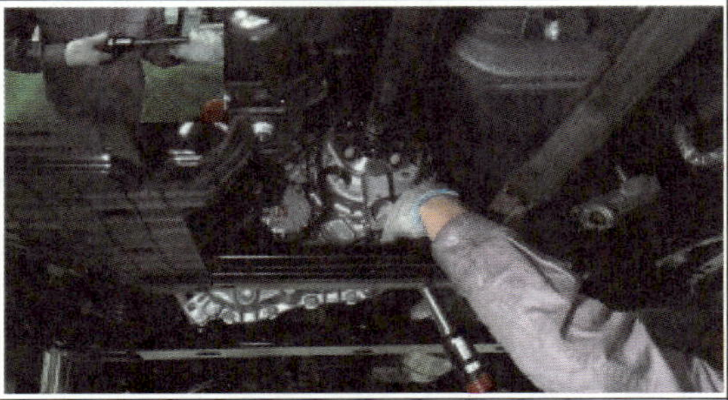	注意分动箱加油螺塞的拧紧力矩为19～30 N·m	扭力扳手、大转中转换头
	使用记号笔标注螺栓			记号笔
	解除举升机锁止功能，下降车辆			

三、分动变速系统检查保养【实操报告】

项目：传动与分动功能检查保养（初级）		考核时间：30 min	
姓名：	班级：	学号：	考评员签字：
初评：□合格□不合格	复评：□合格□不合格	师评：□合格□不合格	
日期：	日期：	日期：	
考核任务三　分动变速系统检查保养【实操考核报告】			

1．车辆信息记录

品牌		整车型号		生产日期	
发动机型号		发动机排量		行驶里程	
车辆识别码					

2．分动箱油液检查

检查项目	液位检查情况	检查结果		检测项目	结果
分动箱	太低□太高□无□	正常□异常□		油质	正常□异常□

3．分动箱外观检查

检查项目	泄漏检查情况	泄漏部件名称	维修措施
分动箱壳体	泄漏□正常□		更换□调整□紧固□无□
分动箱油封	泄漏□正常□		更换□调整□紧固□无□

4．查询用户手册记录分动箱保养项目里程及周期

保养项目	保养里程及周期		
分动箱油液更换			

5．查阅维修手册，按照标准流程完成分动箱油液更换

作业项目	维修资料			
分动箱油液更换	分动箱油液更换量		油液型号	
	加油螺栓紧固规格		放油螺栓紧固规格	

四、分动变速系统检查保养【评分细则】

考核任务三　分动变速系统检查保养【评分细则】							
序号	评分项	得分条件	评分	评分要求	自评	互评	师评
1	安全、“7S”、态度	□1. 能进行工位“7S”操作 □2. 能进行设备和工具安全检查 □3. 能进行车辆安全防护操作 □4. 能进行工具清洁、校准、存放操作 □5. 能进行“三不落地”操作	15	未完成1项扣3分，扣分不得超15分	□熟练 □不熟练	□熟练 □不熟练	□合格 □不合格
2	专业技术能力	作业 1： □1. 能正确检查分动箱外观 □2. 能正确拆装分动箱加油螺栓 □3. 能正确拆装分动箱放油螺栓 □4. 能正确排放分动箱油液 □5. 能正确加注分动箱油 □6. 能正确判断油液加注量 □7. 能正确查询螺栓紧固力矩 作业 2： □1. 能正确获取分动箱油液样品 □2. 能正确检查分动箱油质 作业 3： □1. 能正确查询分动箱油液型号 □2. 能正确查询分动箱油液更换量	50	未完成1项扣5分，扣分不得超50分	□熟练 □不熟练	□熟练 □不熟练	□合格 □不合格

续表

序号	评分项	得分条件	评分	评分要求	自评	互评	师评
3	工具及设备的使用能力	□1. 能正确使用滴管 □2. 能正确使用油液加注机	10	未完成1项扣5分，扣分不得超10分	□熟练 □不熟练	□熟练 □不熟练	□合格 □不合格
4	资料、信息查询能力	□1. 能正确使用维修手册查询资料 □2. 能在规定时间内查询所需资料 □3. 能正确记录所查询资料章节页码 □4. 能正确记录所需维修信息	10	未完成1项扣3分，扣分不得超10分	□熟练 □不熟练	□熟练 □不熟练	□合格 □不合格
5	数据判读和分析能力	□1. 能正确判断分动箱外观情况 □2. 能正确判断分动箱油质情况	10	未完成1项扣5分，扣分不得超10分	□熟练 □不熟练	□熟练 □不熟练	□合格 □不合格
6	表单填写与报告撰写能力	□1. 字迹清晰 □2. 语句通顺 □3. 无错别字 □4. 无涂改 □5. 无抄袭	5	未完成1项扣1分，扣分不得超5分	□熟练 □不熟练	□熟练 □不熟练	□合格 □不合格
总分							

任务四 后驱传动系统检查保养

后驱传动系统检查保养

一、后驱传动系统检查保养【工作页】

后驱传动系统检查保养【工作页】			
班级		姓名	

一、填空题

1. 驱动桥是位于传动系末端能改变来自变速器的__________和__________，并将它们传递给驱动轮的机构。

2. 驱动桥一般由__________、__________、__________和驱动桥壳等组成，转向驱动桥还有等速万向节。

3. 主减速器按齿轮副级数可分为__________和__________，按主减速器速比挡数可分为__________和__________，按主减速器所在位置可分为__________和__________。

二、判断题

1. 驱动桥主减速器工作可以实现左右车轮以不同速度旋转。(　　)

2. 独立悬架一般装在整体式车桥上。(　　)

三、识图题

请指出图 3-4-1 中各零部件的名称，并填写在横线处。

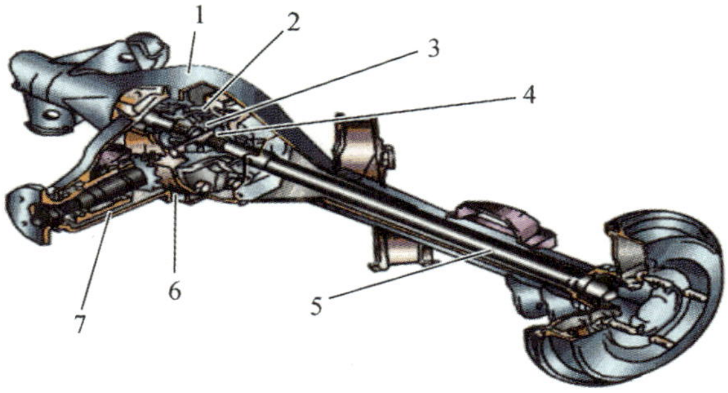

图 3-4-1　识图题

1. __________　　2. __________

3. __________　　4. __________

5. __________　　6. __________

7. __________

续表

四、差速器工作过程

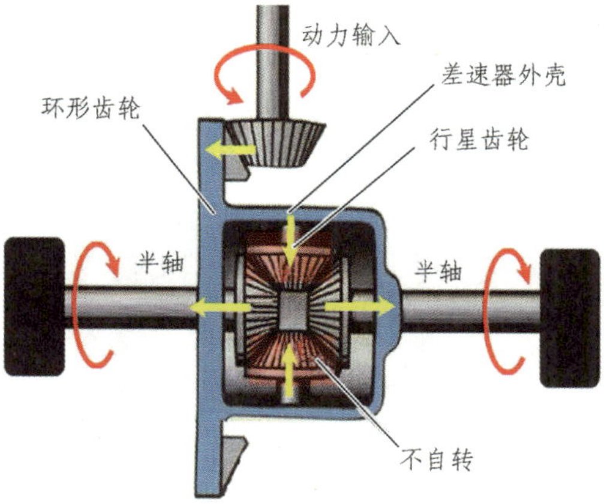

（a）

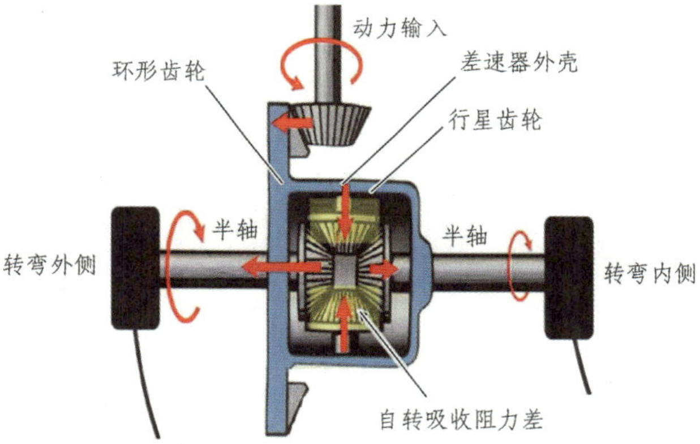

（b）

图 3-4-2　差速器工作过程

1. 直行状态工作过程：

____

____

____

____

2. 转弯状态工作过程：

____

____

二、后驱传动系统检查保养【操作手册】

操作步骤	操作细节	展示图	操作注意事项	使用工具
工具准备	需要的工具设备有：扭力扳手、大号 24 mm 六角套筒、大号棘轮扳手、记号笔、抹布、滴管、测试纸、油液加注机、废油回收桶； 目视检查工具设备外观有无损伤，刻度是否清晰		注意检查扭力扳手刻度显示是否清晰，调节器是否正常	
举升车辆	调整举升机四个支撑托盘位置和高度，使托盘中心点对准车辆举升点	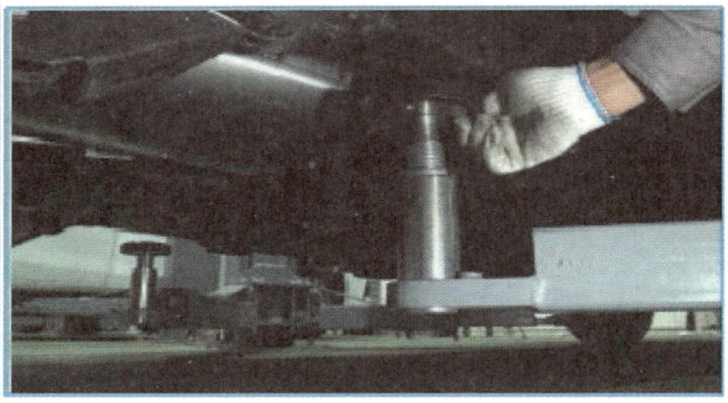	调整支臂时，同侧支臂尽量张开，使重心更稳，两侧支撑点最好对称	
	将车辆举升离地后，再次检查支臂托盘位置是否正确	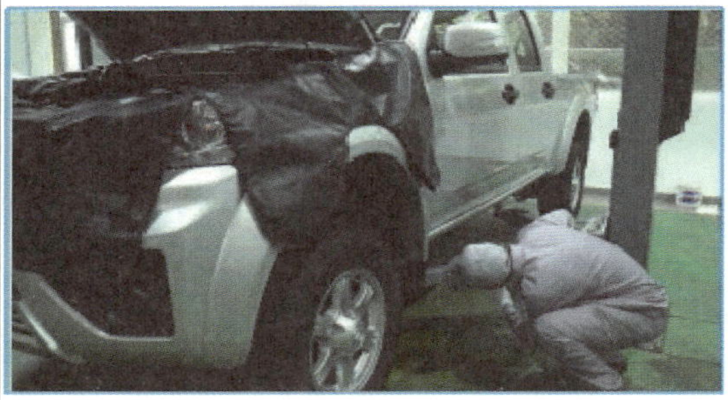	若位置不正确，需放下车辆重新调整	
	前后摇晃车身，检查车辆是否稳固	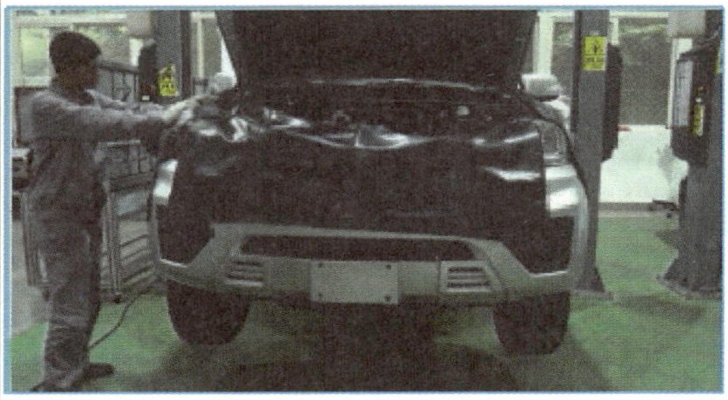	注意按压薄的覆盖件不要过于用力	

续表

操作步骤	操作细节	展示图	操作注意事项	使用工具
举升车辆	操作举升机将车辆举升到合适高度后进行锁止		确定举升机锁止后才可进入车下进行作业	
检查油液	检查后驱动桥外观有无撞击损坏或油液渗漏现象	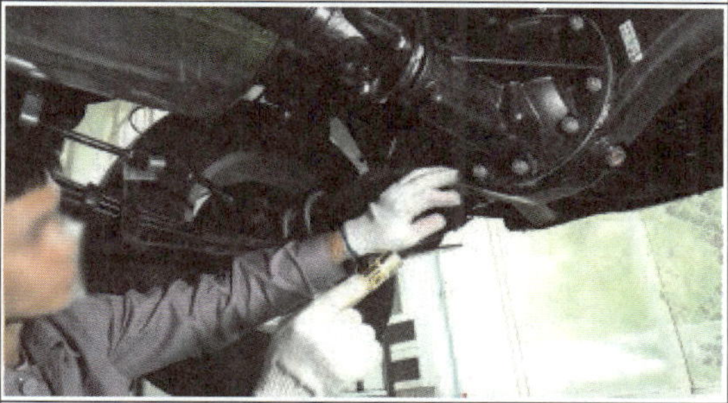		手电筒
	拆卸后驱动桥加油螺栓	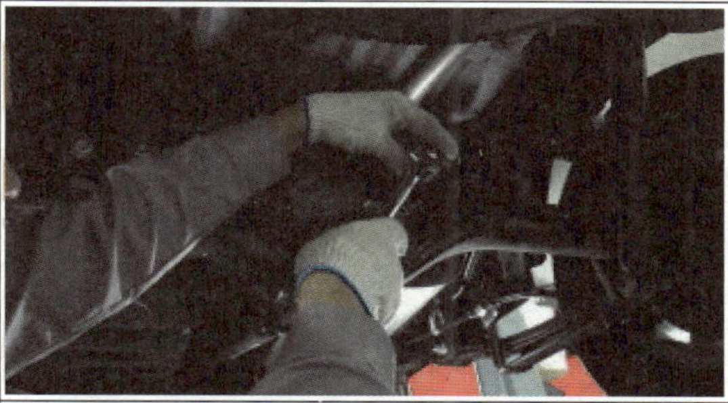	注意螺栓垫片不要遗落	大号24 mm六角套筒、大号棘轮扳手
	使用滴管吸取少量油液	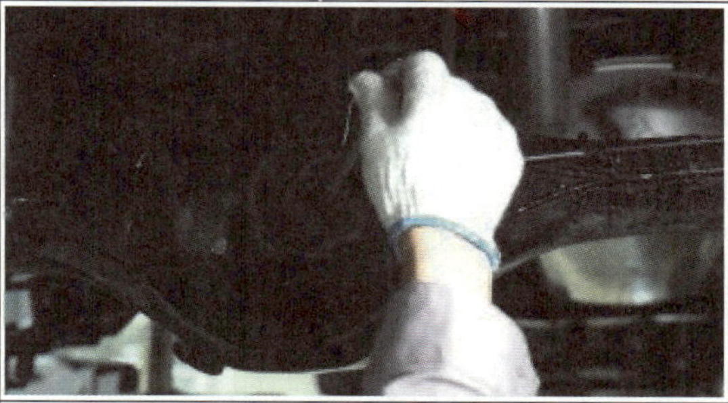	注意清洁油渍	滴管
	将油液滴在测试纸上，观察油质情况		若油液有杂质或稀释、结胶、脏污、变质等现象，则需要更换油液	滴管、测试纸

续表

操作步骤	操作细节	展示图	操作注意事项	使用工具
更换油液	拆卸后驱动桥放油螺栓	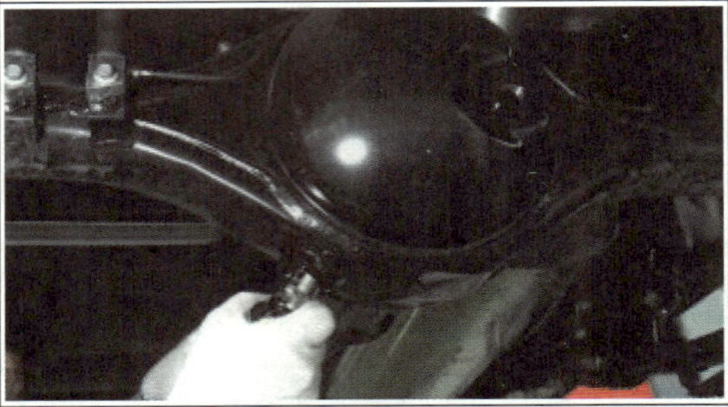		大号 24 mm 六角套筒、大号棘轮扳手
	将油液排放到油液回收桶中	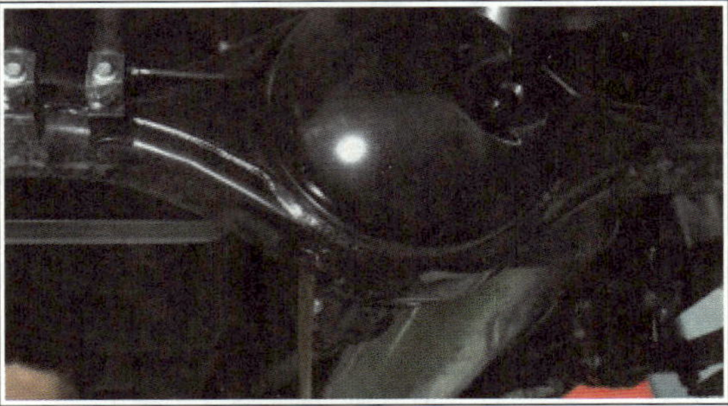	观察放油螺栓有无铁屑等其他杂质	油液回收桶
	安装变速器放油螺栓	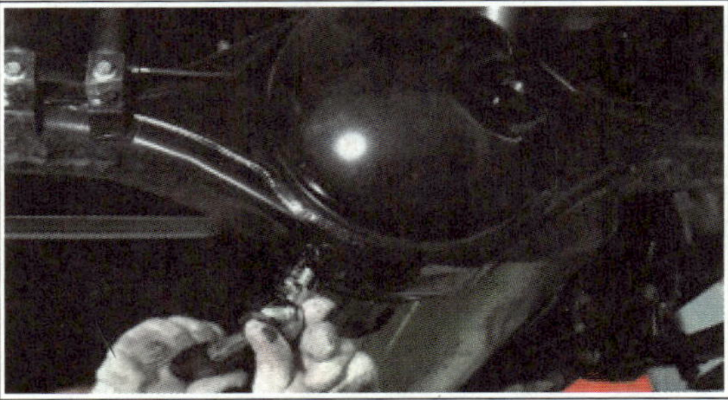	注意垫圈不要遗漏	
	调整扭力扳手力矩，拧紧后驱动桥放油螺栓	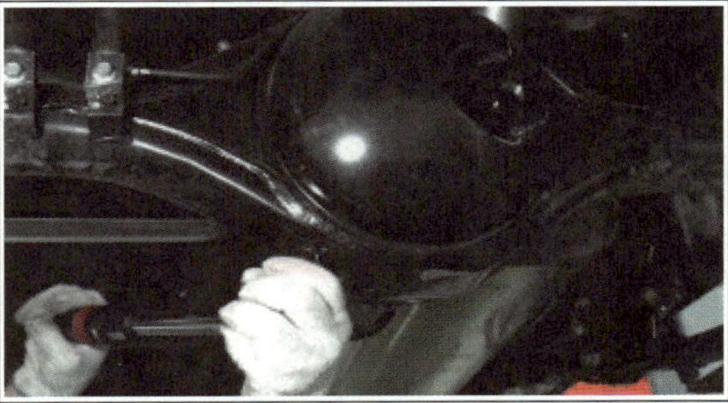	注意后驱动桥放油螺栓的拧紧力矩为 150 N · m	扭力扳手、24 mm 六角套筒
	使用记号笔标注螺栓	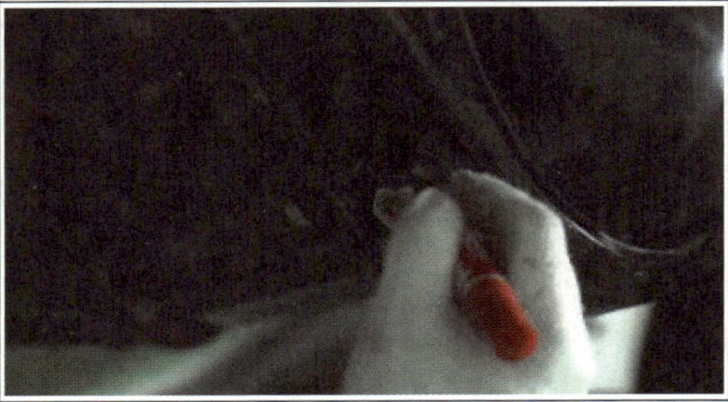		记号笔

续表

操作步骤	操作细节	展示图	操作注意事项	使用工具
更换油液	将油液加注管插入后驱动桥加油孔，使用油液加注机加注后驱动桥油液，直至润滑油刚好从加油口流出为止	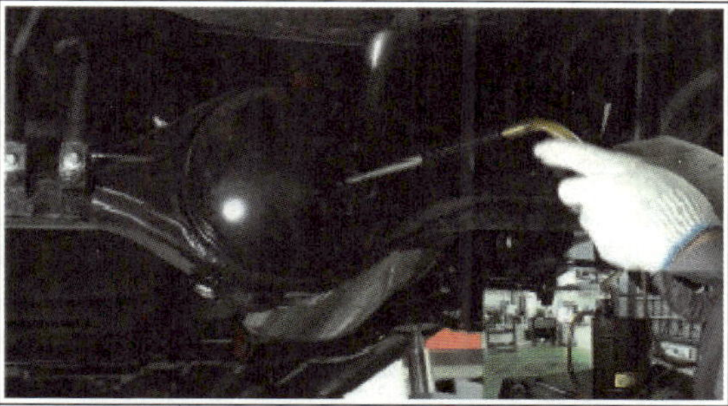	参考加注量为2.7 L；润滑油型号为75W-90	油液加注机
	安装变速器加油螺栓	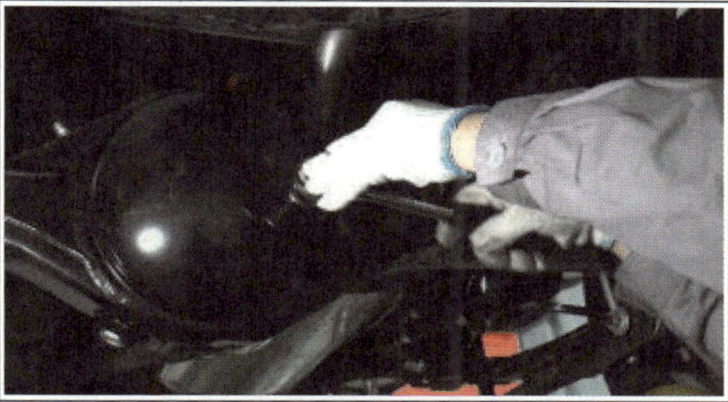	注意垫圈不要遗漏	
	调整扭力扳手力矩，拧紧后驱动桥加油螺栓		注意变速器放油螺栓的拧紧力矩为120 N·m	扭力扳手、24 mm六角套筒
	使用记号笔标注螺栓	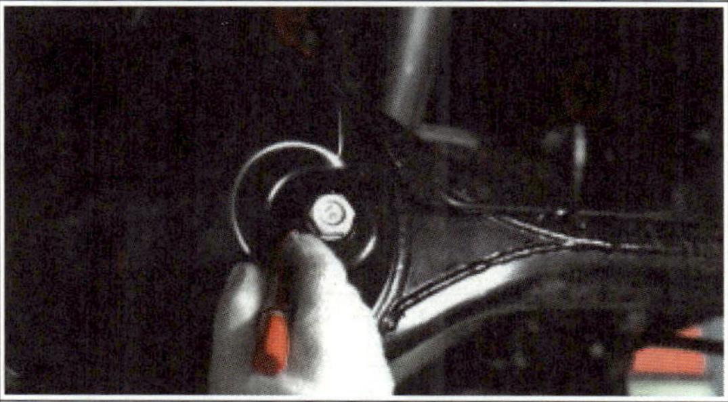		记号笔
	解除举升机锁止功能，下降车辆	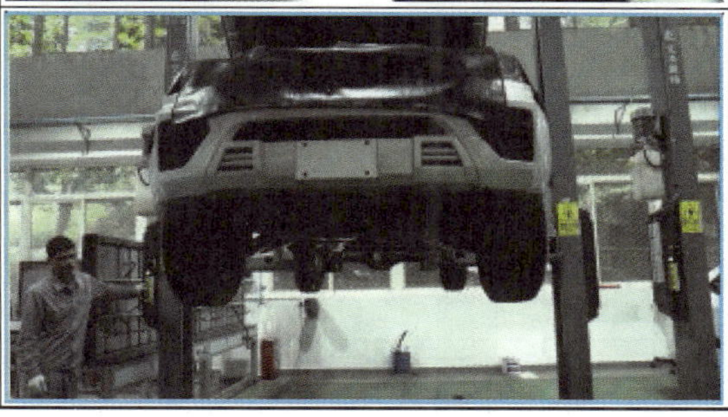		

三、后驱传动系统检查保养【实操报告】

项目：传动与分动功能检查保养（初级）		考核时间：30 min	
姓名：	班级：	学号：	考评员签字：
初评：□合格□不合格	复评：□合格□不合格	师评：□合格□不合格	
日期：	日期：	日期：	
考核任务四　后驱传动系统检查保养【实操考核报告】			

1．车辆信息记录

品牌		整车型号		生产日期	
发动机型号		发动机排量		行驶里程	
车辆识别码					

2．后驱动桥油质检查

检查项目	液位检查情况	检查结果		检测项目	结果
后驱动桥油液	太低□太高□无□	正常□异常□		油质	正常□异常□

3．后驱动桥外观检查

检查项目	泄漏检查情况	泄漏部件名称	维修措施
后驱动桥壳体	泄漏□正常□		更换□调整□紧固□无□
后驱动桥油封	泄漏□正常□		更换□调整□紧固□无□

4．查询用户手册记录手动变速器保养项目里程及周期

保养项目	保养里程及周期		
后驱动桥油液更换			

5．查阅维修手册，按照标准流程完成后驱动桥油液更换

作业项目	维修资料			
后驱动桥油液更换	后驱动桥油液更换量		油液型号	
	加油螺栓紧固规格		放油螺栓紧固规格	

四、后驱传动系统检查保养【评分细则】

考核任务四　后驱传动系统检查保养【评分细则】							
序号	评分项	得分条件	评分	评分要求	自评	互评	师评
1	安全、“7S”、态度	□1. 能进行工位“7S”操作 □2. 能进行设备和工具安全检查 □3. 能进行车辆安全防护操作 □4. 能进行工具清洁、校准、存放操作 □5. 能进行“三不落地”操作	15	未完成1项扣3分，扣分不得超15分	□熟练 □不熟练	□熟练 □不熟练	□合格 □不合格
2	专业技术能力	作业1： □1. 能正确检查后驱动桥外观 □2. 能正确拆装后驱动桥加油螺栓 □3. 能正确拆装后驱动桥放油螺栓 □4. 能正确排放后驱动桥油液 □5. 能正确加注后驱动桥油液 □6. 能正确判断油液加注量 □7. 能正确查询螺栓紧固力矩 作业2： □1. 能正确获取后驱动桥油液样品 □2. 能正确检查后驱动桥油质 作业3： □1. 能正确查询后驱动桥油液型号 □2. 能正确查询后驱动桥油液更换量	50	未完成1项扣5分，扣分不得超50分	□熟练 □不熟练	□熟练 □不熟练	□合格 □不合格

续表

序号	评分项	得分条件	评分	评分要求	自评	互评	师评
3	工具及设备的使用能力	□1. 能正确使用滴管 □2. 能正确使用油液加注机	10	未完成1项扣5分，扣分不得超10分	□熟练 □不熟练	□熟练 □不熟练	□合格 □不合格
4	资料、信息查询能力	□1. 能正确使用维修手册查询资料 □2. 能在规定时间内查询所需资料 □3. 能正确记录所查询资料章节页码 □4. 能正确记录所需维修信息	10	未完成1项扣3分，扣分不得超10分	□熟练 □不熟练	□熟练 □不熟练	□合格 □不合格
5	数据判读和分析能力	□1. 能正确判断后驱动桥外观情况 □2. 能正确判断后驱动桥油质情况	10	未完成1项扣5分，扣分不得超10分	□熟练 □不熟练	□熟练 □不熟练	□合格 □不合格
6	表单填写与报告撰写能力	□1. 字迹清晰 □2. 语句通顺 □3. 无错别字 □4. 无涂改 □5. 无抄袭	5	未完成1项扣1分，扣分不得超5分	□熟练 □不熟练	□熟练 □不熟练	□合格 □不合格
总分							

任务五　万向传动装置检查保养

一、万向传动装置检查保养【工作页】

万向传动装置检查保养【工作页】			
班级		姓名	

一、填空题

1. 万向传动装置作用是在________，且________经常变化的转轴间传递动力。
2. 万向传动装置一般由________和________组成，有的还加有中间轴承。

二、判断题

1. 任何形式的万向传动装置都能实现实时等角速度传递动力。(　　)
2. 万向传动装置在安装时必须使传动轴两端的万向节叉处于同一平面。(　　)

三、识图题

请指出图 3-5-1 中各零部件的名称，并填写在横线上。

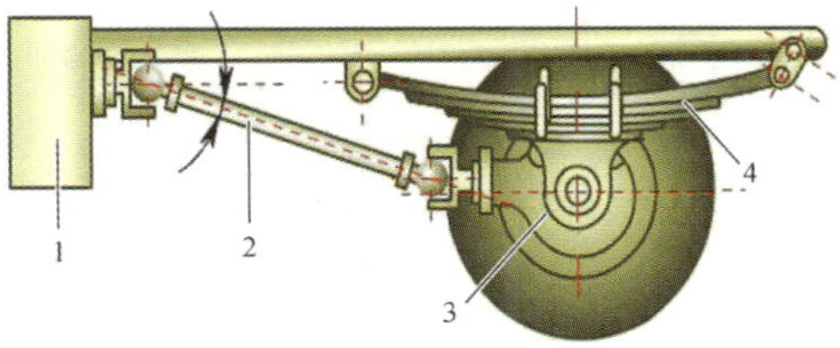

（a）万向传动装置

1. ________　　2. ________
3. ________　　4. ________

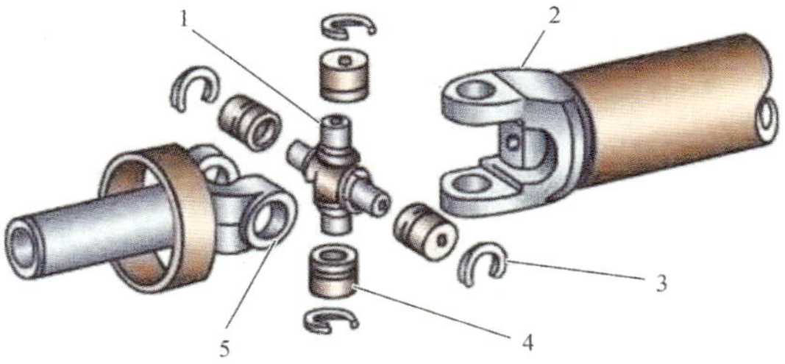

（b）十字轴式刚性万向节

图 3-5-1　识图题

1. ________　　2. ________
3. ________　　4. ________
5. ________

二、万向传动装置检查保养【操作手册】

操作步骤	操作细节	展示图	操作注意事项	使用工具
工具准备	榔头、卡簧钳、拉拔器、平口螺丝刀等			
拆卸盖板	用螺丝刀将一侧盖板敲下，根据敲击的情况更换敲击位置，直到盖板脱落	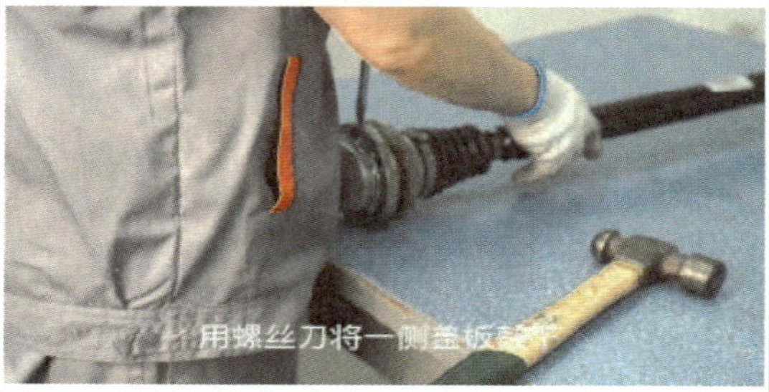	直到盖板脱落	螺丝刀
	使用无纺布清理万向节内部的油脂	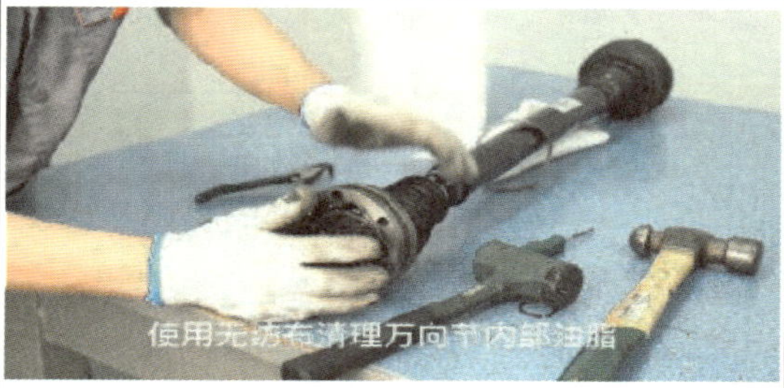	清理干净润滑脂	无纺布
法兰轴拆卸	使用卡环钳子拆下万向节固定卡环	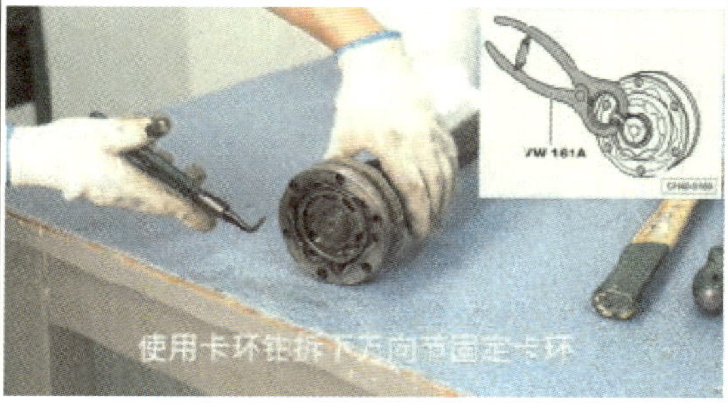	佩戴手套操作	卡环钳子
	使用螺丝刀翘起防尘套卡箍	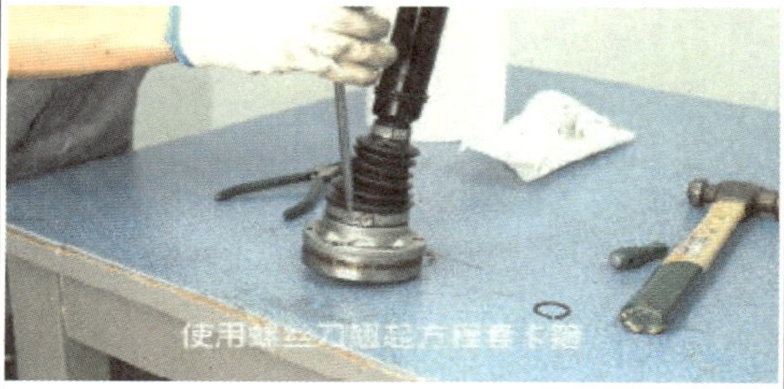	佩戴手套操作	螺丝刀

续表

操作步骤	操作细节	展示图	操作注意事项	使用工具
法兰轴拆卸	使用橡胶锤敲击传动轴	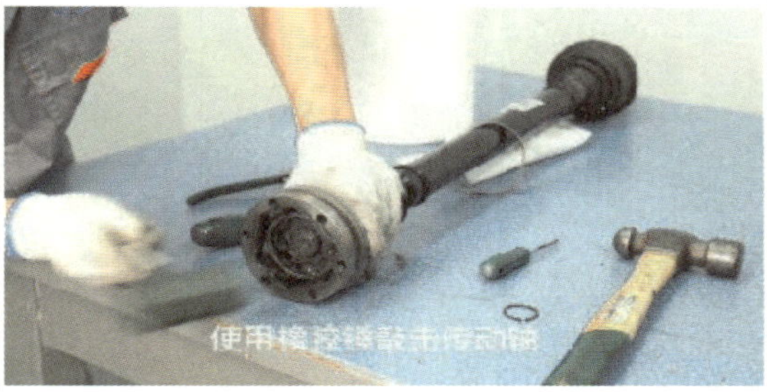		橡胶锤
	使用无纺布清理万向节内部油脂	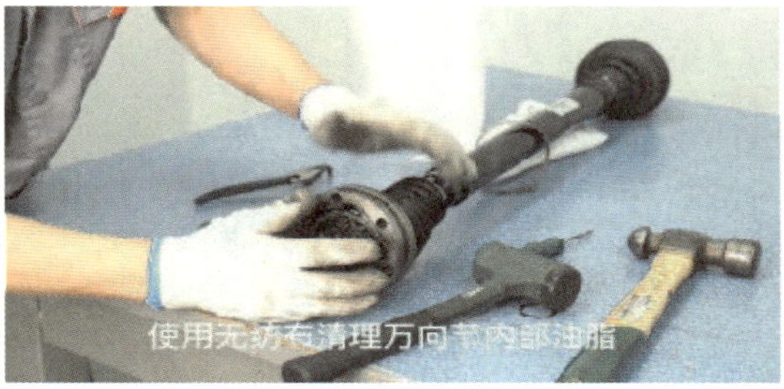	清理干净润滑脂	无纺布
	安装拉拔器转动拉拔器螺栓将万向节拉出	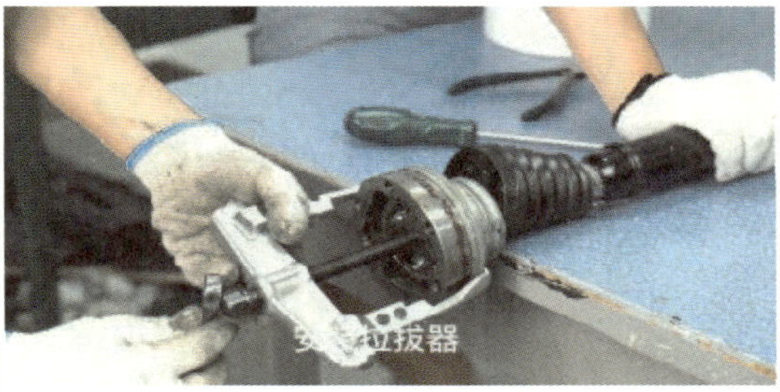		拉拔器
防尘套拆卸	使用螺丝刀翘起传动轴卡环，使防尘套脱落	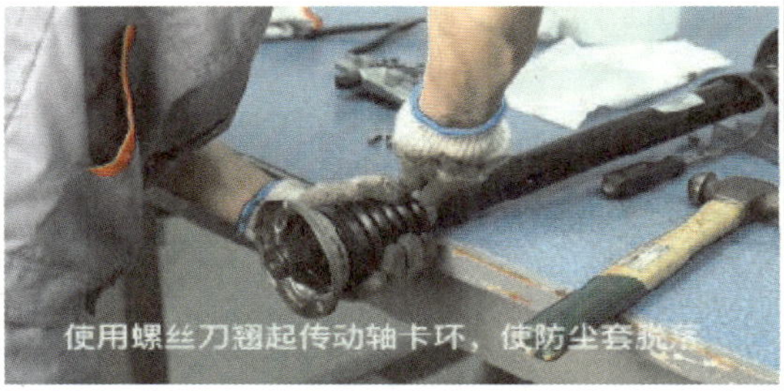		螺丝刀
	拔出防尘套	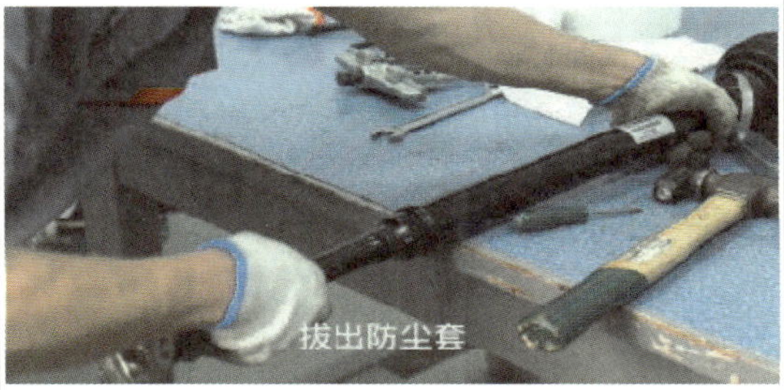		

续表

操作步骤	操作细节	展示图	操作注意事项	使用工具
防尘套拆卸	使用无纺布清理传动轴上的油脂	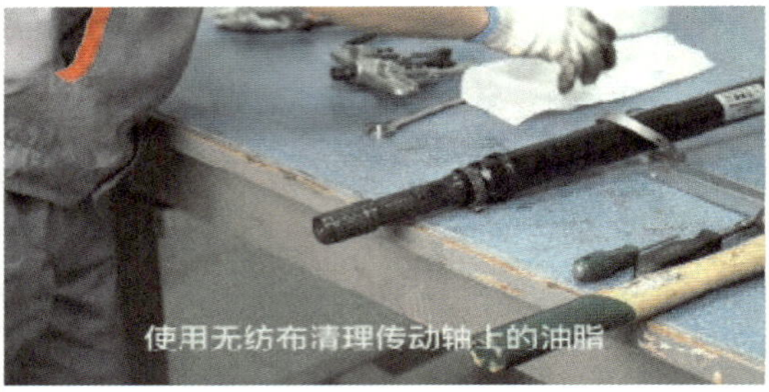	清理干净润滑脂	用无纺布
防尘套安装	内万向节防尘套安装	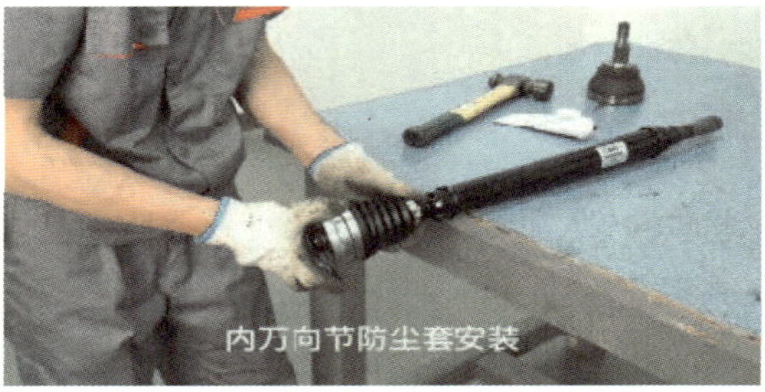		
	将防尘套安装到传动轴上	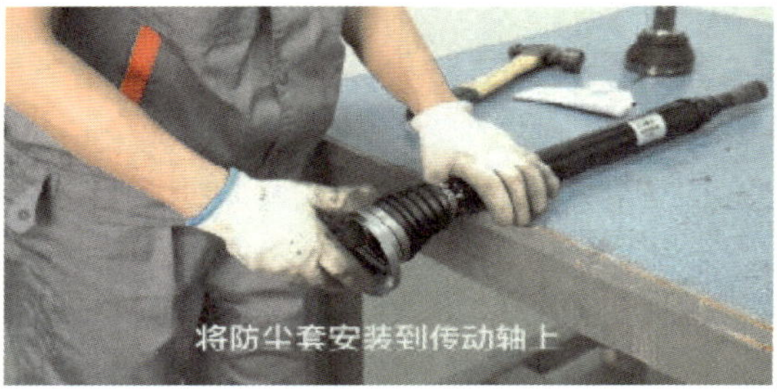		
	使用专用卡箍钳夹紧卡箍	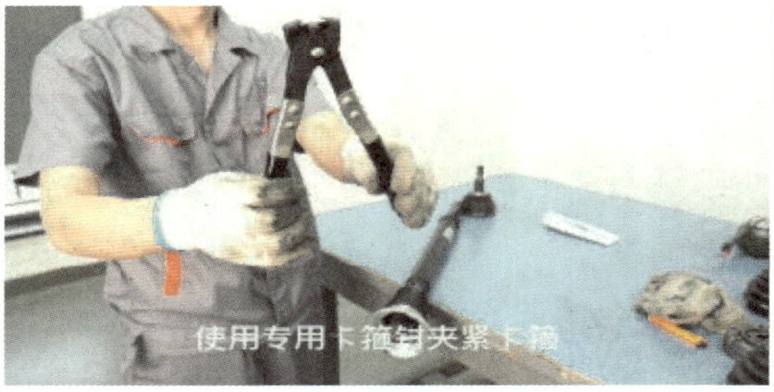	注意佩戴手套	专用卡箍钳
	检查卡箍压紧后，不能松动和不能有间隙，否则容易造成润滑脂渗漏	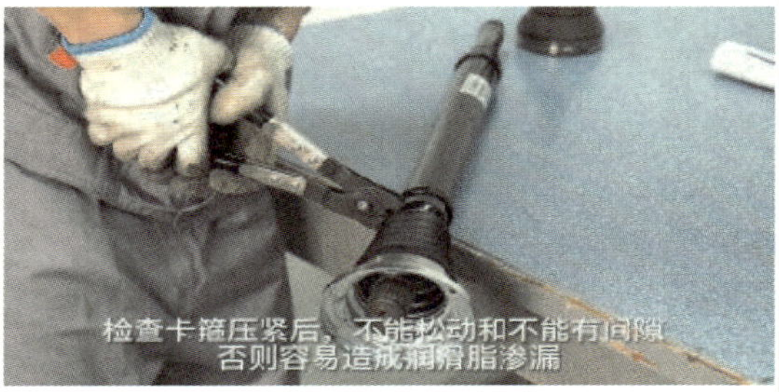		

续表

操作步骤	操作细节	展示图	操作注意事项	使用工具
防尘套安装	给万向节涂抹专用润滑脂，将润滑脂涂抹均匀	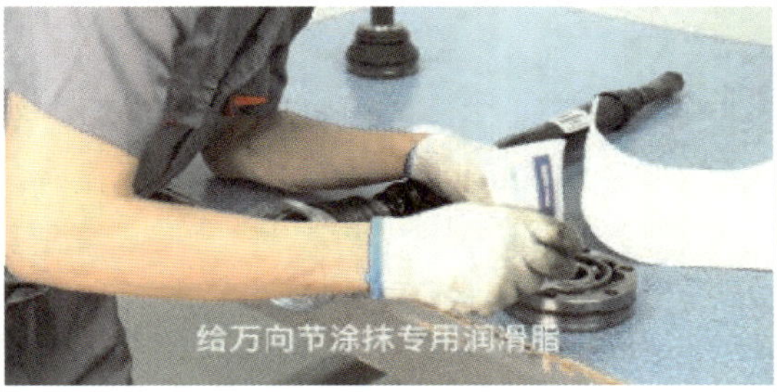		润滑脂
	两面都涂上润滑脂	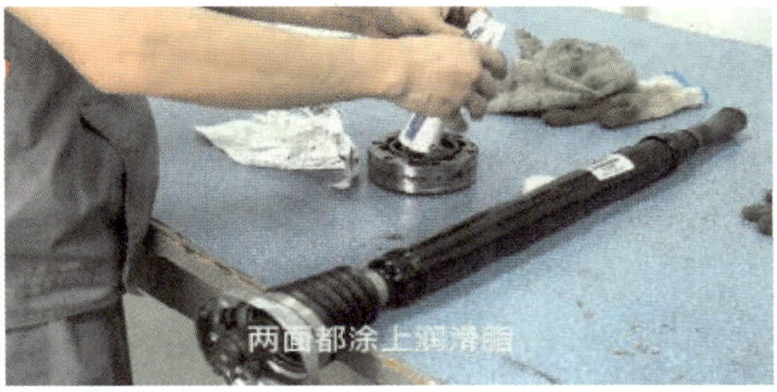		
	在防尘套内部涂抹润滑脂	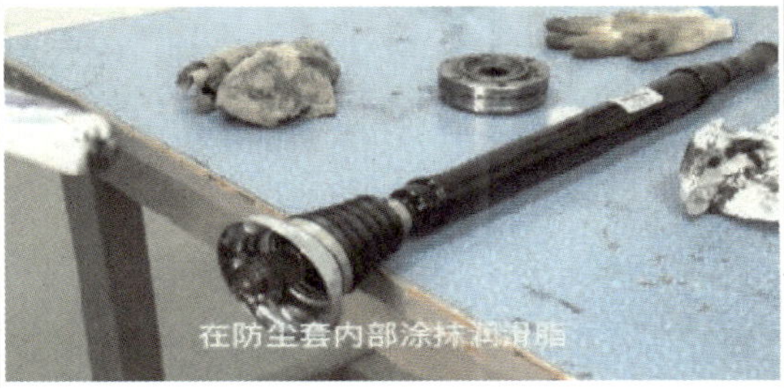		
	用手把润滑脂轻轻压入内部	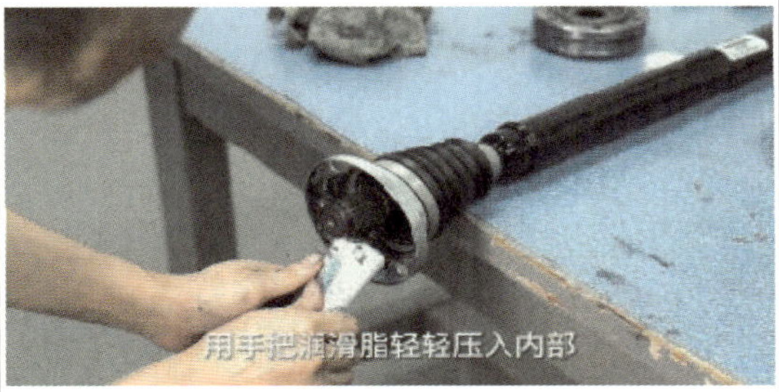		
	安装内万向节			

续表

操作步骤	操作细节	展示图	操作注意事项	使用工具
防尘套安装	使用卡箍钳，安装卡箍	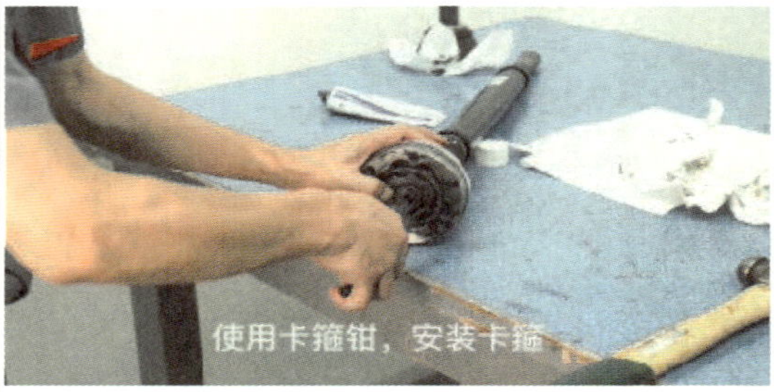		卡箍钳
	使用无纺布清洁盖板	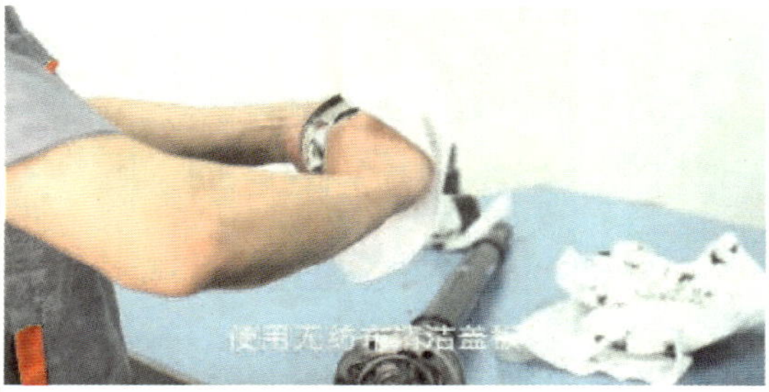	清理干净润滑脂	无纺布
安装法兰轴	安装螺栓和锁板			
	轻轻敲击螺栓	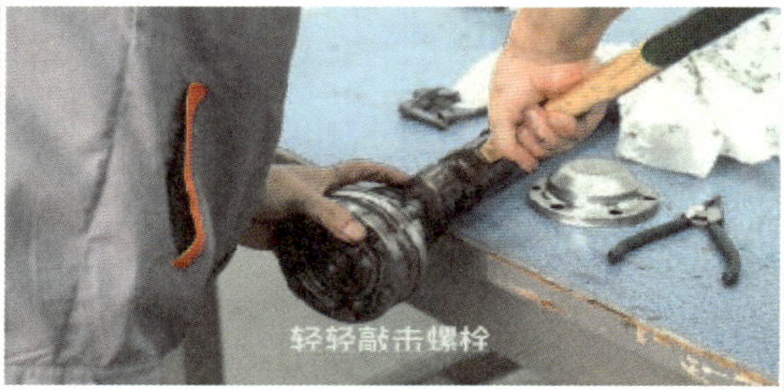	小心锤子砸到手	
	使用锤子敲击防尘罩边缘，使其贴合万向节			

续表

操作步骤	操作细节	展示图	操作注意事项	使用工具
安装盖板	安装盖板	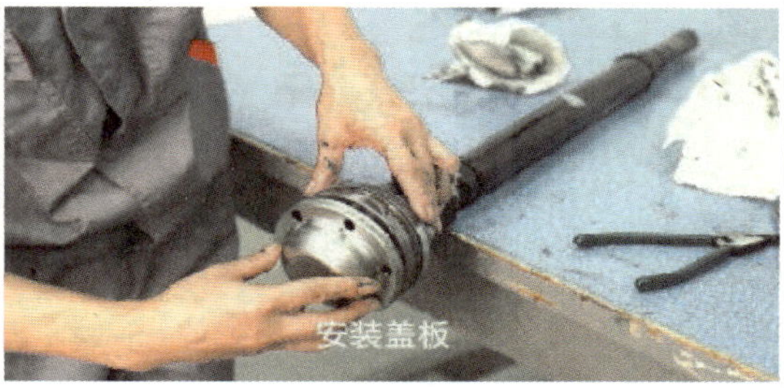		
	轻轻敲击盖板，使其贴合万向节			
检查安装是否到位	检查螺栓是否会卡滞	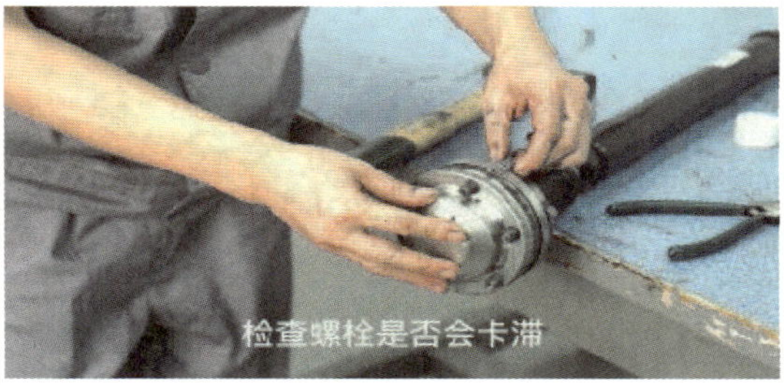		
	取出螺栓和锁板	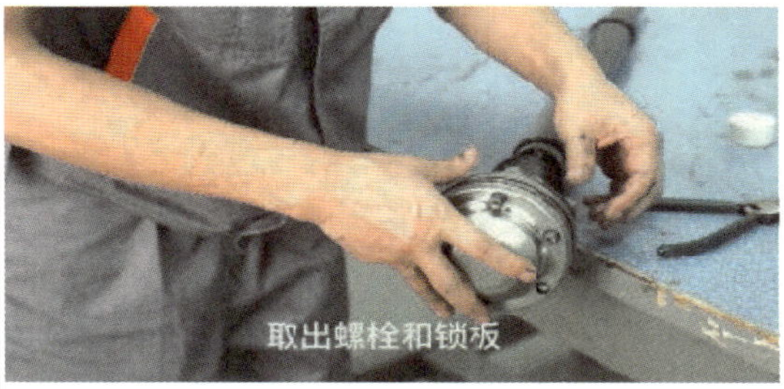		
	使用无纺布清理外部油脂	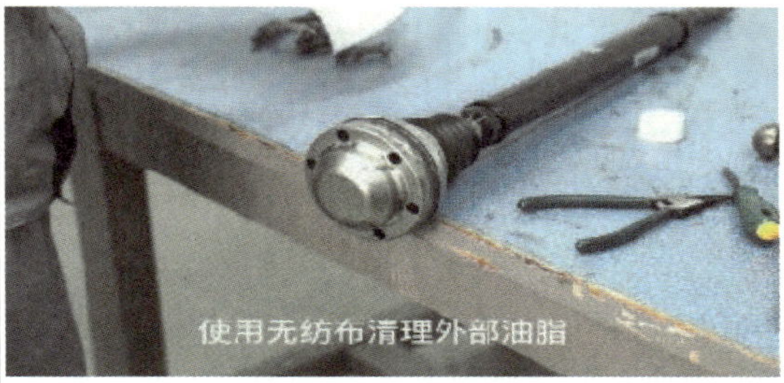	清理干净润滑脂	无纺布

续表

操作步骤	操作细节	展示图	操作注意事项	使用工具
检查新的十字节	检查十字节	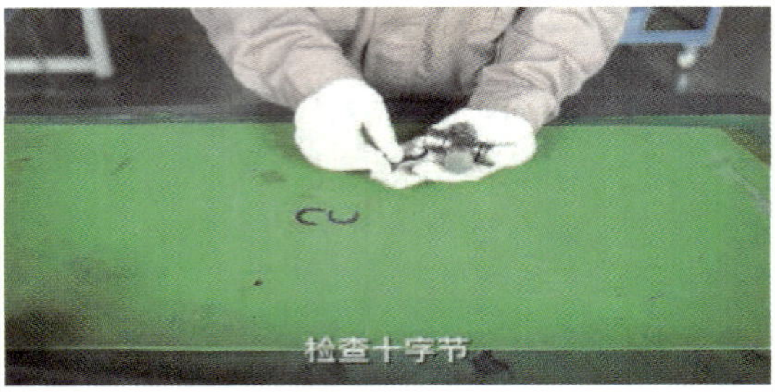		
	检查十字节卡环、十字节轴承	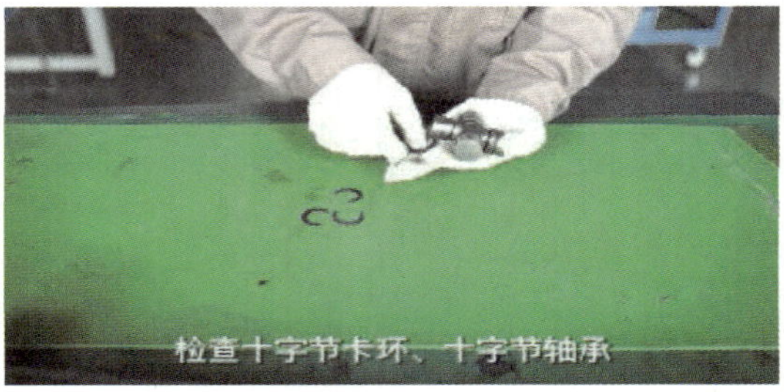		
	注意十字节轴承的滚针轴承有无脱落等现象	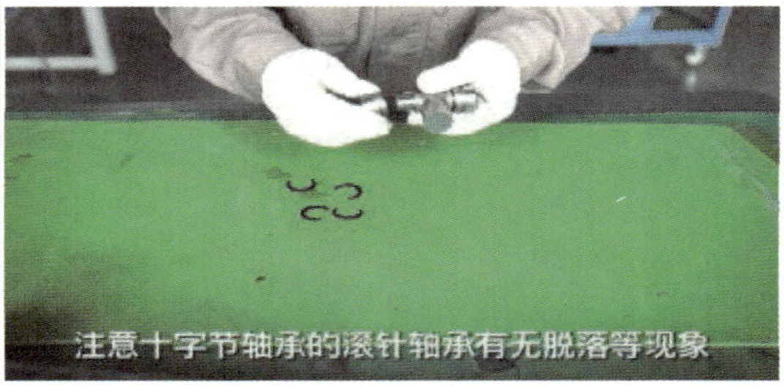		
	检查卡环有无变形及老化现象	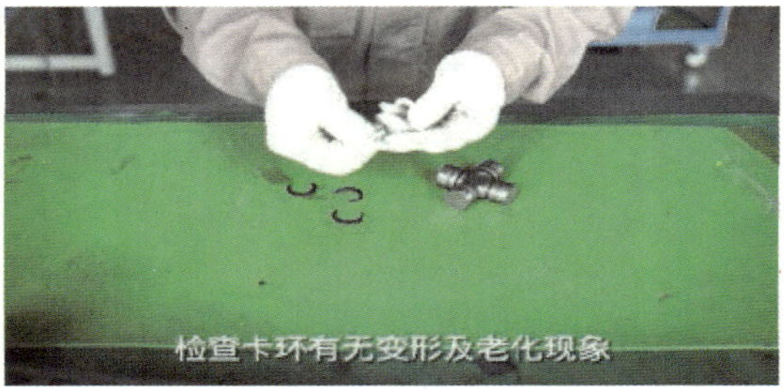		
取下旧的十字节	使用平口改刀拆卸十字节卡环	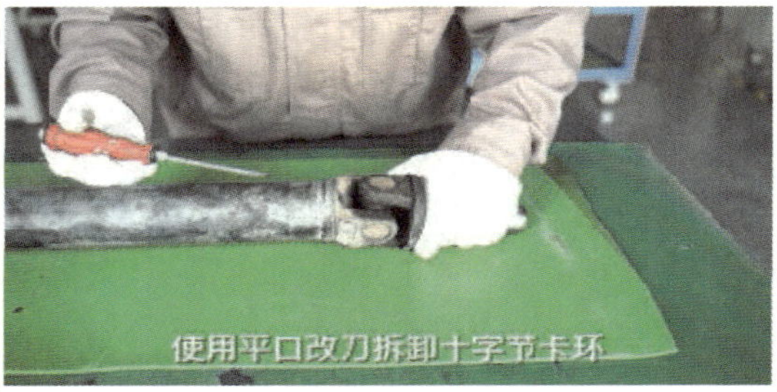		

续表

操作步骤	操作细节	展示图	操作注意事项	使用工具
取下旧的十字节	使用同样的方式方法拆卸其余卡环	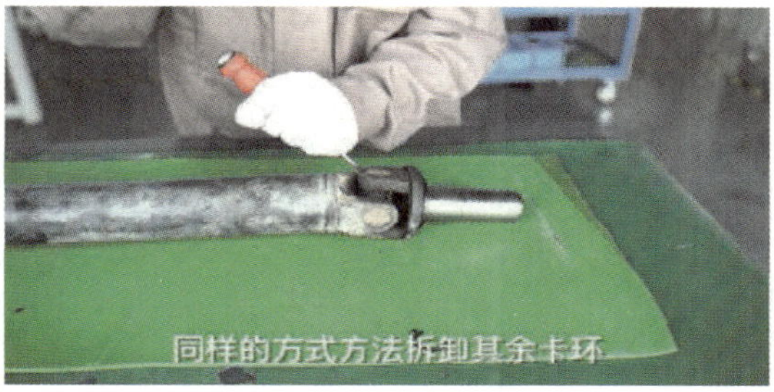		
	拆卸第三个卡环	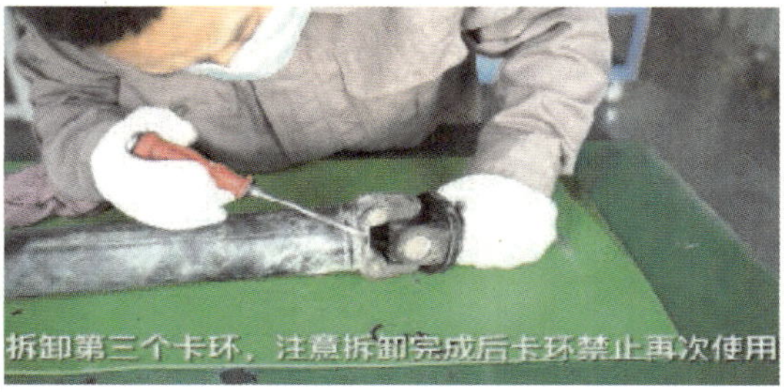	注意拆卸完成后卡环禁止再次使用	平口起子
	拆卸第四个卡环	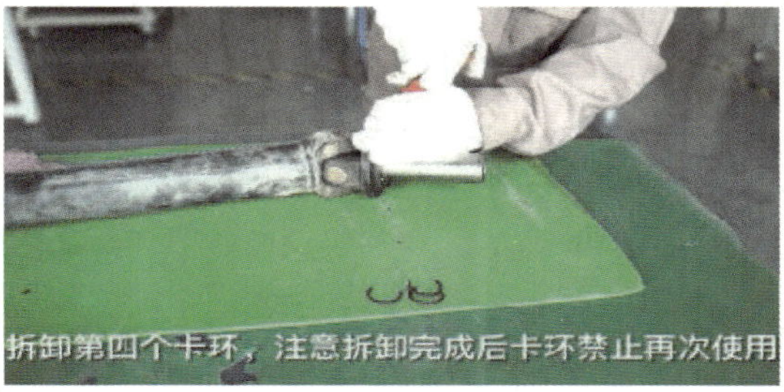	注意拆卸完成后卡环禁止再次使用	平口起子
	使用铜棒慢慢敲出十字节轴承	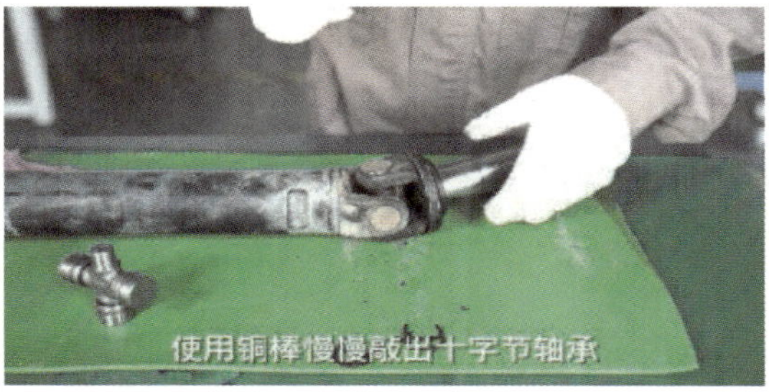	注意慢慢敲出	铜棒
	取下十字节轴承			

续表

操作步骤	操作细节	展示图	操作注意事项	使用工具
取下旧的十字节	同样使用铜棒慢慢敲出其余十字节轴承	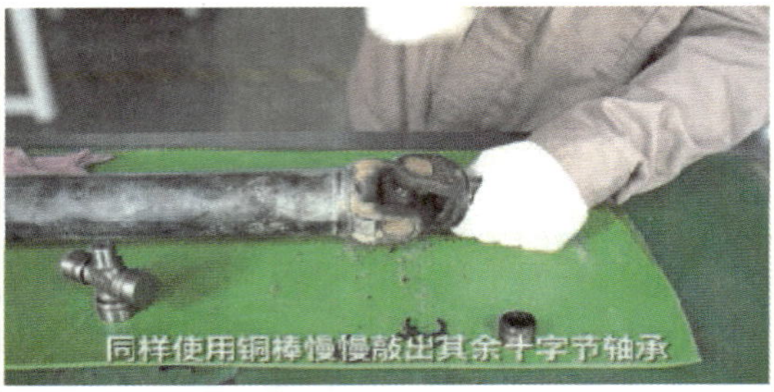		铜棒
	注意拆卸前应对万向节做标记，方便后续的安装	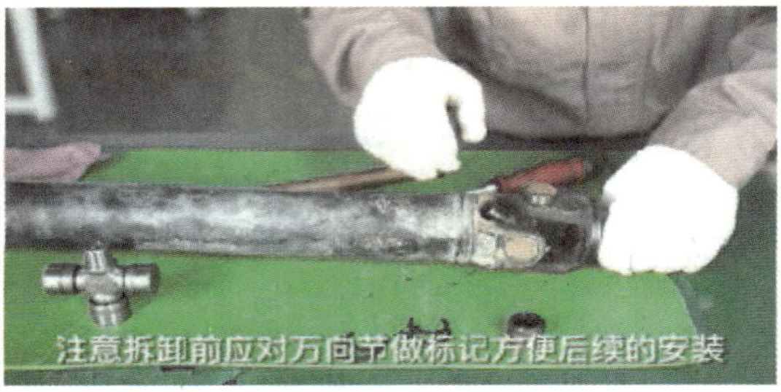		
	取下传动轴接头	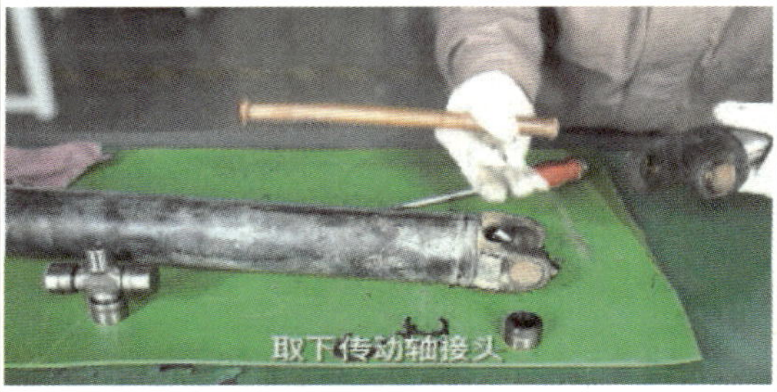		
	同样使用铜棒慢慢敲出其余十字节轴承			铜棒
	取下十字节，然后敲出剩余的十字节轴承			铜棒

续表

操作步骤	操作细节	展示图	操作注意事项	使用工具
安装新的十字节	安装新的十字节轴承至万向节接头上			
	然后将十字节安装至十字节轴承上			铜棒
	使用铜棒敲入十字节轴承至十字节上		注意安装到位	铜棒
	安装另一侧万向节接头			
	注意将之前做的标记进行对齐	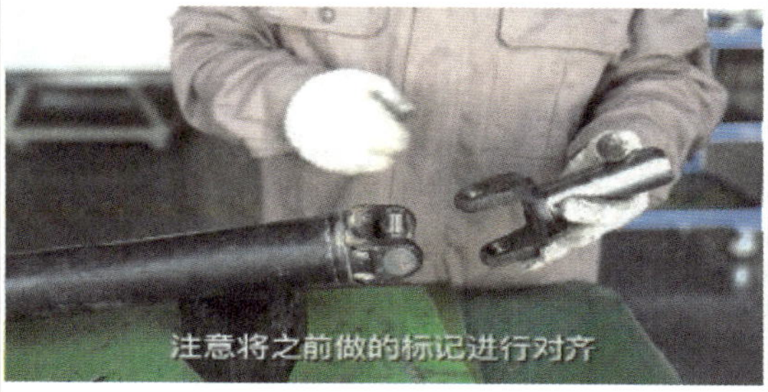		

续表

操作步骤	操作细节	展示图	操作注意事项	使用工具
安装新的十字节	安装另一侧十字节轴承，并使用铜棒敲入到位			
	安装完成后检查万向节有无松旷、卡滞等现象			
	将新的卡环安装至十字节上	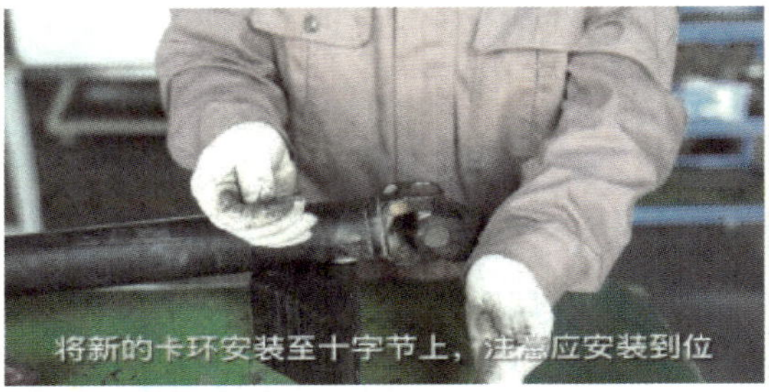	注意应安装到位	
	将另一侧新的卡环安装至十字节上	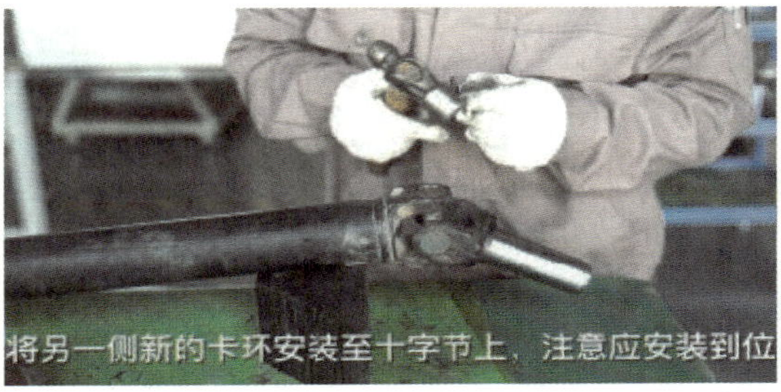	注意应安装到位	
	其余新的卡环按相同的方法安装至十字节上	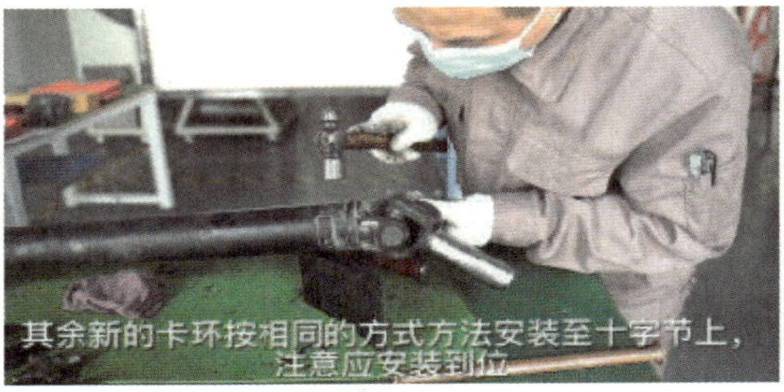	注意应安装到位	

续表

操作步骤	操作细节	展示图	操作注意事项	使用工具
安装新的十字节	安装到位后进行检查			

三、万向传动装置检查保养【实操报告】

项目：传动与分动功能检查保养（初级）		考核时间：30 min	
姓名：	班级：	学号：	考评员签字：
初评：□合格□不合格	复评：□合格□不合格	师评：□合格□不合格	
日期：	日期：	日期：	
考核任务五　万向传动装置检查保养【实操考核报告】			

1．车辆信息记录

品牌		整车型号	
生产日期		行驶里程	
车辆识别码			

2．防尘罩拆装

检查项目	外观检查情况	检查结果	检测项目	结果
盖板检查	□变形 □裂纹 □无	□正常 □异常	油脂清理	□清理干净 □未清理干净
法兰轴检查	□变形 □锈蚀 □无	□正常 □异常	油脂清理	□清理干净 □未清理干净
防尘套检查	□变形 □裂纹 □无	□正常 □异常	油脂清理	□清理干净 □未清理干净
装配检查	□卡滞 □无	□正常 □异常		

3．十字节更换

检查项目	外观检查情况	检查结果	检测项目	结果
十字节检查	□变形 □锈蚀 □无	□正常 □异常		
十字节卡环检查	□变形 □锈蚀 □无	□正常 □异常		
十字节轴承检查	□变形 □锈蚀 □无	□正常 □异常		

四、万向传动装置检查保养【评分细则】

考核任务五　万向传动装置检查保养【评分细则】							
序号	评分项	得分条件	评分	评分要求	自评	互评	师评
1	安全、“7S”、态度	□1. 能进行工位“7S”操作 □2. 能进行设备和工具安全检查 □3. 能进行车辆安全防护操作 □4. 能进行工具清洁、校准、存放操作 □5. 能进行“三不落地”操作	15	未完成1项扣3分，扣分不得超15分	□熟练 □不熟练	□熟练 □不熟练	□合格 □不合格
2	专业技术能力	作业1： □1. 能正确拆卸盖板 □2. 能正确拆卸法兰轴 □3. 能正确拆卸防尘套 □4. 能正确安装防尘套 □5. 能正确安装法兰轴 □6. 能正确安装盖板 作业 2： □1. 能正确检查十字节 □2. 能正确检查十字节轴承 □3. 能正确拆卸十字节轴承 □4. 能正确安装十字节轴承	50	未完成1项扣5分，扣分不得超50分	□熟练 □不熟练	□熟练 □不熟练	□合格 □不合格

续表

序号	评分项	得分条件	评分	评分要求	自评	互评	师评
3	工具及设备的使用能力	□1. 能正确使用铁锤 □2. 能正确使用卡簧钳 □3. 能正确使用起子 □4. 能正确使拉拔器 □5. 能正确使铜棒	10	未完成1项扣2分，扣分不得超10分	□熟练 □不熟练	□熟练 □不熟练	□合格 □不合格
4	资料、信息查询能力	□1. 能正确使用维修手册查询资料 □2. 能在规定时间内查询所需资料 □3. 能正确记录所查询资料章节页码 □4. 能正确记录所需维修信息	10	未完成1项扣3分，扣分不得超10分	□熟练 □不熟练	□熟练 □不熟练	□合格 □不合格
5	数据判读和分析能力	□1. 能正确判断法兰轴外观情况 □2. 能正确判断防尘套、法兰轴外观情况 □3. 能正确判断十字节外观情况 □4. 能正确判断阀体零件外观情况 □5. 能正确判断卡环外观情况	10	未完成1项扣3分，扣分不得超10分	□熟练 □不熟练	□熟练 □不熟练	□合格 □不合格
6	表单填写与报告撰写能力	□1. 字迹清晰 □2. 语句通顺 □3. 无错别字 □4. 无涂改 □5. 无抄袭	5	未完成1项扣1分，扣分不得超5分	□熟练 □不熟练	□熟练 □不熟练	□合格 □不合格
总分							

考核项目三　传动与分动功能检查保养

传动与分动功能检查保养

一、传动与分动功能检查保养【实操报告】

项目：传动与分动功能检查保养（初级）		考核时间：50 分钟	
姓名：	班级：	学号：	考评员签字：
初评：□合格□不合格	复评：□合格□不合格	师评：□合格□不合格	
日期：	日期：	日期：	
传动与分动功能检查保养（考核项目）【实操考核报告】			

1．车辆信息记录

品牌		整车型号		生产日期	
发动机型号		发动机排量		行驶里程	
车辆识别码					

2．油质检查

检查项目	液位检查情况	检查结果		检测项目	结果
变速箱	太低□　太高□　无□	正常□　异常□		油质	正常□　异常□
分动箱	太低□　太高□　无□	正常□　异常□		油质	正常□　异常□

3．外观检查

检查项目	泄漏检查情况	泄漏部件名称	维修措施
变速箱壳体	泄漏□　正常□		更换□　调整□　紧固□　无□
变速箱油封	泄漏□　正常□		更换□　调整□　紧固□　无□
分动箱壳体	泄漏□　正常□		更换□　调整□　紧固□　无□
分动箱油封	泄漏□　正常□		更换□　调整□　紧固□　无□

4．查询用户手册，记录维修数据

作业项目	保养里程及周期	保养项目	保养里程及周期
手动变速器油液更换		分动箱油液更换	

5．查阅维修手册，按照标准流程完成油液更换

作业项目	维修资料			
手动变速器油液更换	变速器油液更换量		油液型号	
	加油螺栓紧固规格		放油螺栓紧固规格	
分动箱油液更换	分动箱油液更换量		油液型号	
	加油螺栓紧固规格		放油螺栓紧固规格	

6．查询维修手册，完成离合器踏板行程检查

作业项目	检查项目		
离合器踏板检查	自由行程	数据	
		判定	正常□　异常□
	踏板高度	数据	
		判定	正常□　异常□

7．检查半轴球笼套

检查项目	检查情况	维修措施
半轴内球笼套	变形□　老化□　松动□　泄漏□　正常□	更换□　调整□　紧固□　无□
半轴外球笼套	变形□　老化□　松动□　泄漏□　正常□	更换□　调整□　紧固□　无□

二、传动与分动功能检查保养【评分表】

传动与分动功能检查保养（考核项目）【评分细则】							
序号	评分项	得分条件	评分	评分要求	自评	互评	师评
1	安全、“7S”、态度	□1. 能进行工位“7S”操作 □2. 能进行设备和工具安全检查 □3. 能进行车辆安全防护操作 □4. 能进行工具、清洁、校准、存放操作 □5. 能进行“三不落地”操作	15	未完成1项扣3分，扣分不得超15分	□熟练 □不熟练	□熟练 □不熟练	□合格 □不合格
2	专业技术能力	作业1： □1. 能正确检查变速箱、分动箱油液位	50	未完成1项扣5分，扣分不得超50分	□熟练 □不熟练	□熟练 □不熟练	□合格 □不合格

续表

序号	评分项	得分条件	评分	评分要求	自评	互评	师评
2	专业技术能力	□2. 能正确检查变速箱、分动箱油质 □3. 能正确检查变速箱、分动箱是否泄漏露 作业2： □1. 能正确检查变速箱、分动箱外观 □2. 能正确拆装手动变速箱、分动箱加油螺栓 □3. 能正确拆装手动变速箱、分动箱放油螺栓 □4. 能正确排放手动变速箱、分动箱油液 □5. 能正确加注手动变速箱、分动箱油液 □6. 能正确判断油液加注量 作业3： □1. 能正确测量离合器踏板高度 □2. 能正确测量离合器踏板自由行程 □3. 能正确检查半轴内球笼套 □4. 能正确检查半轴外球笼套	50	未完成1项扣5分，扣分不得超50分	□熟练 □不熟练	□熟练 □不熟练	□合格 □不合格
3	工具及设备使用能力	□1. 能正确选用维修工具 □2. 能正确使用维修工具拆装 □3. 能正确使用预警扭力扳手 □4. 能正确使用油液加注工具 □5. 能正确使用变速箱油循环机 □6. 能正确使用举升机	10	未完成1项扣5分，扣分不得超10分	□熟练 □不熟练	□熟练 □不熟练	□合格 □不合格

续表

序号	评分项	得分条件	评分	评分要求	自评	互评	师评
4	资料、信息查询能力	□1. 能正确使用维修手册查询资料 □2. 能在规定时间内查询所需资料 □3. 能正确记录所查询资料章节页码 □4. 能正确记录所需维修信息	10	未完成1项扣2分,扣分不得超10分	□熟练 □不熟练	□熟练 □不熟练	□合格 □不合格
5	数据判读和分析能力	□1. 能判断手动变速箱.分动箱油液位是否正常 □2. 能判断手动变速箱、分动箱油检测是否正常 □3. 能判断手动变速箱、分动箱泄漏及维修措施 □4. 能判断离合器踏板检查数据是否正常 □5. 能判断半轴球笼套检查情况是否正常	10	未完成1项扣5分,扣分不得超10分	□熟练 □不熟练	□熟练 □不熟练	□合格 □不合格
6	表单填写与报告的撰写能力	□1. 字迹清晰 □2. 语句通顺 □3. 无错别字 □4. 无涂改 □5. 无抄袭	5	未完成1项扣1分,扣分不得超5分	□熟练 □不熟练	□熟练 □不熟练	□合格 □不合格
总分							

项目四 动力与驱动功能检查保养

任务一 动力电控系统功能检查

动力与驱动功能检查保养

一、动力电控系统功能检查【工作页】

动力电控系统功能检查【工作页】			
班级		姓名	

一、填空题

1. 电控发动机主要由＿＿＿＿＿＿、＿＿＿＿＿＿、＿＿＿＿＿＿三部分组成。

2. 电控发动机主要类型有＿＿＿＿＿＿、＿＿＿＿＿＿两种。

3. 当电控发动机出现故障时，为了准确找到故障原因，需要利用解码器读取某个元件工作时候的＿＿＿＿＿＿进一步确定故障原因。

二、判断题

1. 当电控发动机出现故障时，只能通过专用解码器读取故障码，查找故障部位。(　　)

2. 电控燃油喷射系统是根据进气量确定基本喷油量，再根据其他传感器信号等对喷油量进行修正。(　　)

三、识图题

请在图 4-1-1 横线处填写各电控元件名称。

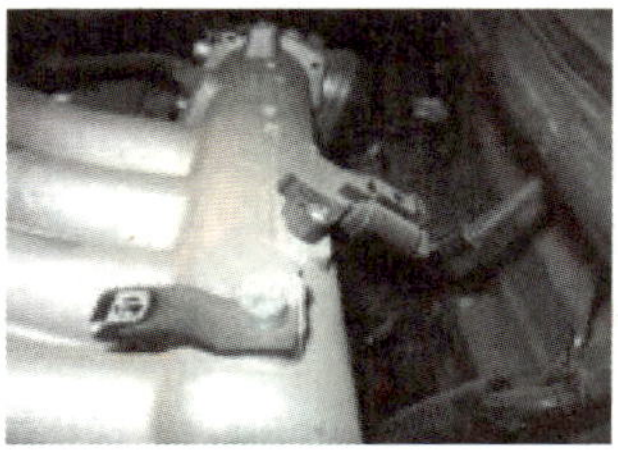

(a) ＿＿＿＿＿＿

(b) ＿＿＿＿＿＿

(c) ＿＿＿＿＿＿

(d) ＿＿＿＿＿＿

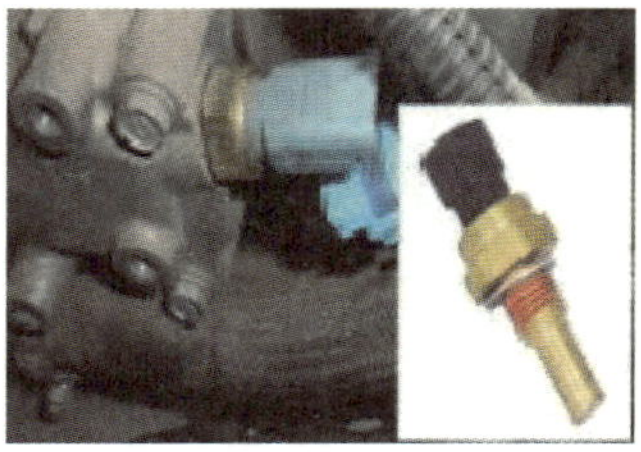

(e) ＿＿＿＿＿＿

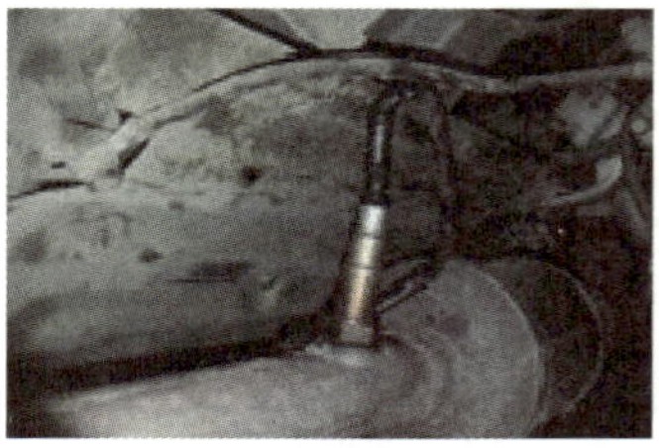

(f) ＿＿＿＿＿＿

图 4-1-1　电控元件

二、动力电控系统功能检查【操作手册】

操作步骤	操作细节	展示图	操作注意事项	使用工具
工具准备	所需工具：解码器、拆卸工具			
断开传感器和执行器插头	取下发动机护盖	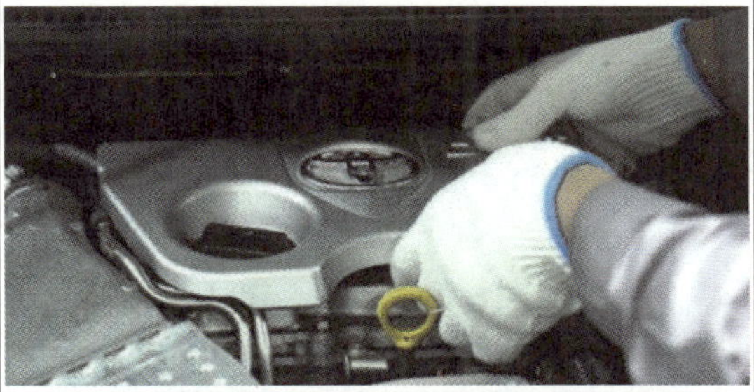	小心拿下，避免损坏卡扣	
	检查点火模块插接器	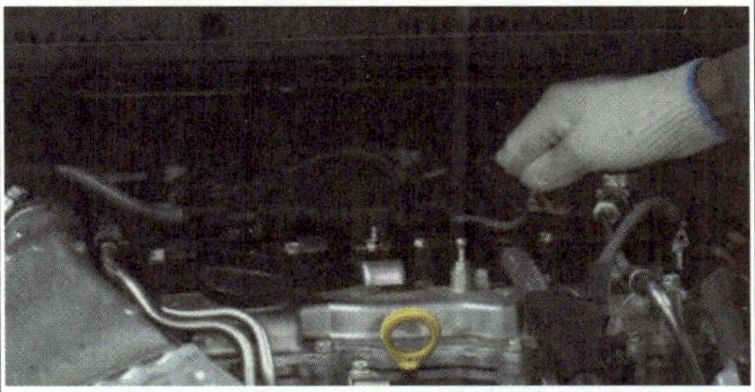	检查线缆有无破损，插接器有无松动	
	拔下进气压力、温度传感器插接线	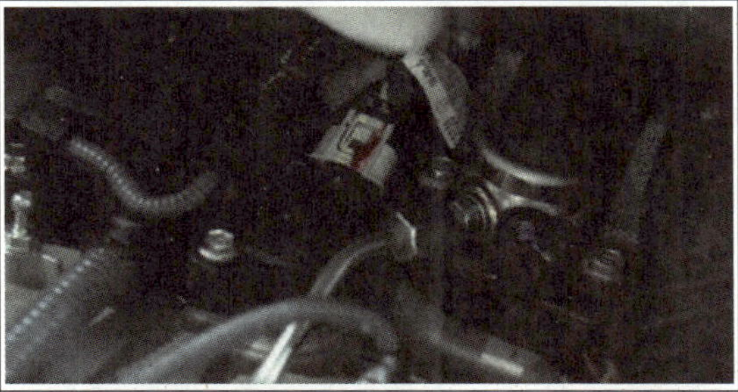	松开卡扣后再拔出，避免拖拽线束	
	拔下点火模块插接线	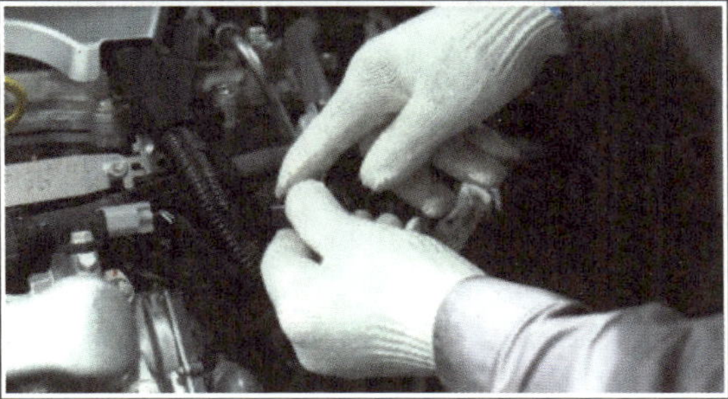	松开卡扣后再拔出，避免拖拽线束	

续表

操作步骤	操作细节	展示图	操作注意事项	使用工具
检查发动机故障灯	启动发动机，检查发动机故障灯	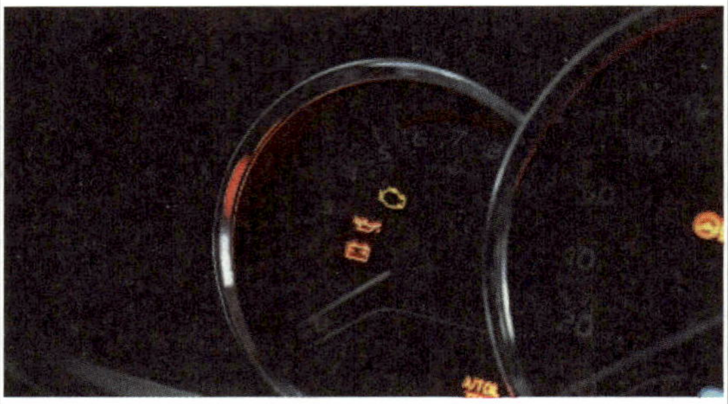	注意需要启动发动机	
连接诊断仪	连接诊断仪到OBD（车载自动诊断系统）接口	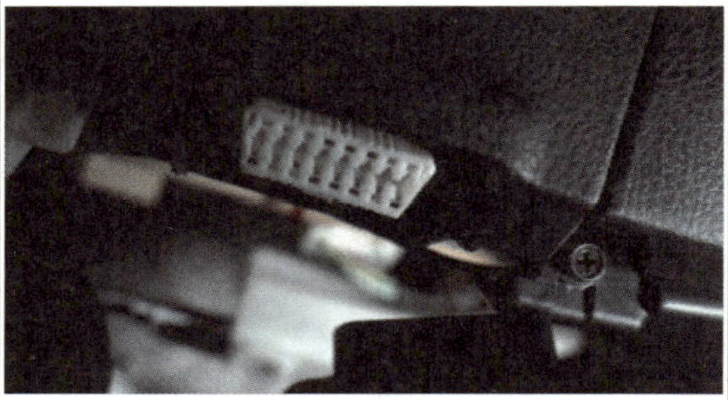	注意选择相适应的接口	
	打开解码器，选择相应的车型及年款	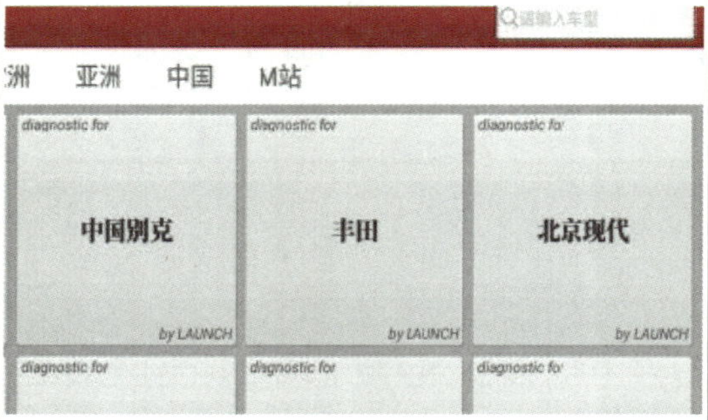	注意选择相应的车型和年款	
	选择诊断座类型	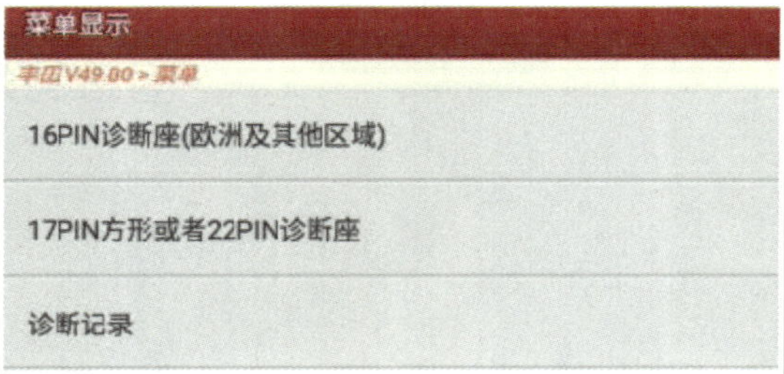		

续表

操作步骤	操作细节	展示图	操作注意事项	使用工具
连接诊断仪	确定车型	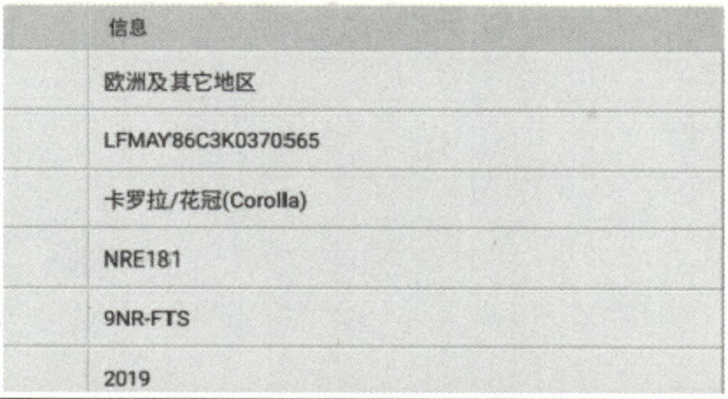		
	选择系统			
		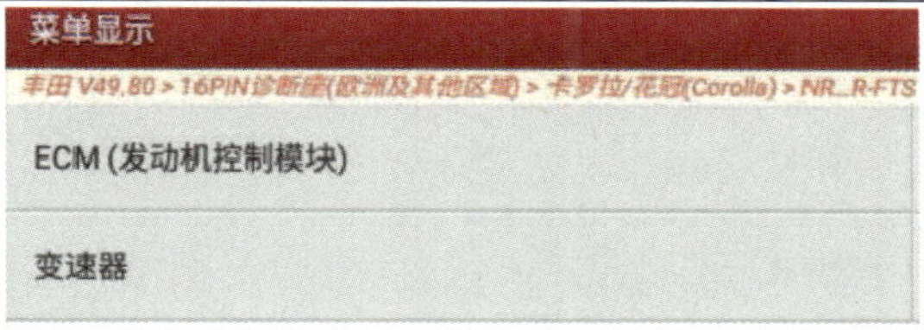		
	选择“读故障码”	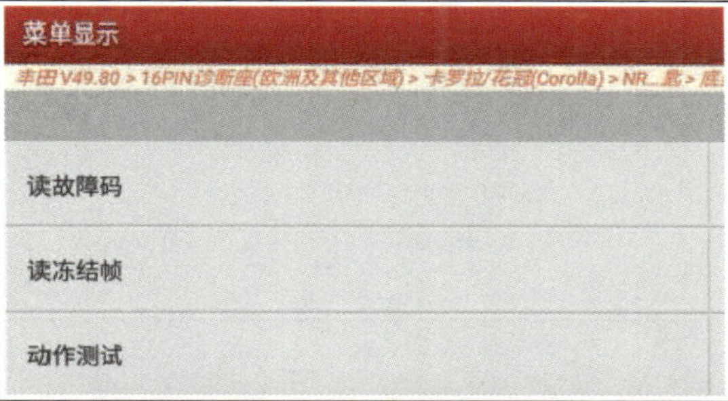		
		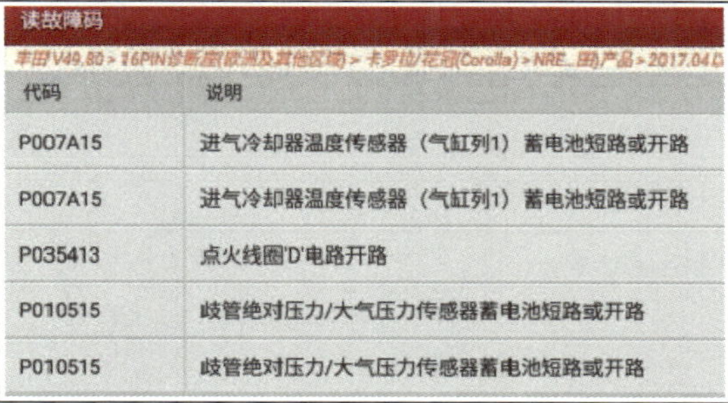		

续表

操作步骤	操作细节	展示图	操作注意事项	使用工具
连接诊断仪	选择“清故障码”	 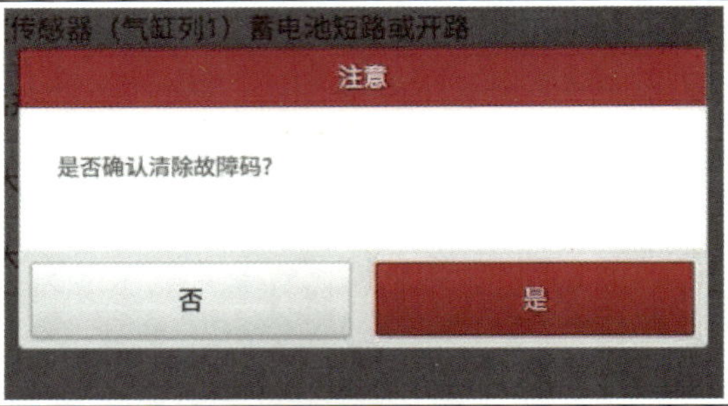		
	选择“读数据流”			
	全选读取的数据流	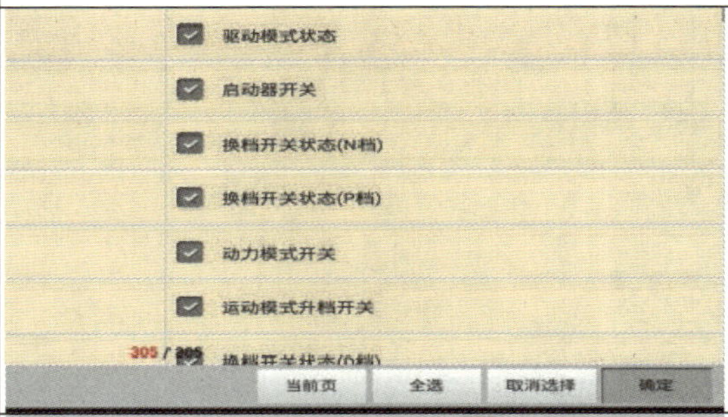 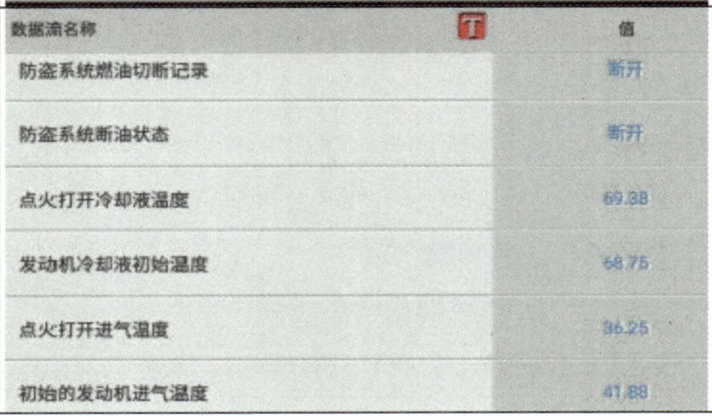		

续表

操作步骤	操作细节	展示图	操作注意事项	使用工具
连接诊断仪	连接点火模块插接器	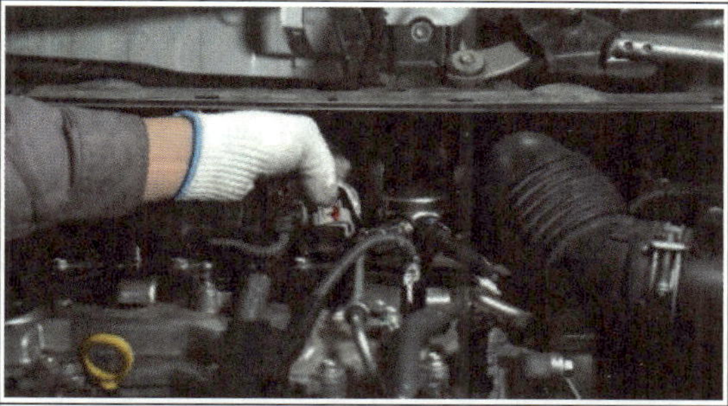	注意连接后应检查卡扣是否到位	
	用记号笔标记点火模块插接器	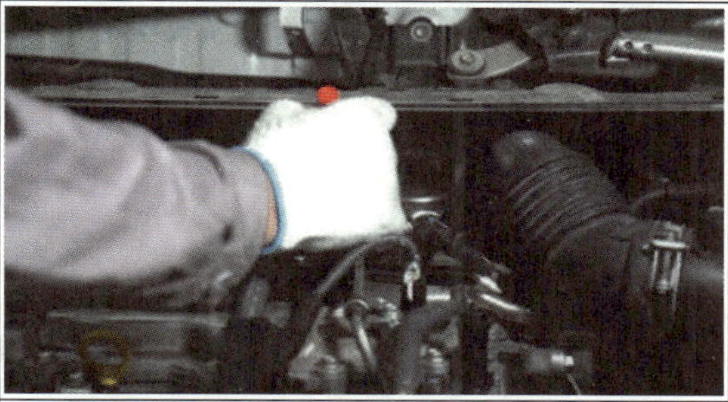	注意选择颜色合适的记号笔	记号笔
	连接进气压力、温度传感器插接器	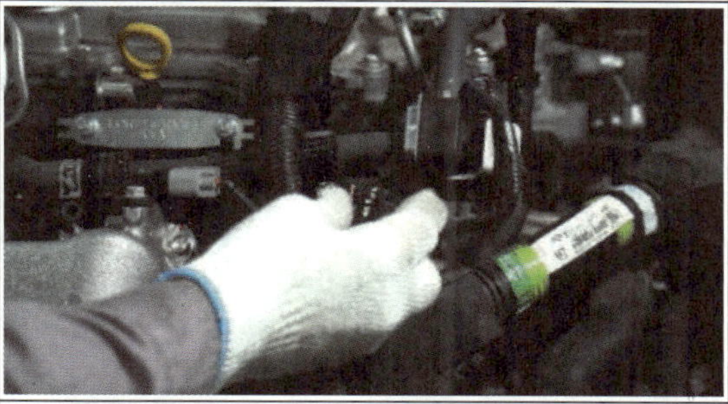	注意连接后应检查卡扣是否到位	
	用记号笔标记进气压力、温度传感器插接器		注意选择颜色合适的记号笔	记号笔
	安装发动机护盖		注意安装时卡扣安装到位	

续表

操作步骤	操作细节	展示图	操作注意事项	使用工具
连接诊断仪	选择“读故障码”	 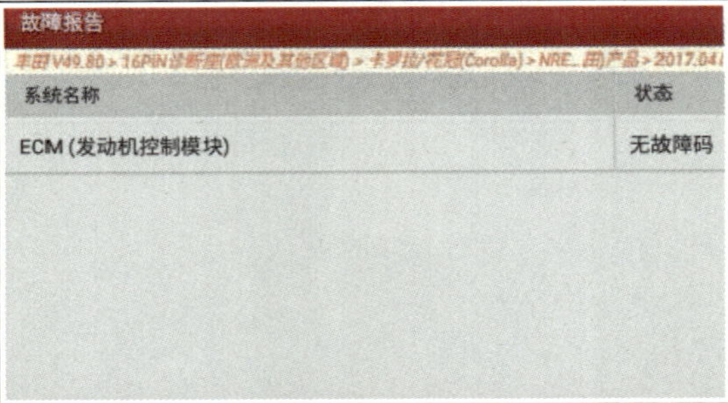		
	选择“读数据流”			
	全选读取的数据流	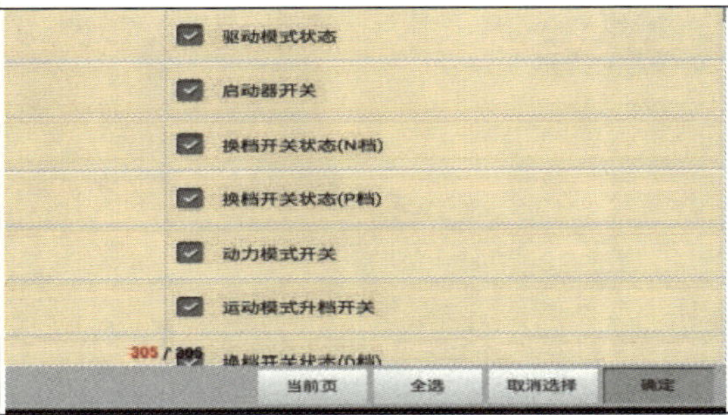		
	读取相关数据流	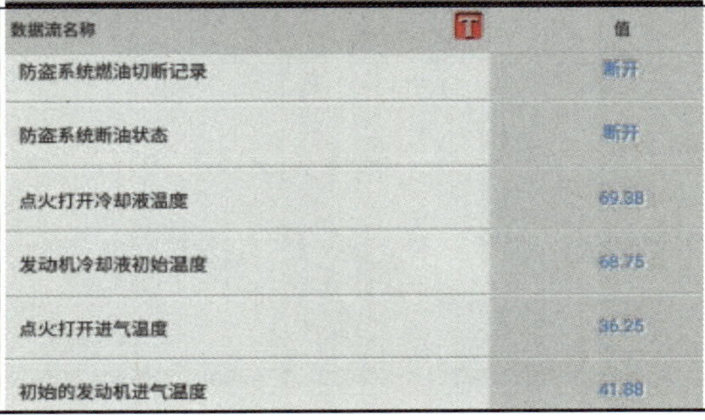		

三、动力电控系统功能检查【实操报告】

项目：动力与驱动功能检查保养（初级）		考核时间：30 min	
姓名：	班级：	学号：	考评员签字：
初评：□合格□不合格	复评：□合格□不合格	师评：□合格□不合格	
日期：	日期：	日期：	
考核任务一　动力电控系统功能检查【实操考核报告】			

1．车辆信息记录

品牌		整车型号		生产日期	
发动机型号		发动机排量		行驶里程	
车辆识别码					

2．动力电控系统故障码读取

故障灯名称	点亮情况	故障码	故障码类型
	点亮□　不亮□　闪烁□		
	点亮□　不亮□　闪烁□		
	点亮□　不亮□　闪烁□		
	点亮□　不亮□　闪烁□		

3．动力电控系统数据流读取

读取参数	数值
发动机转速	
失火转速	
气缸失火次数	
全部气缸失火次数	

四、动力电控系统功能检查【评分细则】

考核任务一　动力电控系统功能检查【评分细则】							
序号	评分项	得分条件	评分	评分要求	自评	互评	师评
1	安全、“7S”、态度	□1. 能进行工位“7S”操作 □2. 能进行设备和工具安全检查 □3. 能进行车辆安全防护操作 □4. 能进行工具清洁、校准、存放操作 □5. 能进行“三不落地”操作	15	未完成1项扣3分，扣分不得超15分	□熟练 □不熟练	□熟练 □不熟练	□合格 □不合格
2	专业技术能力	作业1： □1. 能正确检查动力系统故障灯 □2. 能正确识读动力系统故障灯 □3. 能正确清除故障码并验证 □4. 能正确读取动力系统数据流 □5. 能正确读取指定传感器断开前后数据变化 □6. 能正确读取指定执行器断开前后数据变化 作业2： □1. 能正确启动发动机 □2. 能正确断开传感器插头 □3. 能正确断开执行器插头 □4. 能正确查询相关故障码诊断程序	50	未完成1项扣5分，扣分不得超50分	□熟练 □不熟练	□熟练 □不熟练	□合格 □不合格
3	工具及设备的使用能力	□能正确使用解码器进行操作	10	未完成1项扣10分，扣分不得超10分	□熟练 □不熟练	□熟练 □不熟练	□合格 □不合格

续表

序号	评分项	得分条件	评分	评分要求	自评	互评	师评
4	资料、信息查询能力	□1. 能正确使用维修手册查询资料 □2. 能在规定时间内查询所需资料 □3. 能正确记录所查询资料章节页码 □4. 能正确记录所需维修信息	10	未完成1项扣3分，扣分不得超10分	□熟练 □不熟练	□熟练 □不熟练	□合格 □不合格
5	数据判读和分析能力	□1. 能正确识读故障符号 □2. 能识读故障码类型 □3. 能正确判断数据流是否正常	10	未完成1项扣5分，扣分不得超10分	□熟练 □不熟练	□熟练 □不熟练	□合格 □不合格
6	表单填写与报告撰写能力	□1. 字迹清晰 □2. 语句通顺 □3. 无错别字 □4. 无涂改 □5. 无抄袭	5	未完成1项扣1分，扣分不得超5分	□熟练 □不熟练	□熟练 □不熟练	□合格 □不合格
总分							

任务二　驱动电控系统功能检查

驱动电控系统功能检查

一、驱动电控系统功能检查【工作页】

驱动电控系统功能检查【工作页】			
班级		姓名	

一、填空题

1. ASR（牵引力控制）系统主要由____________、____________和____________三部分组成。

2. ASR 系统主要传感器有____________、____________、____________、____________、____________和____________等。

二、判断题

1. 车速传感器是检测汽车速度的变化，将其转换为电信号传给电控单元，作为驱动控制系统的重要信号之一。（　　）

2. 驱动防滑系统是在 ABS（防抱死刹车系统）的基础上发展起来的一套被动安全系统。（　　）

三、识图题

请注明图 4-2-1 中电控元件的名称和作用。

（a）

名称____________________

作用____________________

（b）

名称____________________

作用____________________

图 4-2-1　电控元件

二、驱动电控系统功能检查【操作手册】

操作步骤	操作细节	展示图	操作注意事项	使用工具
工具准备	所需工具：解码器、拆卸工具			
断开传感器插接器	断开无级变速器油压传感器插接器		检查线缆有无破损，插接器有无松动	
	断开挡位位置开关传感器插接器	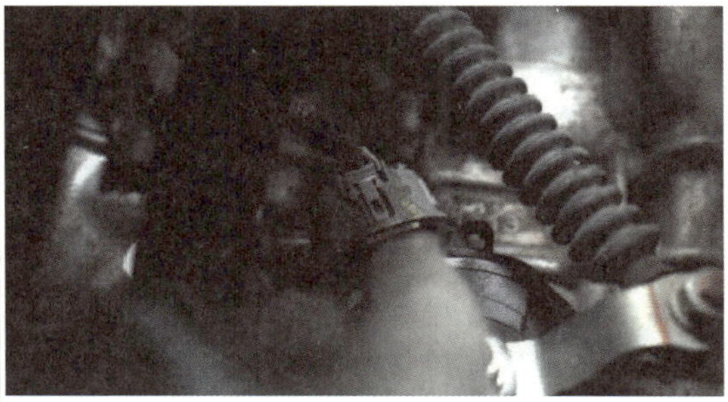	检查线缆有无破损，插接器有无松动	
连接诊断仪	连接诊断仪到OBD接口		注意选择相适应的接口	

续表

操作步骤	操作细节	展示图	操作注意事项	使用工具
启动发动机	打开点火开关启动发动机	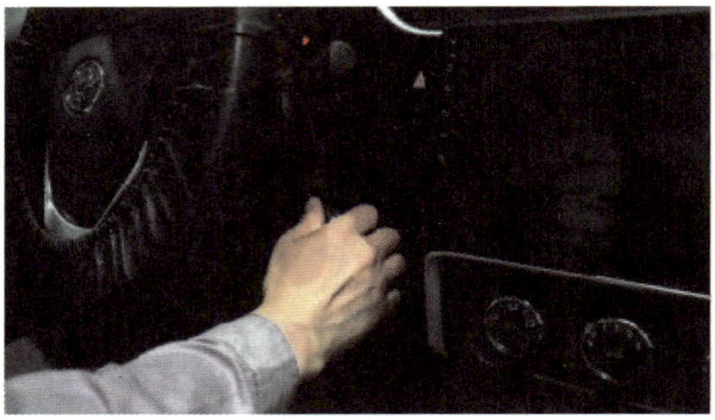	注意挡位是否在驻车挡	
解码器的使用及数据流的读取	连接诊断仪到OBD接口		注意选择相适应的接口	
	打开解码器，选择相应的车型及年款	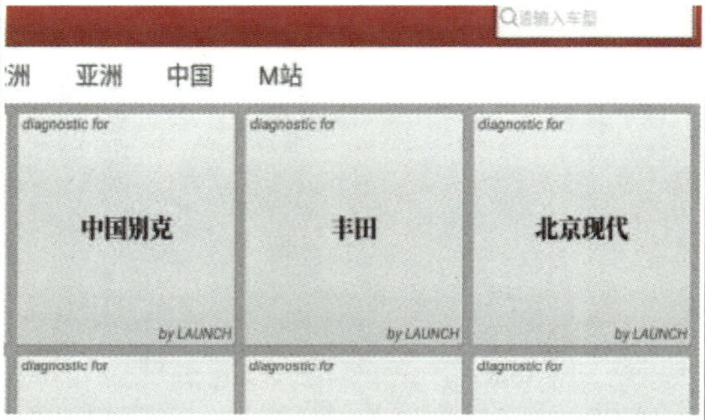	注意选择相应的车型和年款	
	选择诊断座类型	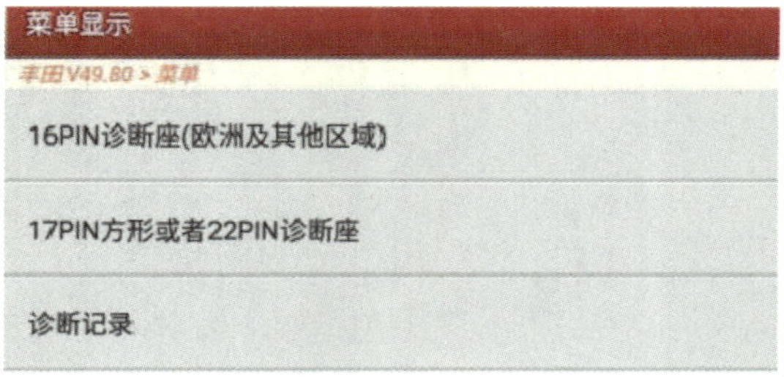		

续表

操作步骤	操作细节	展示图	操作注意事项	使用工具
解码器的使用及数据流的读取	确定车型	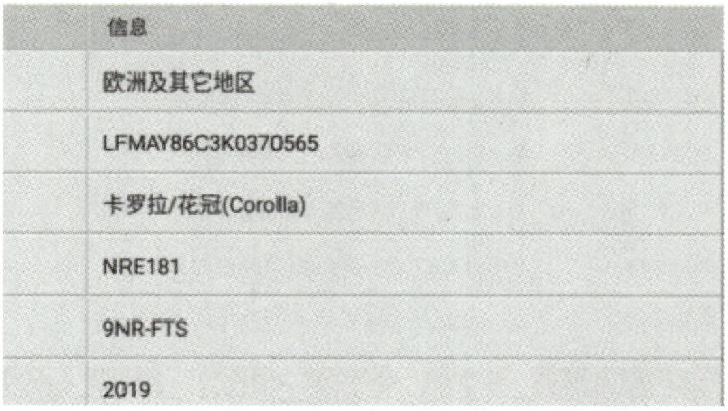		
	选择系统			

	读取故障码			

续表

操作步骤	操作细节	展示图	操作注意事项	使用工具
解码器的使用及数据流的读取	读取故障码	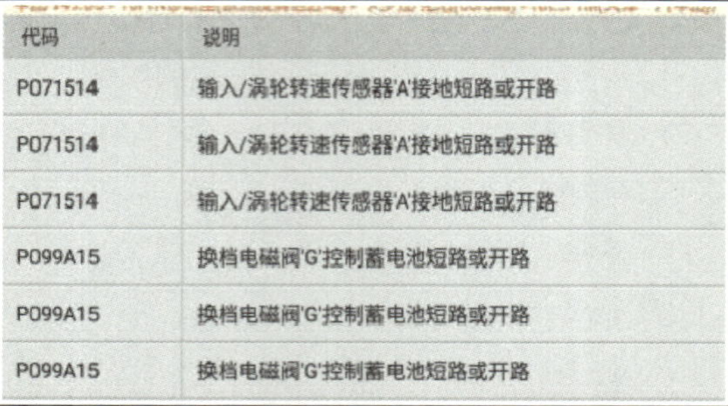 		
	读取数据流	 		

	连接变速器油温传感器插接器		注意连接后应检查卡扣是否到位	
	使用记号笔做标记	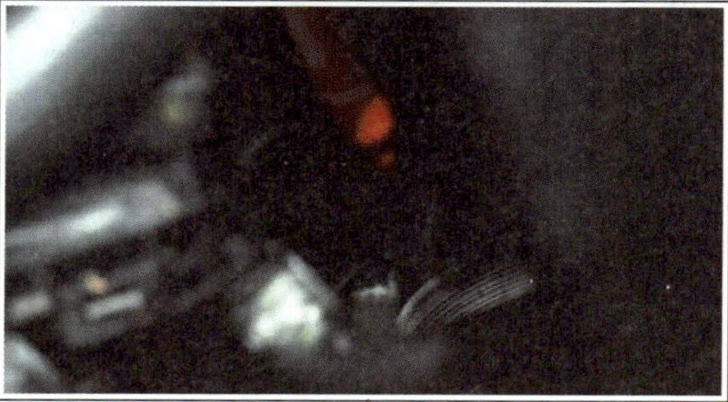	注意选择颜色合适的记号笔	记号笔

续表

<table>
<tr><th>操作步骤</th><th>操作细节</th><th>展示图</th><th>操作注意事项</th><th>使用工具</th></tr>
<tr><td rowspan="5">解码器的使用及数据流的读取</td><td>连接挡位开关传感器插接器</td><td>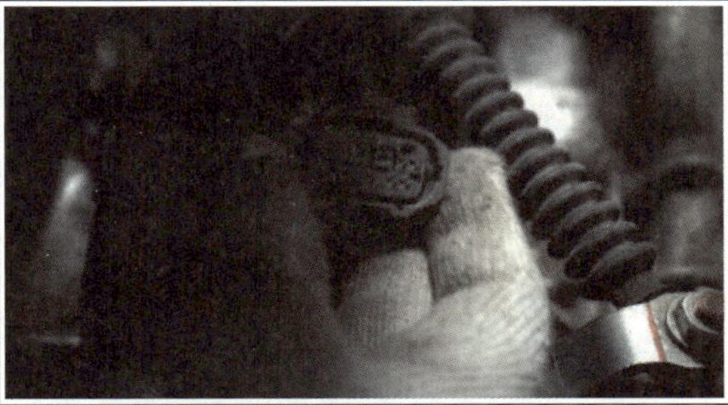</td><td>注意连接后应检查卡扣是否到位</td><td></td></tr>
<tr><td>使用记号笔做标记</td><td>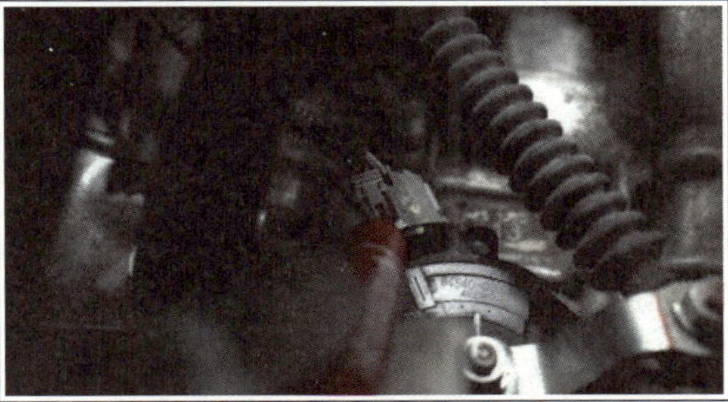</td><td>注意选择颜色合适的记号笔</td><td>记号笔</td></tr>
<tr><td rowspan="3">选择“清故障码”</td><td>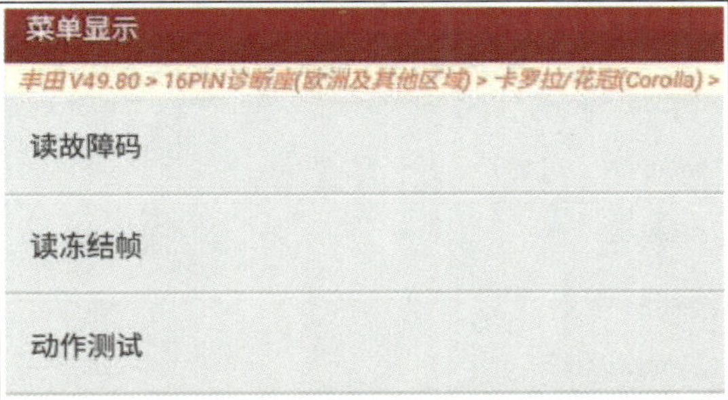
</td><td></td><td></td></tr>
<tr><td>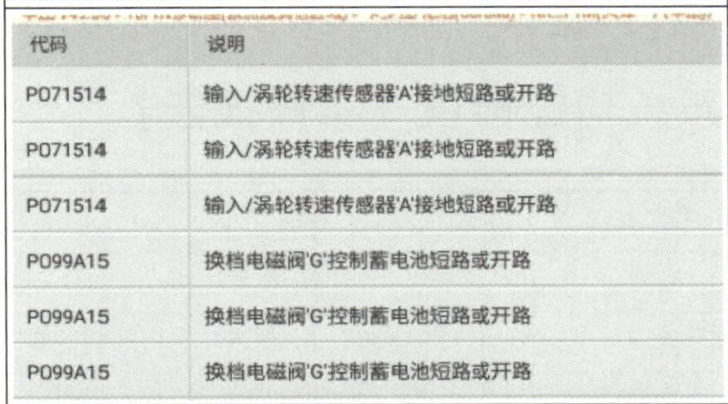
</td><td></td><td></td></tr>
<tr><td>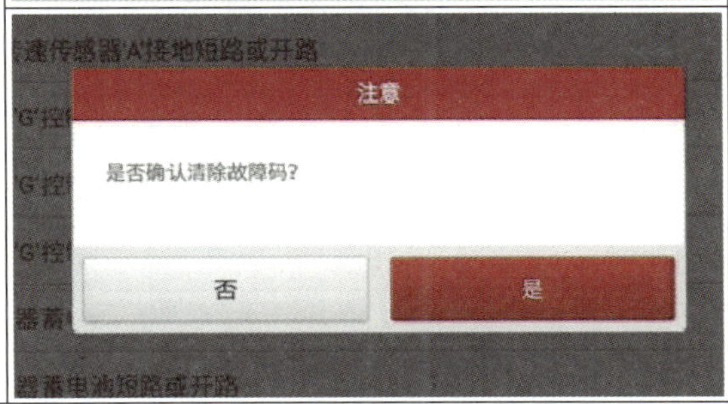
</td><td></td><td></td></tr>
</table>

续表

操作步骤	操作细节	展示图	操作注意事项	使用工具
解码器的使用及数据流的读取		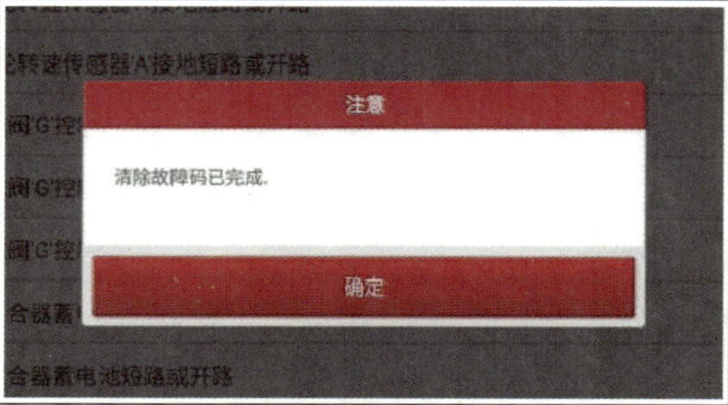		
	读取数据流			
		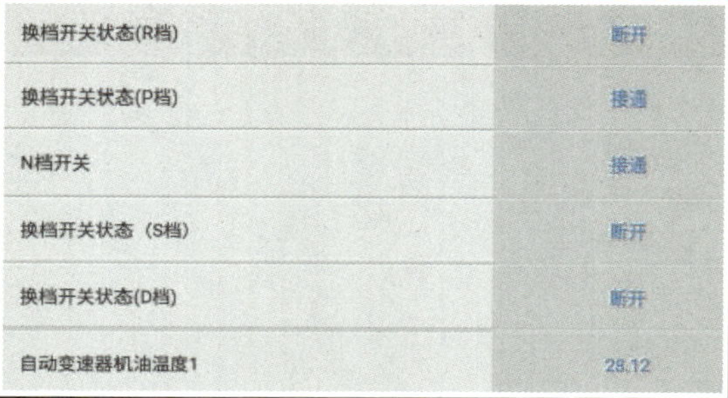		

三、驱动电控系统功能检查【实操报告】

项目：动力与驱动功能检查保养（初级）		考核时间：30 min	
姓名：	班级：	学号：	考评员签字：
初评：□合格□不合格	复评：□合格□不合格	师评：□合格□不合格	
日期：	日期：	日期：	
考核任务二　驱动电控系统功能检查【实操考核报告】			

1．车辆信息记录

品牌		整车型号		生产日期	
发动机型号		发动机排量		行驶里程	
车辆识别码					

2．动力电控系统故障码读取

故障灯名称	点亮情况	故障码	故障码类型
	点亮□　不亮□　闪烁□		
	点亮□　不亮□　闪烁□		
	点亮□　不亮□　闪烁□		
	点亮□　不亮□　闪烁□		

3．动力电控系统数据流读取

读取参数	数值
挡位开关信息	
变速器油温度	

四、驱动电控系统功能检查【评分细则】

考核任务二　驱动电控系统功能检查保养【评分细则】							
序号	评分项	得分条件	评分	评分要求	自评	互评	师评
1	安全、“7S”、态度	□1. 能进行工位“7S”操作 □2. 能进行设备和工具安全检查 □3. 能进行车辆安全防护操作 □4. 能进行工具清洁、校准、存放操作 □5. 能进行“三不落地”操作	15	未完成1项扣3分，扣分不得超15分	□熟练 □不熟练	□熟练 □不熟练	□合格 □不合格
2	专业技术能力	作业 1： □1. 能正确检查驱动系统故障灯 □2. 能正确读取驱动系统故障码 □3. 能正确清除故障码并验证 □4. 能正确读取驱动系统数据流 □5. 能正确读取指定传感器断开前后数据变化 □6. 能正确读取指定执行器断开前后数据变化	50	未完成1项扣5分，扣分不得超50分	□熟练 □不熟练	□熟练 □不熟练	□合格 □不合格

续表

序号	评分项	得分条件	评分	评分要求	自评	互评	师评
2	专业技术能力	作业 2: □1. 能正确启动发动机 □2. 能正确断开传感器插头 □3. 能正确断开执行器插头 □4. 能正确操作挡位	50	未完成 1 项扣 5 分，扣分不得超 50 分	□熟练 □不熟练	□熟练 □不熟练	□合格 □不合格
3	工具及设备的使用能力	□1. 能正确连接解码器 □2. 能正确使用解码器进行操作	10	未完成 1 项扣 5 分，扣分不得超 10 分	□熟练 □不熟练	□熟练 □不熟练	□合格 □不合格
4	资料、信息查询能力	□1. 能正确使用维修手册查询资料 □2. 能在规定时间内查询所需资料 □3. 能正确记录所查询资料章节页码 □4. 能正确记录所需维修信息	10	未完成 1 项扣 3 分，扣分不得超 10 分	□熟练 □不熟练	□熟练 □不熟练	□合格 □不合格
5	数据判读和分析能力	□1. 能判读故障灯符号 □2. 能判读故障码类型 □3. 能判读数据流是否正常	10	未完成 1 项扣 5 分，扣分不得超 10 分	□熟练 □不熟练	□熟练 □不熟练	□合格 □不合格
6	表单填写与报告撰写能力	□1. 字迹清晰 □2. 语句通顺 □3. 无错别字 □4. 无涂改 □5. 无抄袭	5	未完成 1 项扣 1 分，扣分不得超 5 分	□熟练 □不熟练	□熟练 □不熟练	□合格 □不合格
总分							

任务三　动力驱动系统功能测试

动力驱动系统功能测试

一、动力驱动系统功能测试【工作页】

动力驱动系统功能测试【工作页】			
班级		姓名	

一、填空题

1. 动力驱动系统动作测试就是用________________连接车辆以后，用________________输出信号给系统控制单元，控制测试一些________________，测试其工作是否正常。

2. 在发动机工作属性中 r/min 或 rpm 表示________________。

3. VIN 是英文 Vehicle Identification Number（车辆识别码）的缩写。SAE 标准规定：VIN 码由 17 位字符组成，所以俗称________________位码。

二、判断题

1. 动作测试就是用诊断仪连接车辆以后，用诊断仪输出信号给系统控制单元，控制测试一些执行器，控制单元动作测试的目的是测试各系统执行器是否正常。(　　)

2. 蓄电池拆装后，有些电子设备需要重新进行设定。(　　)

三、节气门设定

奇骏车的气门设定为：每次断开加速踏板位置传感器或 ECM（引擎控制模块）的线束插头后，必须进行的操作程序如下：

1. ____

2. ____

3. ____

4. ____

二、动力驱动系统功能测试【操作手册】

操作步骤	操作细节	展示图	操作注意事项	使用工具
工具准备	所需工具：解码器、拆卸工具			
断开传感器插接器	断开涡轮增压传感器	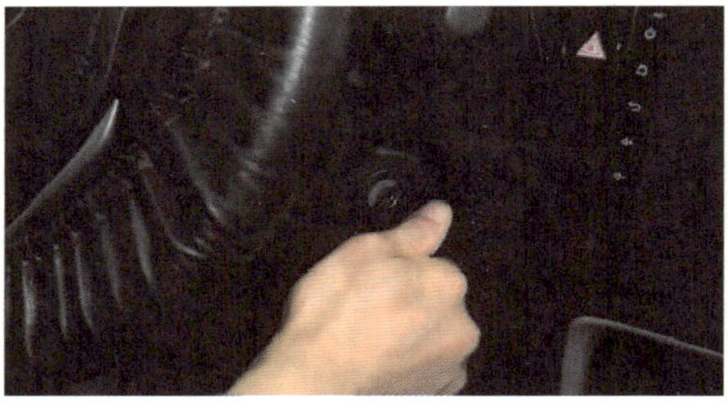	检查线缆有无破损，插接器有无松动	
查看发动机故障灯	打开点火开关，启动发动机	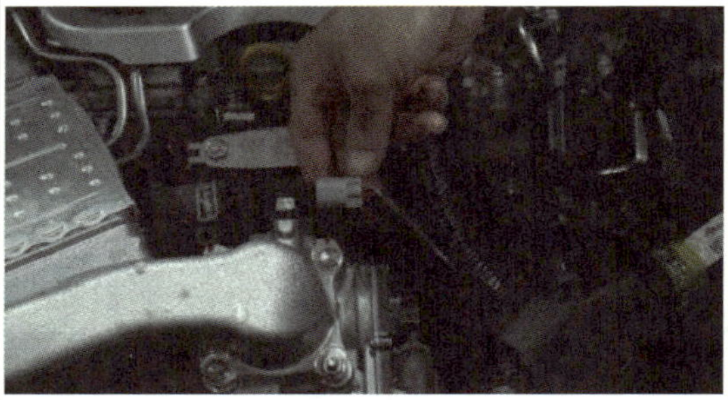	注意挡位是否在P挡	
	查看发动机故障灯		注意故障灯类型及闪烁情况	

续表

操作步骤	操作细节	展示图	操作注意事项	使用工具
连接传感器插接器	插接涡轮增压传感器		注意连接后应检查卡扣是否到位	
	使用记号笔标记传感器	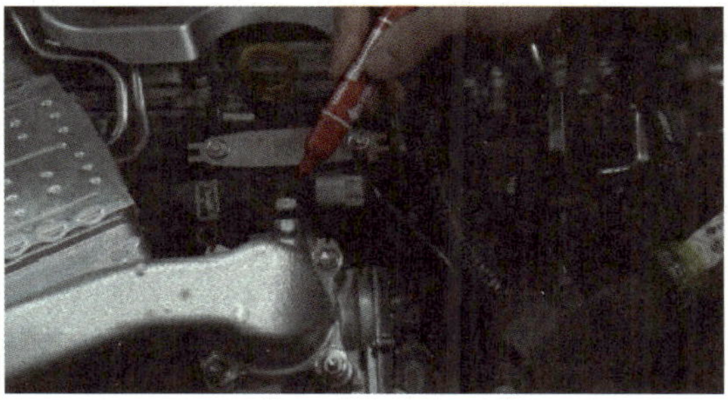	注意选择颜色合适的记号笔	记号笔
使用解码器读取数据流及动作测试	连接诊断仪到OBD接口	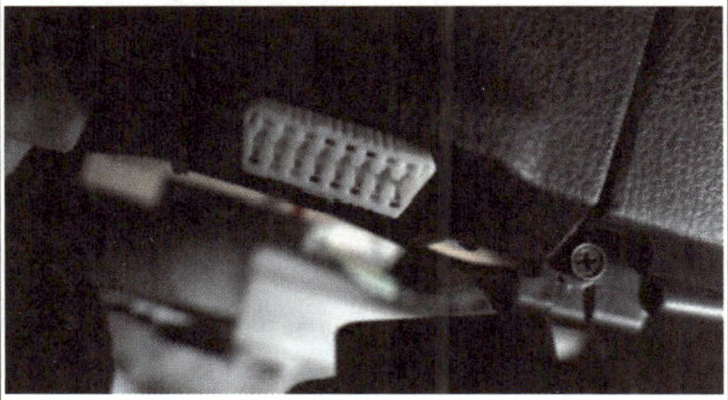	注意选择相适应的接口	
	打开解码器，选择相应的车型及年款		注意选择相应的车型和年款	

续表

操作步骤	操作细节	展示图	操作注意事项	使用工具
使用解码器读取数据流及动作测试	确定车型	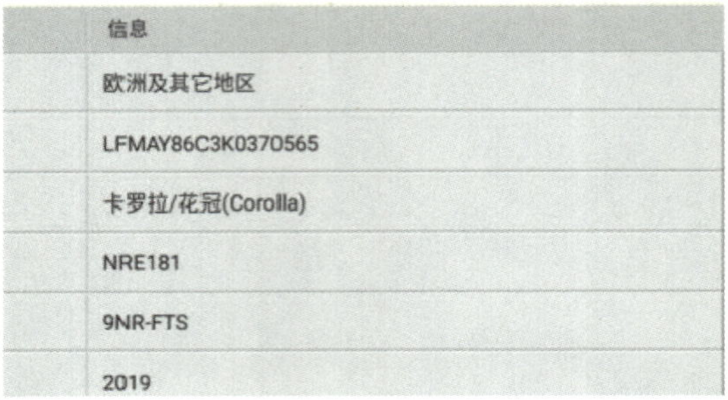		
	选择系统			
			注意选择正确的控制模块	
	选择“读故障码”			

续表

操作步骤	操作细节	展示图	操作注意事项	使用工具
使用解码器读取数据流及动作测试	选择“读故障码”	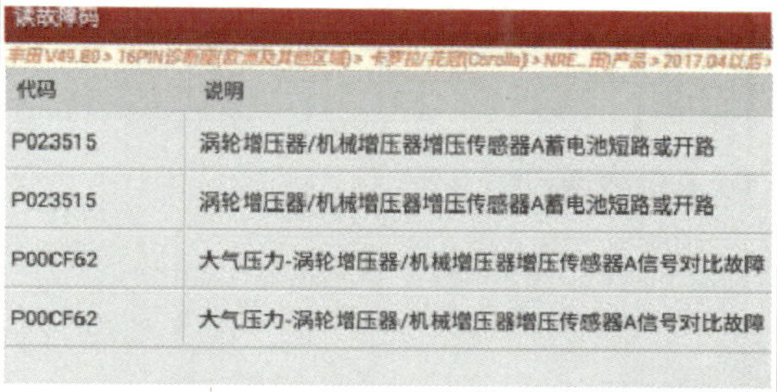		
	清除故障码	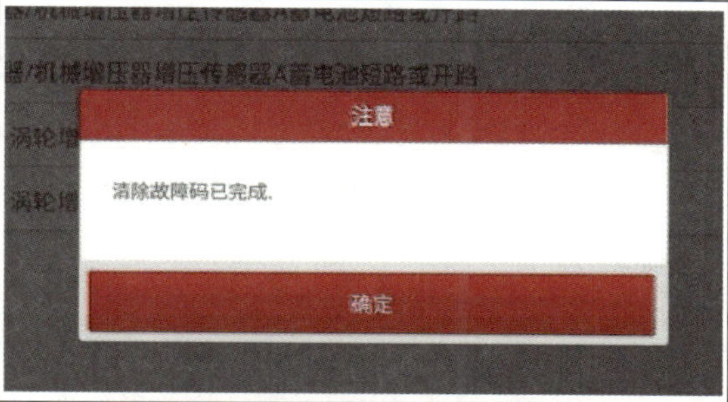		
	再次选择“读故障码”		注意清除后需要再次读取	
	重新启动发动机，看故障灯		注意挡位是否在P挡	
	选择“动作测试”		注意选择发动机控制模块	

续表

操作步骤	操作细节	展示图	操作注意事项	使用工具
使用解码器读取数据流及动作测试	选择发动机冷却风扇占空比	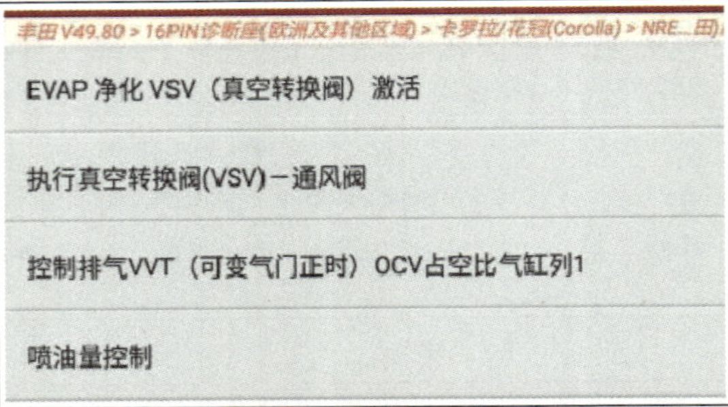		
	选择“需要监控数据流”	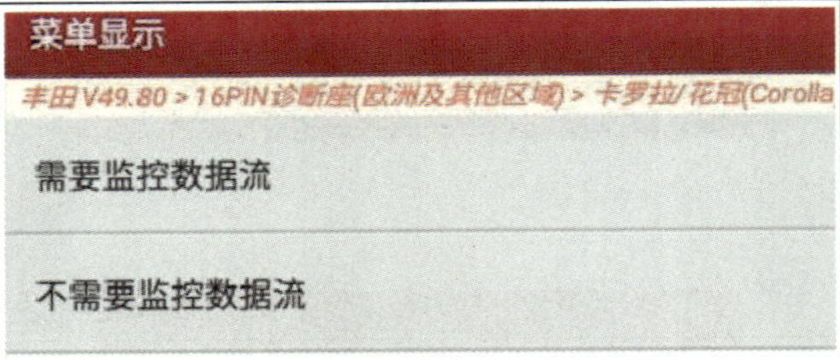		
	选择冷却风扇占空比数据流			
	输入三次不同冷却风扇占空比值	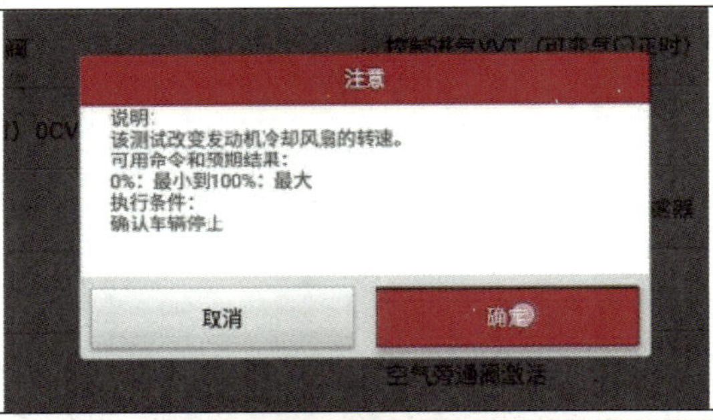	注意输入值的范围	
	选择“动作测试”			

续表

操作步骤	操作细节	展示图	操作注意事项	使用工具
使用解码器读取数据流及动作测试	选择“需要监控数据流”			
	选择“节气门传感器位置”	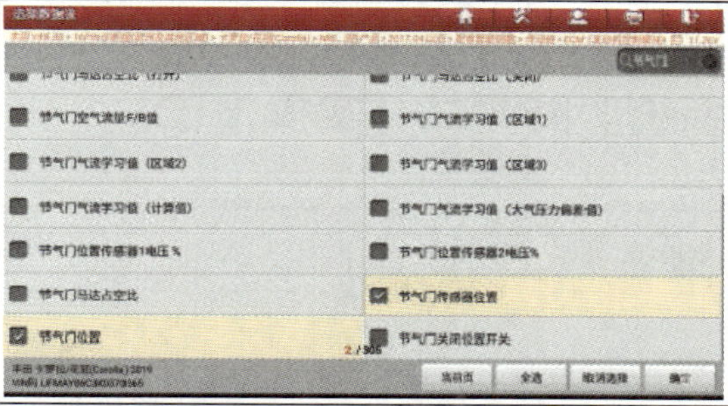		
	查看节气门开度并启动作测试	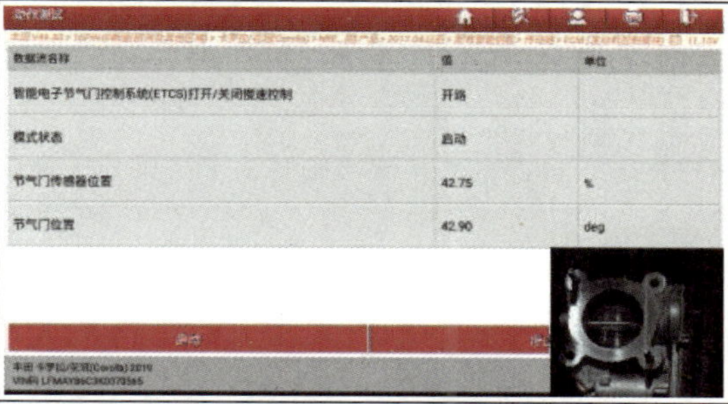	注意观察节气门开度变化	
	选择“动作测试”	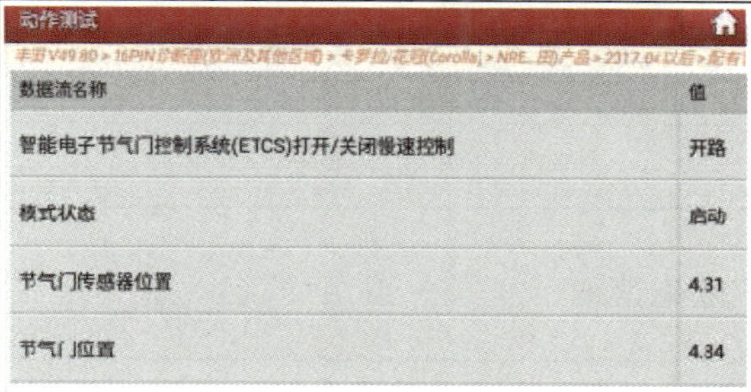		
	选择“燃油泵占空比控制”	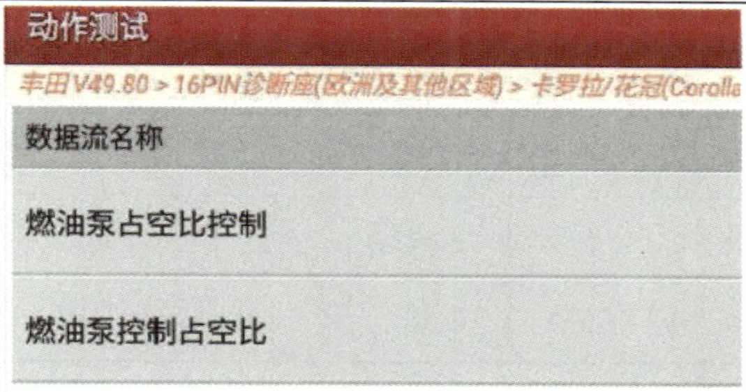		

续表

操作步骤	操作细节	展示图	操作注意事项	使用工具
使用解码器读取数据流及动作测试	开始燃油泵动作测试	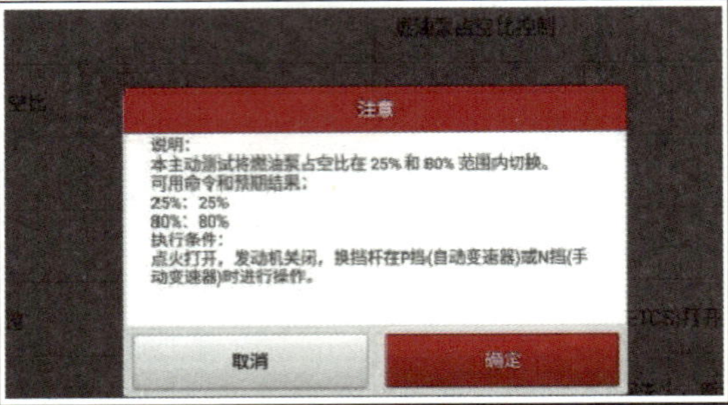	注意观察数据流变化	

三、动力驱动系统功能测试【实操报告】

项目：动力与驱动功能检查保养（初级）		考核时间：30 min	
姓名：	班级：	学号：	考评员签字：
初评：□合格□不合格	复评：□合格□不合格	师评：□合格□不合格	
日期：	日期：	日期：	
考核任务三　动力驱动系统功能测试【实操考核报告】			

1．车辆信息记录

品牌		整车型号		生产日期	
发动机型号		发动机排量		行驶里程	
车辆识别码					

2．动力电控系统故障码读取

故障灯名称	点亮情况	故障码	故障码类型
	点亮□　不亮□　闪烁□		
	点亮□　不亮□　闪烁□		
	点亮□　不亮□　闪烁□		
	点亮□　不亮□　闪烁□		

3．动力电控系统数据流读取

读取参数	数值
冷却风扇转速	
节气门开度位置	
燃油压力	

四、动力驱动系统功能测试【评分细则】

考核任务三　动力驱动系统功能测试【评分细则】							
序号	评分项	得分条件	评分	评分要求	自评	互评	师评
1	安全、“7S”、态度	□1. 能进行工位“7S”操作 □2. 能进行设备和工具安全检查 □3. 能进行车辆安全防护操作 □4. 能进行工具清洁、校准、存放操作 □5. 能进行“三不落地”操作	15	未完成1项扣3分，扣分不得超15分	□熟练 □不熟练	□熟练 □不熟练	□合格 □不合格
2	专业技术能力	作业1： □1. 能正确操作故障灯点亮 □2. 能正确操作冷却风扇低、中、高速转动 □3. 能正确操作电子节气门打开、关闭 □4. 能正确操作油泵工作 □5. 能正确读取动作测试的数据流 作业2： □1. 能正确观察故障灯工作情况 □2. 能正确观察冷却风扇工作情况 □3. 能正确观察节气门工作情况	50	未完成1项扣8分，扣分不得超50分	□熟练 □不熟练	□熟练 □不熟练	□合格 □不合格
3	工具及设备的使用能力	□1. 能正确连接解码器 □2. 能正确使用解码器进行操作	10	未完成1项扣5分，扣分不得超10分	□熟练 □不熟练	□熟练 □不熟练	□合格 □不合格

续表

序号	评分项	得分条件	评分	评分要求	自评	互评	师评
4	资料、信息查询能力	□1. 能正确使用维修手册查询资料 □2. 能在规定时间内查询所需资料 □3. 能正确记录所查询资料章节页码 □4. 能正确记录所需维修信息	10	未完成1项扣3分,扣分不得超10分	□熟练 □不熟练	□熟练 □不熟练	□合格 □不合格
5	数据判读和分析能力	□1. 能判读故障灯工作是否正常 □2. 能判断冷却风扇是否正常 □3. 能电子节气门是否正常 □4. 能判断油泵是否正常	10	未完成1项扣5分,扣分不得超10分	□熟练 □不熟练	□熟练 □不熟练	□合格 □不合格
6	表单填写与报告撰写能力	□1. 字迹清晰 □2. 语句通顺 □3. 无错别字 □4. 无涂改 □5. 无抄袭	5	未完成1项扣1分,扣分不得超5分	□熟练 □不熟练	□熟练 □不熟练	□合格 □不合格
总分							

任务四　驱动皮带正时功能检查

一、驱动皮带正时功能检查【工作页】

驱动皮带正时功能检查【工作页】			
班级：		姓名：	

一、填空题

1. 配气机构通常由________和________两部分组成。

2. 正时皮带式传动装置通常由________、________、________、正时皮带等构成。

二、判断题

1. 发动机在组装时，必须保证曲轴和凸轮轴正时齿轮正确安装位置。(　　)

2. 发动机的正时机构作用与配气正时作用一样。(　　)

三、问答题

什么是发动机正时？

____

____

____

四、识图题

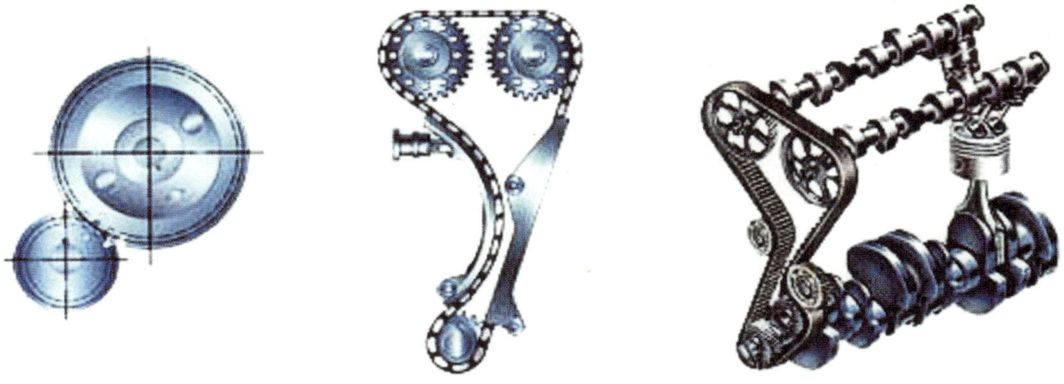

(a)________　　(b)________　　(c)________

图 4-4-1　配气机构传动方式

二、驱动皮带正时功能检查【操作手册】

操作步骤	操作细节	展示图	操作注意事项	使用工具
工具准备	所需工具：密封胶、组合工具、扭力扳手等	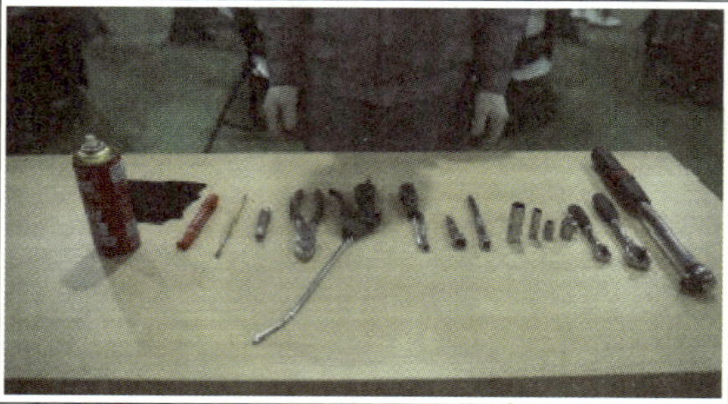		
拆卸正时链条外围零件	拆卸凸轮轴调节阀固定螺栓			棘轮扳手、短接杆、TX30
	取下两个凸轮轴调节阀			
	拆卸正时链上护板固定螺栓			棘轮扳手、短接杆、TX30
	取下正时链上护板			

续表

操作步骤	操作细节	展示图	操作注意事项	使用工具
拆卸正时链条外围零件	拆卸正时链下护板固定螺栓			棘轮扳手、短接杆、TX30
	拆卸皮带轮固定螺栓	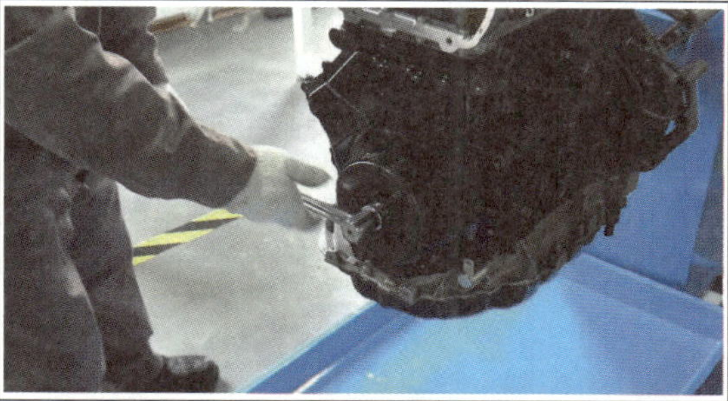		公斤扳手、24 mm 套筒
	取下皮带轮	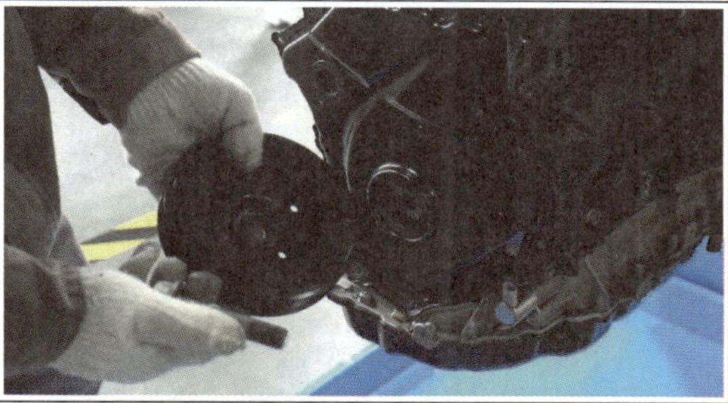		
	使用专用工具分离正时链下护板	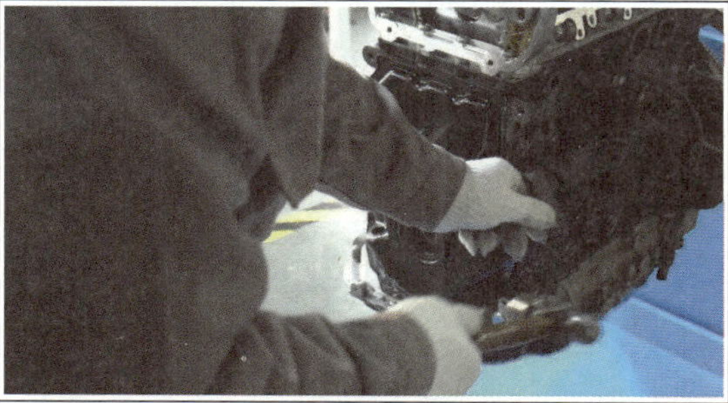		
	取下正时链下护板	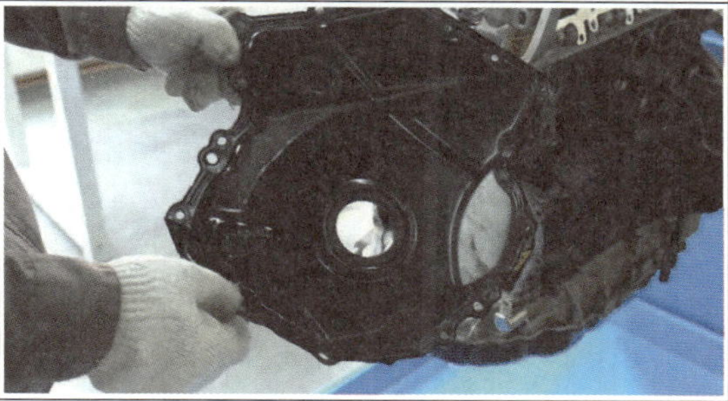		

续表

操作步骤	操作细节	展示图	操作注意事项	使用工具
拆卸、检查正时链条	安装皮带轮正时专用工具	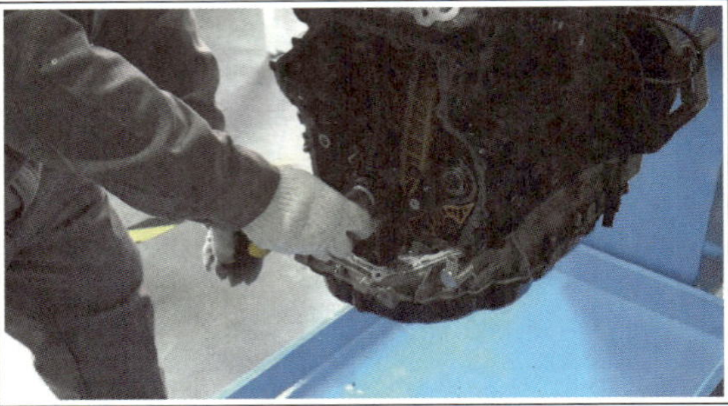		
	拆卸凸轮轴控制阀		注意松动方向为顺时针方向	公斤扳手、T10352
	取下凸轮轴控制阀			
	拆卸凸轮轴轴承座固定螺栓			棘轮扳手、短接杆、TX30
	使用橡胶锤轻轻将凸轮轴轴承座敲落	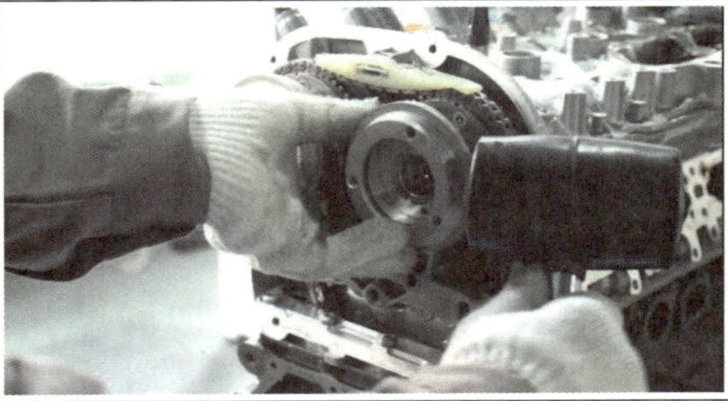		

续表

操作步骤	操作细节	展示图	操作注意事项	使用工具
	取下凸轮轴轴承座			
	安装凸轮轴固定工具 T40271/1 及 T40271/2			
拆卸、检查正时链条	使用定位销锁死正时链条张紧器			T40011
	使用平口起子拆卸滑轨 1			
	使用 T40011 锁住机油泵链条张紧器的卡箍	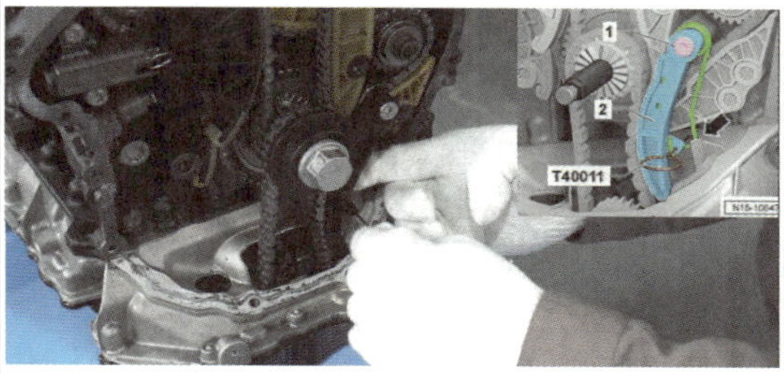		

续表

操作步骤	操作细节	展示图	操作注意事项	使用工具
拆卸、检查正时链条	拆卸机油泵链条张紧轨	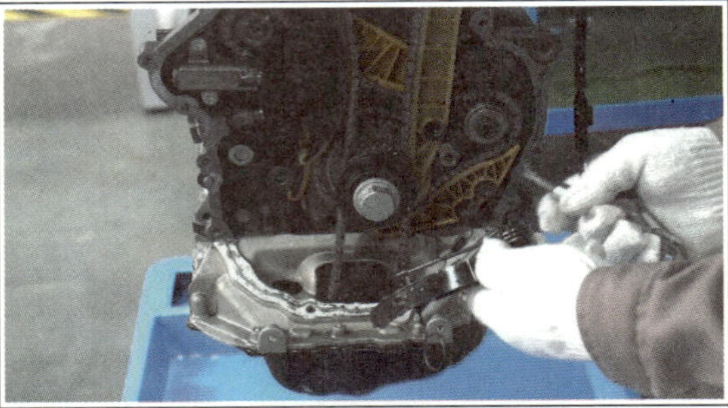		棘轮扳手、短接杆、TX30
	拆卸并取下滑轨2			棘轮扳手、转接头、M10/M12花工具
	拆卸并取下左侧滑轨			棘轮扳手、转接头、M10/M12花工具
	拆卸并取下正时链条张紧器	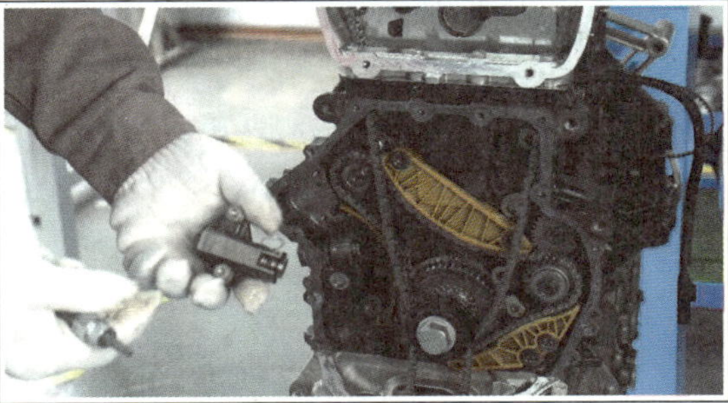		棘轮扳手、短接杆、TX30
	拆卸平衡轴张紧器1			大号棘轮扳手及27 mm套筒

续表

操作步骤	操作细节	展示图	操作注意事项	使用工具
拆卸、检查正时链条	拆卸滑轨 2	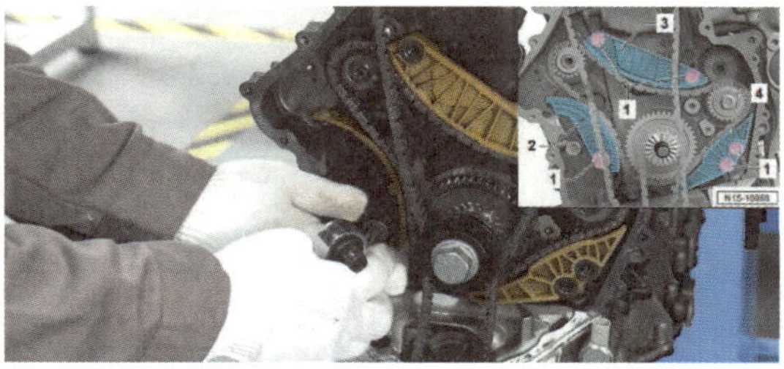		棘轮扳手、转接头、M10/M12 花工具
	拆卸滑轨 3			棘轮扳手、转接头、M10/M12 花工具
	拆卸滑轨 4	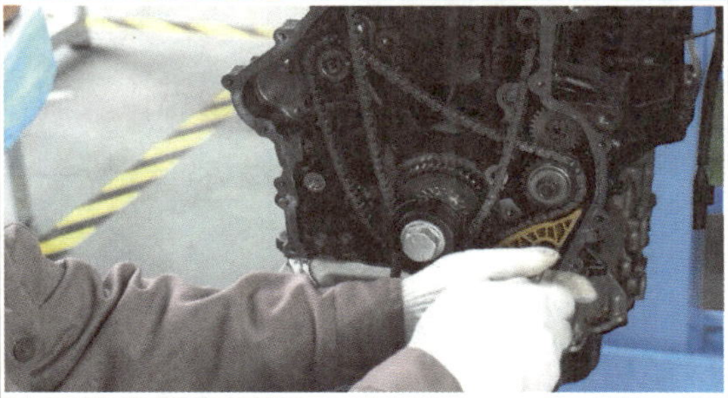		棘轮扳手、转接头、M10/M12 花工具
	先松开张紧销 A，然后拧出张紧销 B			公斤扳手及 21 mm 套筒
	取出三级链轮			

续表

操作步骤	操作细节	展示图	操作注意事项	使用工具
拆卸、检查正时链条	取下正时链条			
	正时链条检查			
	取下平衡轴正时链条			
拆卸凸轮轴	取下气缸盖			
	取下进气侧凸轮轴			

续表

操作步骤	操作细节	展示图	操作注意事项	使用工具
拆卸凸轮轴	取下排气侧凸轮轴			
安装凸轮轴	对气门室盖接合面打胶		使用专用密封胶，注意均匀涂抹，厚度不超过1 mm	
	安装排气侧凸轮轴			
	安装进气侧凸轮轴，注意标记处向上			
	使用机油枪润滑凸轮轴			

续表

操作步骤	操作细节	展示图	操作注意事项	使用工具
安装凸轮轴	安装气门室盖			
	使用记号笔对三级链轮座打上标记			
	使用记号笔在气缸体上打上标记			
安装二级齿轮	安装二级齿轮		注意二级齿轮与平衡轴齿轮之间的配合关系	
	检查是否安装到位			

续表

操作步骤	操作细节	展示图	操作注意事项	使用工具
安装二级齿轮	拧紧二级链轮固定螺栓			棘轮扳手、转接头及M10/M12花工具
	按规定力矩紧固螺栓		以10 N·m的力矩紧固螺栓	
安装平衡轴正时链条	安装平衡轴正时链条			
	安装凸轮轴正时链条		注意彩色的链节与齿轮标记处对应	
	安装平衡轴滑轨			

续表

操作步骤	操作细节	展示图	操作注意事项	使用工具
安装平衡轴正时链条	按规定力矩紧固螺栓	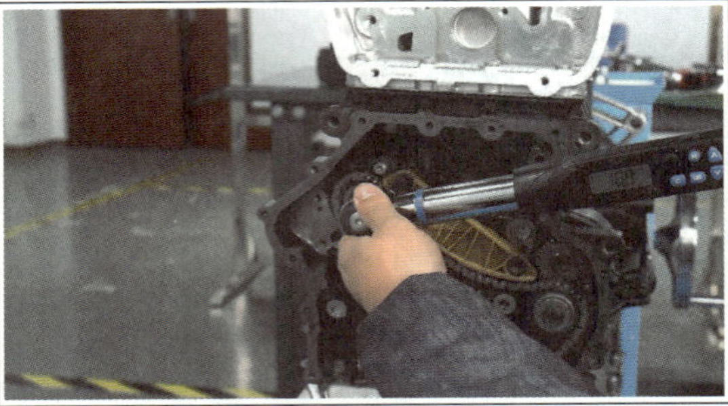	以 20 N·m 的力矩紧固螺栓	
	将正时链挂在凸轮轴销轴上			
安装三级链轮	安装三级链轮		注意链轮上的标记与缸体上的标记对应	
	安装平衡轴滑轨			棘轮扳手、转接头、M10/M12 花工具
	安装左侧滑轨			

续表

操作步骤	操作细节	展示图	操作注意事项	使用工具
安装三级链轮	按规定力矩紧固左侧螺栓	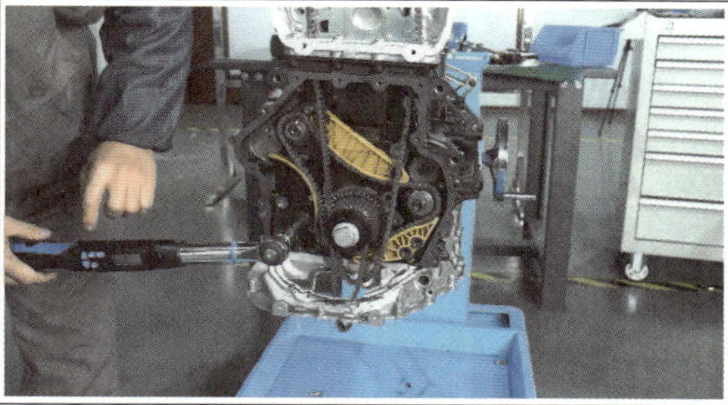	以 20 N·m 的力矩紧固螺栓	
	按规定力矩紧固右侧螺栓	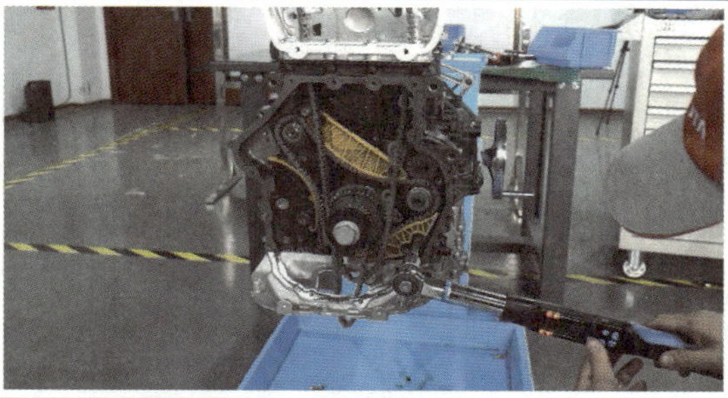	以 20 N·m 的力矩紧固右侧螺栓	
安装张紧器	安装平衡轴滑轨张紧器			
	紧固张紧器			大号棘轮扳手及 27 mm 套筒
安装正时链条	安装凸轮轴固定装置 T40271/1 及 T40271/2			

续表

操作步骤	操作细节	展示图	操作注意事项	使用工具
安装正时链条	将正时链轮上的标记点与气门室盖的标记点对应			
	安装正时链条			
	注意彩色链节与标记处对应			
	正时链条彩色链节也要与三级链轮上的标记处对应			
	安装正时链条导轨			

续表

操作步骤	操作细节	展示图	操作注意事项	使用工具
安装正时链条	紧固导轨固定螺栓			棘轮扳手、转接头、M10/M12花工具
	按规定力矩紧固螺栓		以 20 N·m 的力矩紧固螺栓	
	安装正时链条上部滑轨			
	安装正时链条左侧滑轨			
	按规定力矩紧固螺栓		以 20 N·m 的力矩紧固螺栓	

续表

操作步骤	操作细节	展示图	操作注意事项	使用工具
	取下凸轮轴固定装置			
	使用锁针锁紧张紧装置			
安装正时链条	安装张紧装置			
	按规定力矩紧固螺栓		以 4 N·m 的力矩紧固螺栓	
	使用棘轮扳手加固 90°			

续表

<table>
<tr><th>操作步骤</th><th>操作细节</th><th>展示图</th><th>操作注意事项</th><th>使用工具</th></tr>
<tr><td rowspan="5">安装正时链条</td><td>取下锁针</td><td></td><td></td><td></td></tr>
<tr><td>检查张紧装置格子数（不大于6格为正常）</td><td>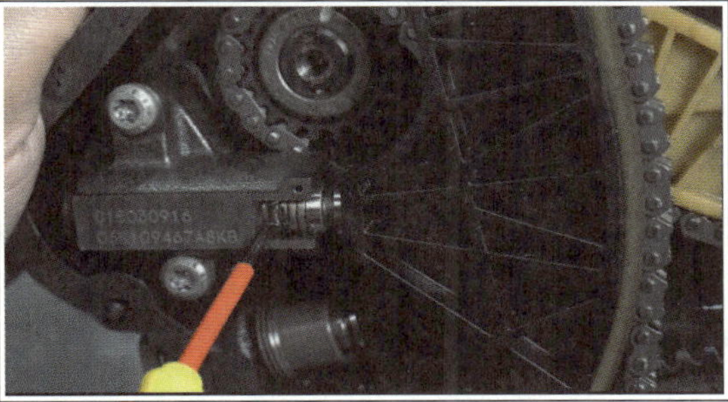</td><td></td><td></td></tr>
<tr><td>安装凸轮轴轴承座</td><td></td><td></td><td></td></tr>
<tr><td>使用橡胶锤将轴承座安装到位</td><td></td><td></td><td></td></tr>
<tr><td>安装固定螺栓</td><td></td><td></td><td></td></tr>
</table>

续表

操作步骤	操作细节	展示图	操作注意事项	使用工具
	紧固螺栓			棘轮扳手、T30
	按规定力矩紧固螺栓	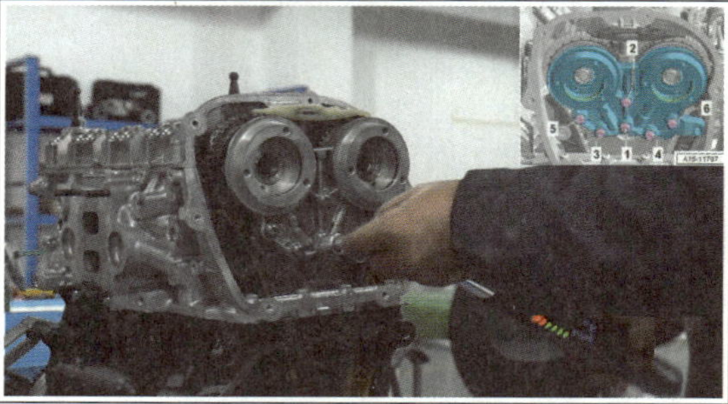	以 4 N · m 的力矩按顺序紧固螺栓	
安装正时链条	使用棘轮扳手加固 90°			
	安装凸轮轴控制阀			拆装工具 T10352
	按规定力矩紧固控制阀		以 35 N ·m 的力矩紧固控制阀	力矩扳手

续表

操作步骤	操作细节	展示图	操作注意事项	使用工具
安装正时链条外围零件	安装正时链上部盖板	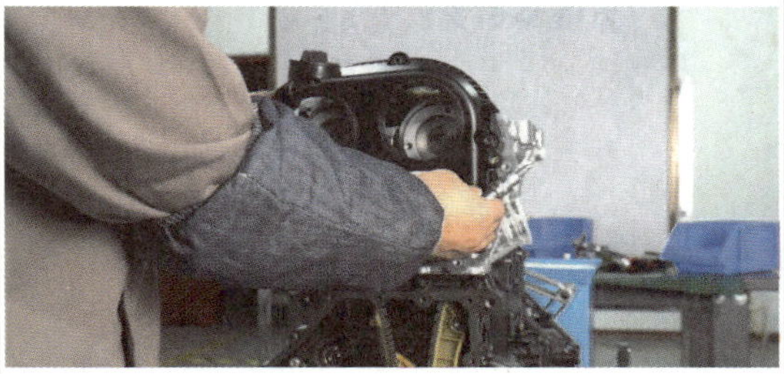		
	紧固螺栓			
	按规定力矩按顺序紧固螺栓		以 9 N·m 的力矩按顺序紧固螺栓	力矩扳手
	安装凸轮轴调节阀		注意区分进排气侧	
	按规定力矩按顺序紧固螺栓	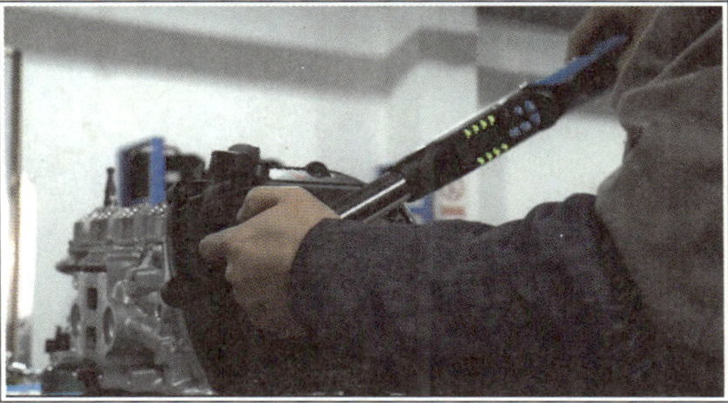	以 9 N·m 的力矩按顺序紧固螺栓	力矩扳手

续表

操作步骤	操作细节	展示图	操作注意事项	使用工具
安装正时链条外围零件	使用专用密封胶对正时链下部盖板打胶	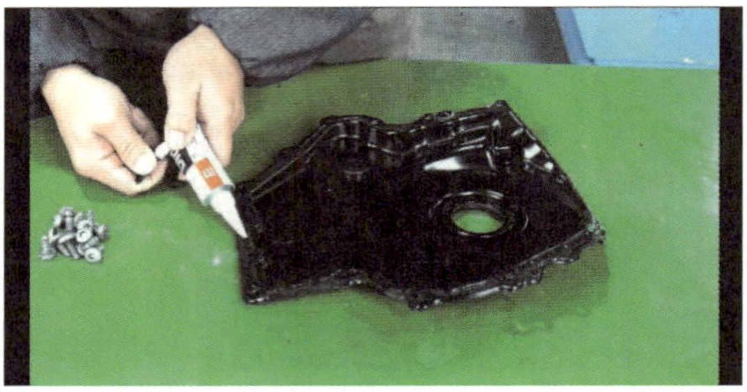		专用密封胶
	取下三级链轮固定工具			棘轮扳手、27 mm 套筒
	安装正时链下部盖板并戴入螺栓			
	按规定力矩按顺序紧固螺栓		以 8 N·m 的力矩按 1～8 的顺序紧固螺栓	力矩扳手
	使用棘轮扳手对螺栓继续加固 45°			棘轮扳手

三、驱动皮带正时功能检查【实操报告】

<table>
<tr><td colspan="2">项目：动力与驱动功能检查保养（初级）</td><td colspan="2">考核时间：30 min</td></tr>
<tr><td>姓名：</td><td>班级：</td><td>学号：</td><td rowspan="3">考评员签字：</td></tr>
<tr><td>初评：□合格□不合格</td><td>复评：□合格□不合格</td><td>师评：□合格□不合格</td></tr>
<tr><td>日期：</td><td>日期：</td><td>日期：</td></tr>
<tr><td colspan="4">考核任务四　驱动皮带正时功能检查【实操考核报告】</td></tr>
</table>

1．车辆信息记录

品牌		整车型号		生产日期	
发动机型号		行驶里程			
车辆识别码					

2．动力电控系统检查

检查项目	外观检查情况	检查结果	检查项目	结果
检查凸轮轴调节阀	□变形 □破损 □无	□正常 □异常		
检查正时链上护板	□变形 □破损 □无	□正常 □异常	螺栓数量是否齐全	□正常 □缺少
检查皮带轮	□变形 □锈蚀 □无	□正常 □异常		
检查正时链下护板	□变形 □破损 □无	□正常 □异常	螺栓数量是否齐全	□正常 □缺少
检查凸轮轴控制阀	□变形 □损坏 □无	□正常 □异常		
检查凸轮轴轴承座	□变形 □锈蚀 □无	□正常 □异常		
检查机油泵链条张紧轨	□变形 □锈蚀 □无	□正常 □异常		

续表

检查项目	外观检查情况	检查结果	检查项目	结果
检查滑轨	□变形 □破损 □无	□正常 □异常		
检查平衡轴张紧器	□变形 □锈蚀 □无	□正常 □异常	检查张紧装置格子数是否不大于6格	□正常 □异常
检查三级链轮	□变形 □锈蚀 □无	□正常 □异常		
检查二级链轮	□变形 □锈蚀 □无	□正常 □异常		
检查正时链条	□变形 □锈蚀 □无	□正常 □异常	彩色链节与标记处对应	□正常 □异常
检查平衡轴正时链条	□变形 □锈蚀 □无	□正常 □异常		
检查气缸盖	□变形 □裂纹 □无	□正常 □异常	检查密封胶涂抹是否均匀	□正常 □异常
检查进气侧凸轮轴	□变形 □锈蚀 □无	□正常 □异常		
检查排气侧凸轮轴	□变形 □锈蚀 □无	□正常 □异常		

四、驱动皮带正时功能检查【评分细则】

考核任务四　驱动皮带正时功能检查【评分细则】							
序号	评分项	得分条件	评分	评分要求	自评	互评	师评
1	安全、“7S”、态度	□1. 能进行工位“7S”操作 □2. 能进行设备和工具安全检查 □3. 能进行车辆安全防护操作 □4. 能进行工具清洁、校准、存放操作 □5. 能进行“三不落地”操作	15	未完成1项扣3分，扣分不得超15分	□熟练 □不熟练	□熟练 □不熟练	□合格 □不合格

续表

序号	评分项	得分条件	评分	评分要求	自评	互评	师评
2	专业技术能力	作业 1: □1. 能正确拆卸凸轮轴调节阀 □2. 能正确拆卸正时链上护板 □3. 能正确拆卸正时链下护板 □4. 能正确拆卸皮带轮 □5. 能正确安装皮带轮正时专用工具 □6. 能正确拆卸凸轮轴控制阀 □7. 能正确拆卸凸轮轴轴承座 □8. 能正确安装凸轮轴固定工具 T40271/1 及 T40271/2 □9. 能正确拆卸机油泵链条张紧轨 □10. 能正确拆卸滑轨 □11. 能正确拆卸平衡轴张紧器 □12. 能正确拆卸三级链轮 □13. 能正确拆卸正时链条 □14. 能正确拆卸进气侧凸轮轴 □15. 能正确拆卸排气侧凸轮轴 作业 2: □1. 能正确对气门室盖接合面进行打胶 □2. 能正确装配排气侧凸轮轴 □3. 能正确装配进气侧凸轮轴 □4. 能正确装配气门室盖 □5. 能正确标记三级链轮座和气缸体 □6. 能正确装配二级齿轮	50	未完成 1 项扣 2 分,扣分不得超 50 分	□熟练 □不熟练	□熟练 □不熟练	□合格 □不合格

续表

序号	评分项	得分条件	评分	评分要求	自评	互评	师评
2	专业技术能力	□7. 能正确装配平衡轴正时链 □8. 能正确装配平衡轴滑轨 □9. 能正确装配三级链轮 □10. 能正确装配平衡轴滑轨 □11. 能正确装配左侧滑轨 □12. 能正确装配平衡轴滑轨张紧器 □13. 能正确装配凸轮轴固定装置 T40271/1 及 T40217/2 □14. 能正确装配正时链条 □15. 能正确装配正时链条导轨 □16. 能正确装配正时链条上部滑轨 □17. 能正确装配正时链条左侧滑轨 □18. 能正确拆卸凸轮轴固定装置 T40271/1 及 T40217/2 □19. 能正确装配张紧装置 □20. 能正确装配轴承座 □21. 能正确装配正时链上部盖板 □22. 能正确装配凸轮轴调节阀 □23. 能正确对正时链下部盖板打胶 □24. 能正确装配正时链下部盖板	50	未完成 1 项扣 2 分，扣分不得超 50 分	□熟练 □不熟练	□熟练 □不熟练	□合格 □不合格
3	工具及设备的使用能力	□1. 能正确使用棘轮扳手 □2. 能正确使用数显扳手 □3. 能正确使用铁锤 □4. 能正确使用橡胶锤 □5. 能正确使用凸轮轴固定工具 T40271/1 及 T40271/2	10	未完成 1 项扣 2 分，扣分不得超 10 分	□熟练 □不熟练	□熟练 □不熟练	□合格 □不合格

续表

序号	评分项	得分条件	评分	评分要求	自评	互评	师评
4	资料、信息查询能力	□1. 能正确使用维修手册查询资料 □2. 能在规定时间内查询所需资料 □3. 能正确记录所查询资料章节 □4. 能正确记录所需维修信息	10	未完成1项扣3分，扣分不得超10分	□熟练 □不熟练	□熟练 □不熟练	□合格 □不合格
5	数据判读和分析能力	□1. 能正确判断K3离合器外观情况 □2. 能正确判断K2离合器外观情况 □3. 能正确判断K1离合器外观情况 □4. 能正确判断阀体零件外观情况 □5. 能正确判断油泵外观情况	10	未完成1项扣3分，扣分不得超10分	□熟练 □不熟练	□熟练 □不熟练	□合格 □不合格
6	表单填写与报告撰写能力	□1. 字迹清晰 □2. 语句通顺 □3. 无错别字 □4. 无涂改 □5. 无抄袭	5	未完成1项扣1分，扣分不得超5分	□熟练 □不熟练	□熟练 □不熟练	□合格 □不合格
总分							

任务五　动力系统密封功能检查

一、动力系统密封功能检查【工作页】

动力系统密封功能检查【工作页】			
班级		姓名	

一、判断题

1. 当发动机排气管衬垫损坏漏气时，会导致发动机功率下降。(　　)

2. 更换曲轴后油封时，不用拆卸变速器。(　　)

二、填空题

1. ______________位于气缸盖与气缸体之间，其功用是填补气缸体和气缸盖之间的微观孔隙，保证结合面处有良好的密封性，进而保证燃烧室的密封，防止气缸漏气和水套漏水。

2. 曲轴油封的密封分为两处，一处为与安装孔的__________，一处为与曲轴的__________。

三、识图题

请在横线处填写名称。

(a) ______________

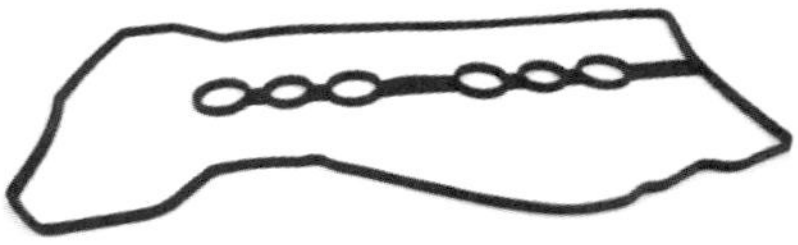

(b) ______________

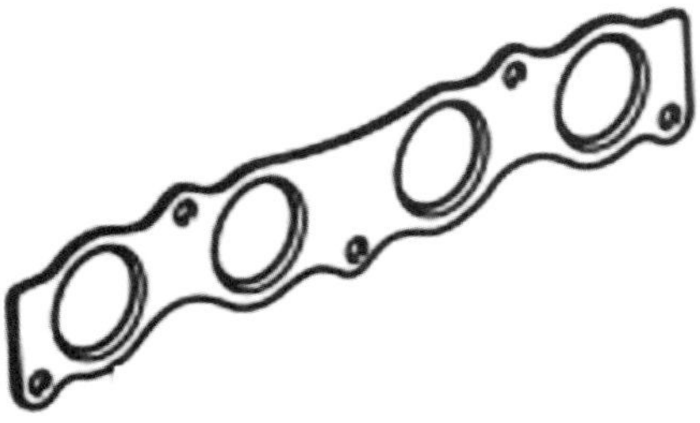

(c) ______________

(d) ______________

图 4-5-1　识图题

二、动力系统密封功能检查【操作手册】

操作步骤	操作细节	展示图	操作注意事项	使用工具
工具准备	所需工具：密封胶、组合工具、扭力扳手等	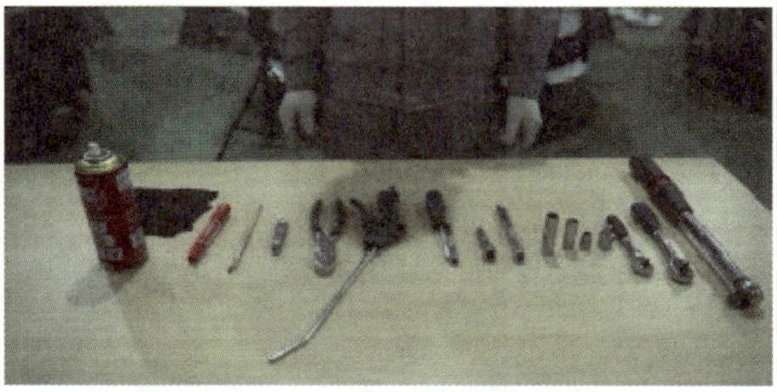		
拆卸曲轴前油封及端盖	使用工具拆卸固定螺栓		按规定顺序拧松螺栓	中号棘轮扳手、中号短接杆、T30
	取下端盖			
安装曲轴前油封及端盖	涂抹密封胶	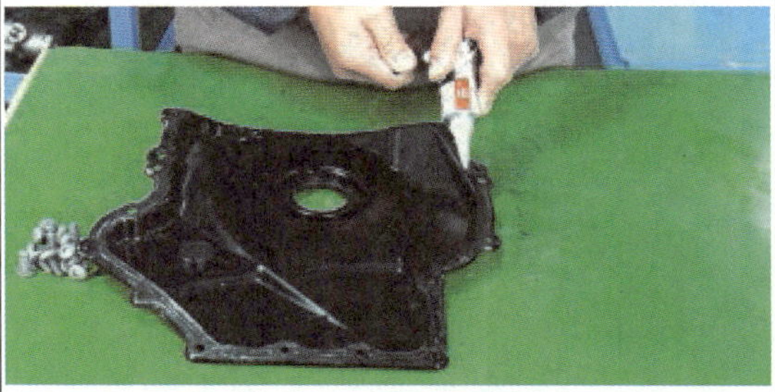	密封胶涂抹均匀	密封胶
	安装端盖			

续表

操作步骤	操作细节	展示图	操作注意事项	使用工具
安装曲轴前油封及端盖	预装固定螺栓			中号棘轮扳手、中号短接杆、T30
	按规定力矩拧紧螺栓			扭力扳手、中号短接杆、T30
拆卸曲轴后油封端盖	拆卸端盖固定螺栓			中号棘轮扳手、中号短接杆、T30
	取下端盖	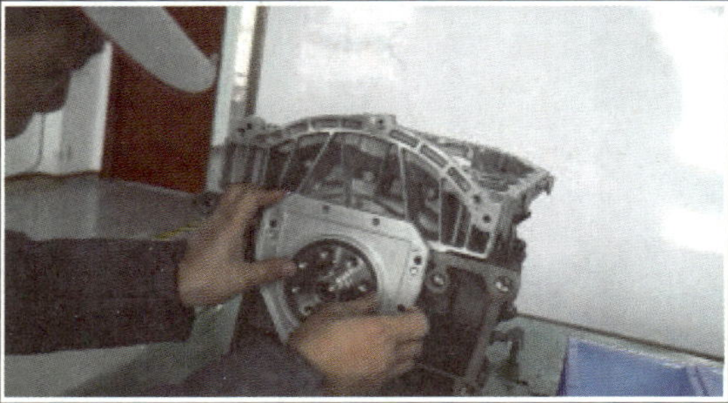		
安装曲轴后油封端盖	检查端盖安装密封垫			

续表

操作步骤	操作细节	展示图	操作注意事项	使用工具
安装曲轴后油封端盖	安装端盖预装固定螺栓			
	预紧固定螺栓		按规定顺序拧紧	中号棘轮扳手、中号短接杆、T30
	使用扭力扳手拧紧螺栓		按规定顺序和力矩拧紧	扭力、中号短接杆、T30
拆卸气门室盖	使用工具拆卸固定螺栓		按规定顺序拆卸	中号棘轮扳手、中号短接杆、T30
	取下固定螺栓			中号棘轮扳手、中号短接杆、T30

续表

操作步骤	操作细节	展示图	操作注意事项	使用工具
拆卸气门室盖	取下气门室盖			
安装气门室盖	涂抹外圈密封胶		密封胶涂抹均匀	密封胶
	涂抹内部密封胶	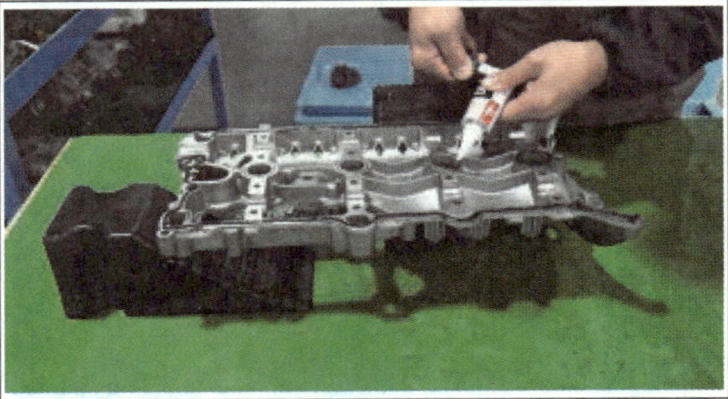	密封胶涂抹均匀	密封胶
	安装气门室盖		接合面都应贴合	
	预装固定螺栓			

续表

操作步骤	操作细节	展示图	操作注意事项	使用工具
安装气门室盖	预紧固定螺栓		按规定顺序预紧	中号棘轮扳手、中号短接杆、T30
	按规定力矩紧固螺栓		按规定顺序和力矩拧松螺栓	扭力扳手、中号短接杆、T30

三、动力系统密封功能检查【实操报告】

项目：动力与驱动功能检查保养（初级）		考核时间：30 min	
姓名：	班级：	学号：	考评员签字：
初评：□合格□不合格	复评：□合格□不合格	师评：□合格□不合格	
日期：	日期：	日期：	
考核任务五　动力系统密封功能检查【实操考核报告】			

1．车辆信息记录

品牌		整车型号		生产日期	
发动机型号		发动机排量			
车辆识别码					

2．曲轴前油封端盖拆装

作业项目	维修资料			
曲轴前油封端盖拆装	安装力矩			

3．曲轴后油封端盖拆装

作业项目	维修资料			
曲轴后油封端盖拆装	安装力矩			

4．气门室盖总成拆装

作业项目	维修资料			
气门室盖总成拆装	安装力矩			

四、动力系统密封功能检查【评分细则】

考核任务五　动力系统密封功能检查【评分细则】							
序号	评分项	得分条件	评分	评分要求	自评	互评	师评
1	安全、“7S”、态度	□1. 能进行工位“7S”操作 □2. 能进行设备和工具安全检查 □3. 能进行车辆安全防护操作 □4. 能进行工具清洁、校准、存放操作 □5. 能进行“三不落地”操作	15	未完成1项扣3分，扣分不得超15分	□熟练 □不熟练	□熟练 □不熟练	□合格 □不合格
2	专业技术能力	作业1： □1. 能正确拆卸曲前油封及端盖 □2. 能正确安装曲前油封及端盖 □3. 能正确检查端盖 □4. 能正确对端盖涂抹密封胶 作业2： □1. 能正确拆卸曲轴后油封及端盖 □2. 能正确安装曲轴后油封及端盖 □3. 能正确检查曲轴后油封及端盖 作业3： □1. 能正确拆卸气门室盖总成	50	未完成1项扣5分，扣分不得超50分	□熟练 □不熟练	□熟练 □不熟练	□合格 □不合格

续表

序号	评分项	得分条件	评分	评分要求	自评	互评	师评
2	专业技术能力	□2. 能正确安装气门室盖总成 □3. 能正确检查气门室盖总成 □4. 能正确涂抹密封胶 □5. 能正确紧固固定螺栓	50	未完成1项扣5分，扣分不得超50分	□熟练 □不熟练	□熟练 □不熟练	□合格 □不合格
3	工具及设备的使用能力	□1. 能正确选用维修工具 □2. 能正确使用维修工具拆装 □3. 能正确使用预置式扭力扳手	10	未完成1项扣5分，扣分不得超10分	□熟练 □不熟练	□熟练 □不熟练	□合格 □不合格
4	资料、信息查询能力	□1. 能正确使用维修手册查询资料 □2. 能正确使用用户手册查询资料 □3. 能在规定时间内查询所需资料 □4. 能正确记录所查询资料章节页码 □5. 能正确记录所需维修信息	10	未完成1项扣2分，扣分不得超10分	□熟练 □不熟练	□熟练 □不熟练	□合格 □不合格
5	数据判读和分析能力	□1. 能判断部件是否损坏 □2. 能正确选取密封胶	10	未完成1项扣5分，扣分不得超10分	□熟练 □不熟练	□熟练 □不熟练	□合格 □不合格
6	表单填写与报告撰写能力	□1. 字迹清晰 □2. 语句通顺 □3. 无错别字 □4. 无涂改 □5. 无抄袭	5	未完成1项扣1分，扣分不得超5分	□熟练 □不熟练	□熟练 □不熟练	□合格 □不合格
总分							

考核项目四 动力与驱动功能检查保养

动力与驱动功能检查保养

一、动力与驱动功能检查保养【实操报告】

项目：动力与驱动功能检查保养（初级）		考核时间：50 分钟	
姓名：	班级：	学号：	考评员签字：
初评：□合格□不合格	复评：□合格□不合格	师评：□合格□不合格	
日期：	日期：	日期：	
动力与驱动功能检查保养（考核项目）【实操考核报告】			

1．车辆信息记录

品牌		整车型号		生产日期	
发动机型号		发动机排量		行驶里程	
车辆识别码					

2．动力电控系统故障码读取

故障灯名称	点亮情况	故障码	故障码类型
	点亮□ 不亮□ 闪烁□		
	点亮□ 不亮□ 闪烁□		
	点亮□ 不亮□ 闪烁□		

3．动力与驱动系统数据读取

读取参数	不启动值	怠速值	高转速值
发动机冷却液温度传感器			
发动机负荷			
进气温度传感器			
节气门位置传感器			
歧管绝对压力传感器			
燃油压力传感器			
点火正时			
氧传感器 1			
氧传感器 2			
发动机机油温度			

4. 动力与驱动系统动作测试

动作测试项目	检查结果	动作测试项目	检查结果
冷却风扇低转速	正常☐　异常☐	冷却风扇高转速	正常☐　异常☐

5. 动力与驱动系统复位操作

复位项目	复位前数值	复位后数值	当前机油压力值
机油寿命复位			

二、动力与驱动功能检查保养【评分表】

动力与驱动功能检查保养（考核项目）【评分细则】							
序号	评分项	得分条件	评分	评分要求	自评	互评	师评
1	安全、“7S”、态度	☐1. 能进行工位“7S”操作 ☐2. 能进行设备和工具安全检查 ☐3. 能进行车辆安全防护操作 ☐4. 能进行工具、清洁、校准、存放操作 ☐5. 能进行“三不落地”操作	15	未完成1项扣3分，扣分不得超15分	☐熟练 ☐不熟练	☐熟练 ☐不熟练	☐合格 ☐不合格
2	专业技术能力	作业1： 1. 能正确检查动力系统故障灯 ☐2. 正确识读动力系统故障码 ☐3. 正确清除故障码并验证 ☐4. 能正确读取和捕捉动力系统数据流 ☐5. 能正确读取指定传感器断开前后数据变化 ☐6. 能正确读取指定执行器断开前后数据变化 作业2： ☐1. 能正确启动发动机	50	未完成1项扣5分，扣分不得超50分	☐熟练 ☐不熟练	☐熟练 ☐不熟练	☐合格 ☐不合格

续表

序号	评分项	得分条件	评分	评分要求	自评	互评	师评
2	专业技术能力	□2. 能正确断开传感器插头 □3. 能正确断开执行器插头 作业 3: □能正确操作冷却风扇低、中、高速转动 作业 4: □能正确复位机油寿命	50	未完成1项扣5分,扣分不得超50分	□熟练 □不熟练	□熟练 □不熟练	□合格 □不合格
3	工具及设备使用能力	□能正确使用解码器进行操作	10	未完成1项扣10分,扣分不得超10分	□熟练 □不熟练	□熟练 □不熟练	□合格 □不合格
4	资料、信息查询能力	□1. 能正确使用维修手册查询资料 □2. 能在规定时间内查询所需资料 □3. 能正确记录所查询资料章节页码 □4. 能正确记录所需维修信息	10	未完成1项扣2分,扣分不得超10分	□熟练 □不熟练	□熟练 □不熟练	□合格 □不合格
5	数据判读和分析能力	□1. 能判读故障灯工作是否正常 □2. 能判读故障码类型 □3. 能判断冷却风扇是否正常	10	未完成1项扣4分,扣分不得超10分	□熟练 □不熟练	□熟练 □不熟练	□合格 □不合格
6	表单填写与报告的撰写能力	□1. 字迹清晰 □2. 语句通顺 □3. 无错别字 □4. 无涂改 □5. 无抄袭	5	未完成1项扣1分,扣分不得超5分	□熟练 □不熟练	□熟练 □不熟练	□合格 □不合格
总分							

附　录

附录 A　保养清单

保养项目	规范标准	数量	保养周期
机油	原厂标准：Toyota Genuine Motor Oil 国际规格：API SL/SM/SN/ILSAC 多级 初装黏度：0W-20 黏度范围：5W-20、5W-30	3.7～4.0 L	5 000～75 00 km/6 个月
机油滤芯	推荐原厂滤芯		5 000 km/半年
燃油滤芯	推荐原厂滤芯		根据油品情况建议 40 000～60 000 km
空气滤芯	推荐原厂滤芯		视环境因素 10 000～20 000 km
正时保养			视实际车况
火花塞更换			20 000 km 检查
变速箱油更换	原厂	7.5 L（7.9 US qts，6.6 Imp.qts）	50 000～60 000 km/2～3 年更换
更换刹车片	标准：11.0 mm（0.433 in） 最小：1.0 mm（0.0394 in）		视实际车况
更换刹车油	SAE J1704 或 FMVSS No.116 DOT4		视实际车况
冷媒	建议制冷剂 R134a 标准	440～500 g（15.6～17.60 z）	根据使用情况酌情建议三年一次，无里程要求
空调滤芯	推荐原厂		10 000～15 000 km/1 年
冷却液	推荐原厂	规定容量：5.4 L（5.7 US qts，4.8Imp.qts）	视实际车况
玻璃水			视实际车况

附录 B　变速器紧固件力矩清单

紧固零件	N · m	Kgf · cm	ft · lbf
溢流管（CVT）×传动桥油底壳（CVT）分总成	1.7	17	
溢流塞×传动桥油（CVT）底壳分总成	40	408	30
加油螺塞×后传动桥壳	49	500	36
直螺纹塞×无级变速传动桥总成	16.2	165	12
线束卡夹支架×无级变速传动桥总成	12.5	127	9
加热器 1 号支架分总成×无级变速传动桥总成	14	143	10
发动机 2 号运动控制杆×无级变速传动桥总成	44	449	32
前悬架横梁分总成×发动机 2 号运动控制杆	170	1737	125
发动机总成×无级变速传动桥总成	29.5	301	22
发动机左悬置支架×无级变速传动桥总成	41	418	30
发动机左侧悬置托架×无级变速传动桥总成和发动机左侧悬置支架	32	326	24
变速器 1 号控制拉索支架×无级变速传动桥总成	12	122	9
发动机线束×无级变速传动桥总成	12.5	127	9
传动板和变矩器总成固定螺栓×变矩器总成	28	286	21
发动机 1 号和 2 号吊架×发动机总成	43	438	32
直螺纹塞×无级变速传动桥总成	16.2	165	12
线束卡夹支架×无级变速传动桥总成	12.5	127	9
加热器 1 号支架分总成×无级变速传动桥总成	14	143	10
发动机左悬置支架×无级变速传动桥总成	41	418	30
发动机左侧悬置托架×无级变速传	32	326	24
动桥总成和发动机左侧悬置支架	29.5	301	22
无级变速传动桥总成×发动机总成	42	428	31
发动机左侧悬置隔振垫×车身	44	449	32
发动机左侧悬置隔振垫×发动机左悬置支架	44	449	32
发动机 2 号运动控制杆×无级变速传动桥总成	141	1438	104
前悬架横梁分总成×车身	170	1734	125
发动机 2 号运动控制杆×前悬架横梁分总成	28	286	21
传动板和变矩器总成固定螺栓×变矩器总成	10.5	107	8
2 号搭铁线×发动机右侧悬置隔振垫分总成	12.5	127	9
发动机线束×无级变速传动桥总成	12	122	9
变速器 1 号控制拉索支架×无级变速传动桥总成	12	122	9

续表

紧固零件	N·m	Kgf·cm	ft·lbf
前围上外板分总成×车身螺栓	50	510	37
前围上外板分总成×车身螺母	50	510	37
前差速器齿圈×前差速器壳分总成（TMH 制造）	120	1224	89
前差速器齿圈×前差速器壳分总成（TMCAP 制造）	110	1122	81
传动桥外壳×传动桥壳	29.4	300	22
减速从动齿轮锁紧螺母×减速从动齿（用 SST）	121.7	1241	90
减速从动齿轮锁紧螺母×减速从动齿（不使用 SST）	160	1632	118
传动桥 1 号供由管卡夹×传动桥外壳	8.0	82	
储油罐锁止板×传动桥外壳	8.0	82	
传动桥 2 号供管卡夹×传动桥壳	5.4	55	
变速器壳 1 号挡片×传动桥壳	5.4	55	
前机油泵总成×无级变速传动桥总成	29.4	300	22
变速器转速传感器（NT）×无级变速传动桥总成	5.4	55	
传动桥油（CVT）底壳分总成×无级变速传动桥总成（使用预涂螺栓时）	7.0	71	
传动桥油（CVT）底壳分总成×无级变速传动桥总成（使用非负涂操栓时）	7.8	80	
溢流管（CVT）×传动桥油底壳（CVT）分总成	1.7	17	
溢流塞×传动桥油（CVT）底壳分总成	40	408	30
加油螺塞×无级变速传动桥总成	49	500	36
直螺纹塞×无级变速传动桥总成	16.2	165	12
传动桥壳 1 号塞×无级变速传动桥总成	7.4	75	
传动桥外壳塞×无级变速传动桥总成	7.4	75	
变速器油冷却器×无级变速传动桥总成	21	214	15
油压传感器×无级变速传动桥总成	20.6	210	15
变速器转速传感器（NOUT）×无级变速传动桥总成	5.4	55	
变速器转速传感器（NIN）×无级变速传动桥总成	5.4	55	
锁紧螺母×驻车挡/空挡位置开关总成	6.9	70	
驻车挡/空挡位置开关总成×无级变速传动桥总成	5.4	55	
变速器控制杆×驻车挡/空挡位置开关总成	12.7	130	9
带电动机的油泵总成×无级变速传动桥总成	22	224	16
滤油网总成×变速器阀体总成	10.8	110	8
传动桥油（CVT）底壳分总成×传动桥壳（使用预涂螺栓时）	7.0	71	
传动桥油（CVT）底壳分总成×传动桥壳（使用非预涂螺栓时）	7.8	80	

续表

紧固零件	N·m	Kgf·cm	ft·lbf
溢流管（CVT）×传动桥油底壳（CVT）分总成	1.7	17	
变速器油冷却器×无级变速传动桥总成	21	214	15
变速器转速传感器（NOUT）×无级变速传动桥总成	5.4	55	
变速器转速传感器（NIN）×无级变速传动桥总成	5.4	55	
油压传感器×无级变速传动桥总成（使用 SST）	16.1	164	12
油压传感器×无级变速传动桥总成（不使用 SST）	20.6	21.	15
锁紧母×驻车挡/空挡位置开关总成	6.9	70	
驻车挡/空挡位置开关总成×无级变速传动桥总成	5.4	55	
变速器控制杆×驻车挡/空挡位置开关总成	12.7	130	9
变速器控制拉索总成×变速器控制杆	12	122	9
发动机线束×蓄电池卡夹分总成（螺栓）	7.0	71	
发动机线束×蓄电池卡夹分总成（螺母）	7.0	71	
变速器控制拉索总成×车身	6.0	61	
变速器控制拉索总成×变速器控制杆	12	122	9
前地板 1 号隔热垫×车身	5.0	51	
变速器地板式换挡机构总成×车身	12	122	9
换挡拨板装置（变速器换挡开关总成）×方向盘总成	2.6	27	
变速器线束×无级变速传动桥总成	5.4	55	
变速器阀体总成×无级变速传动桥总成	10.8	110	8
温度传感器卡夹×变速器阀体总成	10.8	110	8
滤油网总成×变速器阀体总成	10.8	110	8

附录 C　发动机紧固件力矩清单

紧固零件	N·m	Kgf·cm	ft·lbf
凸轮轴正时齿轮螺栓（进气）×凸轮轴正时齿轮总成	95	969	70
凸轮轴正时齿轮螺栓（排气）×排气凸轮轴正时齿轮总成	95	969	70
凸轮轴正时机油控制电磁阀总成×正时链条盖总成	10	102	7
发动机右侧悬置隔振垫分总成×车身和发动机右悬置支架螺栓、螺母 A	72	734	53
发动机右侧悬置隔振垫分总成×车身和发动机右悬置支架螺栓 B	41	418	30
冷却器 2 号制冷剂软管支架×车身	9.8	100	
冷却器 1 号制冷剂软管支架×发动机右侧悬置隔振垫分总成	9.8	100	
储液密封罐×车身	5.0	51	
发动机线束×气缸盖罩分总成	8	82	
双头螺栓×进气歧管	5	51	
带电动机的节气门体总成×中间冷却器总成和进气歧管	10	102	7
ECM 2 号支架×ECM	4.5	46	
ECM 1 号支架×ECM	4.5	46	
ECM×车辆和蓄电池卡夹分总成螺栓	12.5	127	9
ECM×车辆和蓄电池卡夹分总成螺母	8	82	
软管卡夹×空气滤清器软管	2	20	
加速踏板传感器总成×车身	7.5	76	
凸轮轴位置传感器（排气侧）×气缸盖罩分总成	5.2	53	
燃油蒸汽供给管×气缸盖罩分总成	10	102	7
1 号进风管分总成×燃油系保护装置	10	102	7
凸轮轴位置传感器（进气侧）×气缸盖罩分总成	10	102	7
油位置传感器×正时链条盖总成	10	102	7
1 号点火线圈×气缸盖罩分总成	10	102	7
发动机线束×气缸盖罩分总成	8	82	
发动机机油温度传感器×机油减压阀壳体总成	20	204	15
爆震控制传感器×气缸体分总成	20	204	15

续表

紧固零件	N·m	Kgf·cm	ft·lbf
发动机4号线束×气缸体分总成	10	102	7
2号涡轮增压压力传感器×进气歧管	10	102	7
1号涡轮增压压力传感器×中间冷却器总成	10	102	7
空燃比传感器×排气歧管转化器分总成	37.7	384	28
空燃比传感器×前排气管总成	37.7	384	28
前地板中央支架×车身	29	296	21
中间冷却器总成×带电动机的节气门体总成	10	102	7
中间冷却器总成×空气管总成	6.3	64	
凸轮轴壳分总成×气缸盖分总成	28	286	21
正时链条导板×气缸盖分总成和气缸体分总成	10	102	7
曲轴皮带轮总成×曲轴	180	1832	133
传动板和齿圈分总成×曲轴	88	897	65
发动机1号吊架和发动机2号吊架×气缸盖分总成	43	438	32
多楔带张紧器总成×正时链条盖总成	21	214	15
发动机右仅悬置隔振垫分总成×车辆	72	734	53
空调管和附件总成×发动机右侧悬置隔振垫分总成和车辆	9.8	100	
2号搭铁线×发动机右侧悬置隔振垫分总成和车辆	10.5	107	8
发动机左仅侧悬置隔振垫×车辆	42	428	31
线束卡夹支架×气缸盖分总成	39	398	29
发动机线束×线束卡夹支架	8	82	
前悬架横梁分总成×车辆	141	1438	104
发机左仅悬置隔振垫×发动机左悬置支架	44	449	32
发动机右仅悬置隔振垫分总成×发动机右悬置支架螺栓	72	734	53
发动机右仅悬置隔振垫分总成×发动机右悬置支架螺母	41	418	30
蓄电池卡夹分总成×车辆	15.4	157	11
发动机线束×蓄电池正极（+）端子	7.6	77	
发动机线束×蓄电池卡夹分总成	7	71	
发动机线束×车辆	10	102	7
空气滤清器壳分总成×车辆	4	41	
带空气滤清器软管的空气滤清器盖×号进气管分总成	2	20	
发动机1号底罩总成×车辆	7.5	76	

续表

紧固零件	N·m	Kgf·cm	ft·lbf
加强曲轴箱总成×气缸体分总成	21	214	15
传感器支架×力加强曲油箱总成	10	102	7
双头螺栓×加强曲轴箱总成	5	51	
2 号油底壳分总成×加强曲轴箱总成	1	102	7
油底壳油螺塞×号油底壳分总成	37	377	27
气缸盖分总成×气缸体分总成	32° + 90°	326° + 90°	24° + 90°
凸轮轴轴承盖×凸轮轴壳分总成和气缸盖分总成螺栓 A	16	163	12
凸轮轴轴承盖×凸轮轴壳分总成和气缸盖分总成螺栓 B	28	286	21
出水口×气缸盖分总成	10	102	7
水阀×凸轮轴壳分总成	21	102	15
排气凸轮轴正时齿轮总成×1 号凸轮轴	95	969	70
凸轮轴正时齿轮总成×凸轮轴	95	969	70
链条张紧器盖板×气缸体分总成	10	102	7
机油泵主动轴齿轮×机油泵总成	28	286	21
1 号链条张紧器总成×气缸盖分总成	10	102	7
正时链条盖总成×凸轮轴壳分总成、气缸盖分总成气缸体分总成和加强曲轴箱总成螺栓 A、B、D、E	21	214	15
正时链条盖总成×凸轮轴壳分总成、气缸盖分总成气缸体分总成和加强曲轴箱总成螺栓 C、F	43	438	32
机油减清器座×正时链条盖总成	29.5	301	22
气缸盖罩分总成×凸轮轴壳分总成	10	102	7
机油泵减玉阀壳体总成×气缸体分总成	21	214	15
发电机支架×气缸体分总成	21	214	15
发动机机油油位计导管×凸轮轴壳分总成	10	102	7
线束卡夹支架×正时链条盖总成	8	82	
线束卡夹支架×加强曲轴箱总成	10	102	7
线束卡夹支架×加强曲轴箱总成螺栓 A	10	102	7
线束卡夹支架×加强曲轴箱总成螺栓 B	8	82	
线束卡夹支架×气缸盖分总成	8	82	
线束卡夹支架×气缸盖罩分总成	8	82	
双头螺栓×正时链条盖总成	10	102	7
1 号隔热罩支架×气缸体分总成	43	438	32

续表

紧固零件	N · m	Kgf · cm	ft · lbf
旁通管分总成×气缸盖分总成接头螺栓	36	367	27
旁通管分总成×气缸盖分总成螺栓 A	10	102	7
燃油蒸汽供给管×气缸盖罩分总成	10	102	7
1 号直螺纹塞×气缸盖分总成	25	255	18
2 号直螺纹塞×气缸盖分总成	44	449	32
3 号直螺纹塞×气缸盖分总成	80	816	59
连杆轴盖×连杆	15° + 90°	153° + 90°	11° + 90°
1 号机油喷嘴分总成×气缸体分总成	10	102	7
曲轴油盖×气缸体分总成	40° + 90°	408° + 90°	30° + 90°
壳分离器×1 号通风箱	10	102	7
1 号通风箱×气缸体分总成	21	214	15

参考文献

[1] 徐艳，刘利胜. 汽车维修技术[M]. 北京：中国劳动社会保障出版社，2017.

[2] 张俊. 汽车发动机电控技术[M]. 北京：北京大学出版社，2017.

[3] 吉武俊，胡勇. 汽车维护与保养[M]. 北京：机械工业出版社，2016.

[4] 王盛良. 汽车发动机电控技术与检修[M]. 北京：机械工业出版社，2017.

[5] 徐昭，程章. 汽车电气设备构造与维修[M]. 哈尔滨：哈尔滨工业大学出版社，2017.

[6] 上汽通用汽车有限公司. 汽车自动变速器及检修[M]. 北京：高等教育出版社，2016.

[7] 王盛良. 汽车自动变速器技术与检修[M]. 北京：机械工业出版社，2017.

[8] 弋国鹏，魏建平，郑世界. 汽车发动机控制系统及检修[M]. 北京：机械工业出版社，2019.

[9] 周晓飞. 汽车底盘和变速器维修[M]. 北京：化学工业出版社，2013.

[10] 上汽通用汽车有限公司. 汽车手动变速器与驱动桥及检修[M]. 北京：高等教育出版社，2016.